本書の特色

●解説欄・太字が合格の決め手！

　この問題集は、第1種衛生管理者試験の過去6回分の問題を掲載しています。試験は過去に出題された問題が、その後も同様の内容や形を変えただけのものが何度も**繰り返し出題**されていることが分かります。

　出題頻度の高い問題は、受験生の皆さんが衛生管理者として職場の実務に就いた場合、実際必要になる知識でもあります。繰り返し出題される問題は、それだけ重要度が高いということですから、それを反復して学習すれば知識が確実なものとなるわけです。

　そこで本書では解答・解説編で、ポイントとなるキーワードなど重要な部分を**太字**で表現しました。

　解答の決め手となる太字！　これが合格への決め手となる太字でもあります。ぜひ、覚えてください。

●出題後の法改正に準拠

　法改正等により、選択肢の内容の正誤が変わり正答となる肢がなくなるなど、問題として成立しないものには、問題編、解答編ともに、問題番号に★をつけ、正答は出題当時の法律等に基づいた解説をしたのち、（注）以下に、現在の法律に照らし合わせた解説を加えました。

●マークシート解答欄で実戦感を養おう

　問題編の最後に**本試験と同様のマークシート解答欄**を用意しました。コピーをして自由に使ってください。解答確認の際、間違った問題にはチェックを入れておけば、反復学習した際に、その問題をクリアできたかが確認できます。

　正しいものを選ぶ問題、誤りを選ぶ問題の指示をしっかり確認して選択肢を読んでください。その上で、選択肢の番号を塗りつぶしてください。外側から塗りつぶして、はみ出さないようにしましょう。コピーしたマークシートでは、時間を設定して実戦的な練習もできます。マークすることに手間取らないで、問題に集中できるようにしましょう。

　解答・解説編は、別冊になっていますから、答え合わせはスムーズにできます。間違えたところの解説はしっかり読んで、間違えた点を確認して覚えなおすことが大切です。

目　次

問題編

解答・解説編

※試験問題は、試験実施団体である公益財団法人 安全衛生技術試験協会より、半年ごとにその期間内に実施された1回分が公表されます。

試験案内概要

1. 受験申請書の入手方法

公益財団法人 安全衛生技術試験協会、各安全衛生技術センター及びセンターホームページ掲載の申請書頒布団体で無料配布されている。

2. 受験申請書の提出先

各安全衛生技術センター（次ページ参照）

受験資格は、安全衛生技術試験協会ホームページで確認してください。

3. 試験科目

試験科目 （範囲）	問題数	配点	一般の 受験者	特例での 受験者	科目 免除者
関係法令 （有害業務に係るもの）	10 問	80 点	○	○	○
労働衛生 （有害業務に係るもの）	10 問	80 点	○	○	○
関係法令 （有害業務に係るもの以外のもの）	7 問	70 点	○		○
労働衛生 （有害業務に係るもの以外のもの）	7 問	70 点	○		○
労働生理	10 問	100 点	○		

4. 試験内容

出題形式：5肢択一式

試験時間：3時間（特例受験者は2時間、科目免除者は2時間15分）

注意）この情報は、2023年度のものであり変更される場合があります。**受験される方は、各自事前に必ず公益財団法人 安全衛生技術試験協会、各安全衛生技術センターに確認してください。**

本書は2023年10月現在の法令等に基づいて編集しています。
以降も法令等の改正があると予想されますので、最新の法令を参照して、
本書を活用してください。

試験実施団体一覧

公益財団法人 安全衛生技術試験協会

〒101-0065

東京都千代田区西神田 3-8-1 千代田ファーストビル東館 9 階

℡03（5275）1088　　　　　　　https://www.exam.or.jp/

　なお、試験地及び試験に関する問い合わせは、以下の各安全衛生技術センターで受け付ける。

(1) 北海道安全衛生技術センター

　　　〒061-1407　北海道恵庭市黄金北 3-13

　　　℡0123（34）1171　　　　https://www.hokkai.exam.or.jp/

(2) 東北安全衛生技術センター

　　　〒989-2427　宮城県岩沼市里の杜 1-1-15

　　　℡0223（23）3181　　　　https://www.tohoku.exam.or.jp/

(3) 関東安全衛生技術センター

　　　〒290-0011　千葉県市原市能満 2089

　　　℡0436（75）1141　　　　https://www.kanto.exam.or.jp/

(4) 中部安全衛生技術センター

　　　〒477-0032　愛知県東海市加木屋町丑寅海戸 51-5

　　　℡0562（33）1161　　　　https://www.chubu.exam.or.jp/

(5) 近畿安全衛生技術センター

　　　〒675-0007　兵庫県加古川市神野町西之山字迎野

　　　℡079（438）8481　　　　https://www.kinki.exam.or.jp/

(6) 中国四国安全衛生技術センター

　　　〒721-0955　広島県福山市新涯町 2-29-36

　　　℡084（954）4661　　　　https://www.chushi.exam.or.jp/

(7) 九州安全衛生技術センター

　　　〒839-0809　福岡県久留米市東合川 5-9-3

　　　℡0942（43）3381　　　　https://www.kyushu.exam.or.jp/

法改正情報

1. 健康管理手帳の交付対象の改訂

● **安衛令、安衛則等の一部改正**（令和 5.1.18 政令 8 号、省令 5 号、同日施行）

安衛令 22 条 2 項 15 号、23 条 15 号、安衛則 53 条 1 項の表等の追加により、健康管理手帳に関する改訂が行われた。

・安衛令 22 条 2 項 15 号（有害業務の健康診断）、23 条 15 号（健康管理手帳交付業務）の追加

「15 号：三・三′–ジクロロ–四・四′–ジアミノジフェニルメタン（以下、略称 MOCA で表記）（これをその重量の 1%を超えて含有する製剤その他の物を含む。）を製造し、又は取り扱う業務」

・安衛則 53 条 1 項の表：健康管理手帳の交付に追加

「令 23 条 15 号：MOCA※の業務に 2 年以上従事した経験を有すること。」

※安衛法のラベル表示・SDS 交付対象物質。令別表第三（特定化学物質）第 2 類物質（特別管理物質）19 号。ウレタン樹脂硬化剤等に用いる無色の結晶、発がん性がある。

---

2. 防毒用電動ファン付き呼吸用保護具の追加

型式検定及び譲渡等制限等の対象に、新たに 4 つの「防毒機能を有する電動ファン付き呼吸用保護具」（本書略称 G-PAPR）が追加され、「防じん機能」を持つもの（同 P-PAPR）とに分類された。

● **安衛令の一部改正**（令和 5.3.23 政令 69 号、令和 5.10.1 施行）

・13 条 5 項・表に追加（規格又は安全装置を具備すべき機械等）

「法別表第二（注：法 42 条：譲渡等制限等関係）第 16 号に掲げる電動ファン付き呼吸用保護具に含めない：ハロゲンガス用又は有機ガス用の G-PAPR その他厚生労働省令で定めるもの以外の G-PAPR」

・14 条の 2 第 13、14 号の変更と追加（型式検定を受けるべき機械等）

「13　防じん機能を有する電動ファン付き呼吸用保護具

14　G-PAPR（ハロゲンガス用又は有機ガス用のものその他厚生労働省令で定めるものに限る。）」

● **安衛令等の一部改正の施行に伴う関係省令の改正**（令和 5.3.27 省令 29 号、令和 5.10.1 施行）

防毒マスクの使用が義務づけられている作業場所等に G-PAPR が追加された。

(1) 安衛則の一部改正（新設）

・26 条の 2（規格を具備すべき G-PAPR）　令 13 条 5 項の厚生労働省令で定める G-PAPR

・29条の3（型式検定を受けるべき G-PAPR）　令14条の2第14号の厚生労働省令で定める G-PAPR

> 一　アンモニア用の G-PAPR
> 二　亜硫酸ガス用の G-PAPR

(2) 有機則の一部改正

33条（呼吸用保護具の使用）について、下記の下線部分が追加された。

> 1　事業者は、次の各号のいずれかに掲げる業務に労働者を従事させるときは、当該業務に従事する労働者に送気マスク、有機ガス用防毒マスク又は有機ガス用の G-PAPR を使用させなければならない。
> 　一～七号　（略）
> 2　事業者は、前項各号のいずれかに掲げる業務の一部を請負人に請け負わせるときは、当該請負人に対し、送気マスク、有機ガス用防毒マスク又は有機ガス用の G-PAPR を使用する必要がある旨を周知させなければならない。

3. 金属アーク溶接等作業主任者の選任

特定化学物質作業主任者は、特定化学物質及び四アルキル鉛等作業主任者技能講習 (以下「特化物技能講習」) を修了した者のうちから選任しなければならないが、特化物技能講習科目で「金属アーク溶接等限定技能講習」を修了した者のうちから、**金属アーク溶接等作業主任者**を選任することができることとした。

● **安衛則等の一部改正**（令和 5.4.21 省令 69 号、令和 6.4.1 施行）
(1) 特化則の一部改正（省令 66 号の一部改正）

特定化学物質作業主任者の選任に関する 27 条について、下線部分が改正された。2 項は新設である。

> 1　事業者は、令第 6 条第 18 号の作業については、特定化学物質及び四アルキル鉛等作業主任者技能講習（次項に規定する金属アーク溶接等作業主任者限定技能講習を除く。第 51 条第 1 項及び第 3 項において同じ。）（特別有機溶剤業務に係る作業にあっては、有機溶剤作業主任者技能講習）を修了した者のうちから、特定化学物質作業主任者を選任しなければならない。
> 2　事業者は、前項の規定にかかわらず、令第 6 条第 18 号の作業のうち、金属をアーク溶接する作業、アークを用いて金属を溶断し、又はガウジングする作業その他の溶接ヒュームを製造し、又は取り扱う作業（以下「金属アーク溶接等作業」という。）については、講習科目を金属アーク溶接等作業に係るものに限定した特定化学物質及び四アルキル鉛等作業主任者技能講習（第 51 条第 4 項において「金属アーク溶接等作業主任者限定技能講習」という。）を修了した者のうちから、金属アーク溶接等作業主任者を選任することができる。

1. 関係法令　過去の出題傾向

上（半期）：1〜6月　　下（半期）：7〜12月

		R5/上	R4/下	R4/上	R3/下	R3/上	R2/下
安衛法 安衛則	衛生管理体制全般	☆	☆	☆	☆	☆	☆
	総括安全衛生管理者		○	○	○	○	
	衛生管理者・衛生推進者						○
	産業医	○		○	○	○	○
	衛生委員会	○	○		○		
	作業主任者		☆		☆	☆	☆
	譲渡等の制限等			☆	☆	☆	☆
	定期自主検査		☆			☆	
	免許資格全般	☆					
	製造の許可	☆		☆	☆	☆	
	特別の安全衛生教育	☆	☆	☆		☆	☆
	作業環境測定	☆	☆	☆			☆
	特殊健康診断				☆		
	一般健康診断(定期・雇入れ時)	○	○	○	○	○	○
	ストレスチェック	○	○		○	○	○
	医師による面接指導		○	○			
	健康管理手帳						
	衛生基準全般（有害業務）	☆	☆		☆		
	衛生基準全般（有害業務以外）	○			○	○	○
有機則	有機溶剤中毒予防規則全般	☆	☆	☆	☆	☆	☆
特化則	特定化学物質障害予防規則全般						
電離則	電離放射線障害防止規則	☆			☆		
酸欠則	酸素欠乏症等防止規則全般		☆	☆			☆
石綿則	石綿障害予防規則全般			☆	☆		
粉じん則	粉じん障害防止規則全般	☆				☆	☆
じん肺法	じん肺法全般		☆	☆			
横断的 出題	事業者の報告・手続き義務					☆	☆
	立入禁止場所						
労基法	時間外労働1日2時間の制限						
	全ての女性の就業禁止業務						
	女性の危険有害業務の就業制限			☆		☆	
	有害業務の就業制限		☆				
	労働時間等		○			○	○
	変形労働時間制						
	年次有給休暇	○	○	○	○	○	
	育児時間						○
	産前産後休業						
	妊産婦の就業制限	○		○	○		
	年少者の就業制限	☆			☆		
	就業規則						
事務所則	事務室の環境基準			○			

☆＝有害業務に係るもの　　○＝有害業務に係るもの以外のもの

2. 労働衛生　過去の出題傾向

上（半期）：1〜6月　　下（半期）：7〜12月

		R5/上	R4/下	R4/上	R3/下	R3/上	R2/下
作業環境	情報機器作業					○	○
	腰痛予防対策	○		○	○	○	○
	事務室における必要換気量						
	快適な職場環境形成の措置			○			
	メンタルヘルスケア		○				○
	受動喫煙防止対策	○	○	○	○		
救急処置	やけど・熱傷						
	骨折						
	出血・止血法					○	○
	食中毒	○	○	○	○	○	○
	一次救命処置						○
管理等	健康測定・健康増進対策		○				○
	脳血管障害・虚血性心疾患	○	○	○			
	BMI・メタボリックシンドローム	○		○	○		
	健康診断関係	○					
	労働衛生管理統計	○	○	○	○		
	スクリーニング						
	マネジメントシステム					○	○
	疾病休業統計						
	感染症		○		○		
有害業務	有害光線・電離放射線・電磁波	☆		☆		☆	
	職業性疾病						
	金属による健康障害	☆		☆		☆	
	騒音による健康障害	☆	☆			☆	
	化学物質による健康障害	☆	☆	☆			☆☆
	減圧の影響による健康障害		☆				
	有害因子等による健康障害	☆	☆	☆	☆	☆	☆
	特殊健康診断	☆	☆	☆	☆	☆	
	一酸化炭素中毒				☆		
	粉じんによる健康障害			☆	☆		☆
	有機溶剤		☆		☆		☆
	化学物質の一般的性質	☆	☆	☆		☆	☆
	化学物質等のリスク	☆	☆	☆	☆	☆	☆
	作業環境の3管理	☆			☆	☆	
	作業環境測定の結果の評価				☆	☆	☆
	労働衛生・呼吸用保護具		☆	☆	☆	☆	☆
	局所排気装置	☆	☆	☆	☆		☆
	熱中症・高温対策						

☆＝有害業務に係るもの　○＝有害業務に係るもの以外のもの

3. 労働生理　過去の出題傾向

	R5/上	R4/下	R4/上	R3/下	R3/上	R2/下
感覚器官	○	○	○	○	○	○
呼吸	○	○	○	○	○	
神経系		○	○		○	○
心臓・血液	○○	○○	○○	○	○	○
免疫・抗体		○			○	○
体温			○	○	○	
筋肉	○	○				○
脂肪			○			
ホルモン・内分泌	○		○	○		
栄養素の消化・吸収	○	○			○	○
蛋白質の分解・吸収・働き				○		
肝臓	○		○	○		○
腎臓・尿		○	○	○	○	○
代謝全般	○			○	○	
ストレス	○					
睡眠		○			○	○
正常値				○		

○＝有害業務に係るもの以外のもの

頻出ポイント

1 関係法令
◆有害業務
★衛生管理体制

資格者	項目	要件の要点	必要人数等
第1種衛生管理者※1	選任数	労働者数50人〜200人	1人以上
		労働者数201人〜500人	2人以上
		労働者数501人〜1,000人	3人以上
	専任の条件	①労働者数1,001人以上 ②労働者数501人以上で、鉛、水銀や硫酸、一酸化炭素等有害物の粉じん、蒸気又はガス発散場所、暑熱・寒冷業務等に30人以上	1人以上
労働衛生コンサルタント	非専属者の選任の条件	衛生管理者を2人以上選任する場合	1人までは可能
衛生工学衛生管理者	必要な業務	労働者数501人以上で、鉛、水銀や硫酸、一酸化炭素等有害物の粉じん、蒸気又はガス発散場所、暑熱業務等に30人以上※2	1人
産業医	専属が必要な条件	①労働者数1,000人以上 ②有害業務（深夜業含む）に500人以上	1人（3,001人以上は2人）

※1 「有害業務」における衛生管理者は、すべて第1種衛生管理者の資格が必要である。
※2 寒冷（低温含む）業務は、30人以上でも対象外。

★譲渡等制限対象の主な機械等
防じんマスク、防毒マスク（一酸化炭素用・アンモニア用・亜硫酸ガス用・ハロゲンガス用・有機ガス用）、電動ファン付き呼吸用保護具（防じん用、防毒用はハロゲンガス用・有機ガス用・アンモニア用・亜硫酸ガス用）、潜水器、10キロボルト以上の（特定）エックス線装置、チェーンソー（内燃機関・排気量40cm³以上）など

★作業主任者
＜取得＞
技能講習：特定化学物質、有機溶剤、酸素欠乏危険、鉛、四アルキル鉛等、石綿
免　　許：高圧室内、エックス線、ガンマ線透過写真撮影
＜選任＞
義務：製造工程において硫酸を用いて行う洗浄の作業

乾性油を入れてある**タンクの内部**における作業

圧気工法により、**大気圧を超える気圧下の作業室の内部**において行う作業

石炭を入れてある**ホッパーの内部**における作業　など

不要：セメント製造工程において**セメントを袋詰め**する作業

水深 10m 以上の場所における**潜水の作業**　など

★特別の安全衛生教育（特別の安全衛生教育の対象となる主な業種）

・**石綿等建築物の解体作業**に係る業務

・**チェーンソー**を用いて行う造材の業務

・**ガンマ線照射装置の透過写真撮影**業務

・**エックス線装置の透過写真撮影**業務

・**廃棄物焼却施設の焼却灰取扱い**業務

・潜水作業者への**バルブ等操作**業務　など

★有機溶剤中毒予防規則

色分け表示	第１種…**赤**　　第２種…**黄**　　第３種…**青**
濃度測定 （作業環境測定）	・屋内作業場等では、**6 か月以内**ごとに 1 回行う。 ・第３種では、行わなくてもよい（適用外）。 ・記録の保存期間は、**3 年間**。
定期自主点検	・局所排気装置、プッシュプル型換気装置については、**1 年以内**ごとに 1 回行う。 ・記録の保存期間は、**3 年間**。
健康診断	・雇入れの際、配置換えの際、及び定期に **6 か月以内**ごとに 1 回行う。 ・第３種では、タンク等内部従事者のみが対象となる。 ・記録の保存期間は、**5 年間**。
作業主任者	・有機溶剤作業主任者技能**講習修了者**が行う。 ・換気装置の点検は、**1 か月以内**ごとに 1 回行う。
排気装置の排気口の高さ	空気清浄装置のない局所排気装置・プッシュプル型換気装置では、屋根から **1.5 m 以上**とする。
フードの能力	・囲い式→ **0.4m/s 以上** ・外付け式：側方吸引型→ **0.5m/s 以上** 　　　　　　下方吸引型→ **0.5m/s 以上** 　　　　　　上方吸引型→ **1.0m/s 以上**
マスクについて	・有機溶剤等を入れたことのある**タンク**で、有機溶剤の蒸気が発散するおそれがある場合は、**送気マスク**の着用が必要。 ・局所排気装置又はプッシュプル型排気装置が有効に稼働している場合、労働者に送気マスクや防毒マスクを**使用させなくてもよい**→全体換気装置では、マスクの使用が必要。

★局所排気装置

・基本構成：フード→吸引ダクト→空気清浄装置→ファン→排気ダクト→排気口

・囲い式には、**グローブボックス型・ドラフトチェンバ型・建築ブース型**などがあり、

外付け式やレシーバ式に比べて**最も効果的**なフードの形式である。

・ダクトは、断面積を**大きく**すると、圧力損失、搬送速度が**低下**する。
・空気清浄機器の付設は、排風機は**清浄後の空気**が通る位置に取り付ける。
・主・枝ダクトの合流角度は**45°以内**。

◆有害業務以外（2種免許取得者は科目免除有り）
★衛生委員会

<table>
<tr><td colspan="2">設置</td><td>①業種を問わず労働者常時50人以上の事業場に設置する。
②衛生委員会、安全委員会に代えて**安全衛生委員会**を設置できる。</td></tr>
<tr><td rowspan="5">委員</td><td>指名</td><td>**事業者**が指名する。</td></tr>
<tr><td>議長</td><td>**総括安全衛生管理者**又はそれ以外の者で**事業の実施を統括管理する者**若しくはこれに準ずる者から選任する。</td></tr>
<tr><td>衛生管理者</td><td>1人以上が必要。**非専属**の労働衛生コンサルタントでもよい。</td></tr>
<tr><td>産業医</td><td>1人以上が必要。専属でも**非専属**でもよい。</td></tr>
<tr><td>労働者</td><td>・議長を除く、**委員の半数**は、労働者の過半数を代表する労働組合又は労働者の過半数を代表する者が推薦して事業者が指名。
・衛生に関する経験のある者から1人以上が必要。
・事業場の労働者で、作業環境測定を実施している作業環境測定士も指名できる。</td></tr>
</table>

★一般健康診断

<table>
<tr><td rowspan="2"></td><td>省略できない</td><td>医師が必要でないと認める時に省略できる</td></tr>
<tr><td>定期</td><td>既往歴・業務歴、自覚・他覚症状、体重・視力・聴力（1,000Hz、4,000Hz）、血圧、尿（糖、蛋白の有無）</td><td>身長（20歳以上）、胸部X線（40歳未満で20歳から5歳ごとの節目の者を除く等）、腹囲（35歳を除き40歳未満、BMI20未満等）、喀痰検査（胸部X線で異常のない者等）、聴力検査（**35歳・40歳除く45歳未満は、医師が略式検査に代替可能**）、**肝機能**（GOT・GPT・γ-GTP）、**血中脂質**（LDL・HDL・血清）、**血糖、心電図、貧血検査**（35歳を除く40歳未満）</td></tr>
<tr><td rowspan="2">雇入時</td><td>原則：**すべて**</td><td>原則：**なし**</td></tr>
<tr><td colspan="2">特例：雇入前3か月以内に健康診断を受けた者が、医師の診断結果の証明を提出すれば、当該健康診断の項目について省略できる。</td></tr>
</table>

・異常の所見があると診断された労働者については**3か月以内**に医師の意見を聴く。
・労働者への結果通知は**遅滞なく**行う。
・**定期**の健康診断で労働者常時50人以上の場合、労働基準監督署長へ結果を**報告**。
・健康診断個人票は**5年間**保存する。

< 「深夜業」と「海外派遣」労働者の健康診断のポイント >
深 夜 業：配置換えの際に行う。また、定期に 6 か月に 1 回行う。ただし、**胸部エ**
ックス線検査については 1 年に 1 回でよい。
海外派遣：海外派遣が 6 か月以上の場合、派遣前に行う。また、派遣後の帰国後、
国内業務に就かせるときに行う（一時的な場合を除く）。

★年次有給休暇
< 通常の労働者の年次有給休暇数 >

継続勤務者の加算年次有給休暇数（最大 6 年 6 か月、20 日間）						
6 か月※	1 年 6 か月	2 年 6 か月	3 年 6 か月	4 年 6 か月	5 年 6 か月	6 年 6 か月以上
10 日	11 日	12 日	14 日	16 日	18 日	20 日

※雇入れの日から 6 か月間継続勤務かつ全労働日の 8 割出勤

< 短時間労働者（週 30 時間未満・週 4 日の場合）の年次有給休暇数 >

雇入れ日から起算した継続勤務期間と付与日数						
6 か月	1 年 6 か月	2 年 6 か月	3 年 6 か月	4 年 6 か月	5 年 6 か月	6 年 6 か月以上
7 日	8 日	9 日	10 日	12 日	13 日	15 日

★ストレスチェック（安衛法に基づく心理的な負担の程度を把握するための検査）
・労働者が常時 50 人以上の事業場で、1 年以内ごとに 1 回、定期に実施。
・結果は担当した医師等から**労働者**に遅滞なく通知する。
・労働者から**希望**があれば面接を行う。
・結果の記録は 5 年間保存。

2 労働衛生
◆有害業務
★有害因子等による健康障害

減圧症	高圧下作業や浮上による減圧で、**血液中の窒素の気泡化**により発生。皮膚のかゆみ、神経麻痺などが起こる。
金属熱	亜鉛や銅など**金属ヒューム**の吸入で発生。
熱中症	熱虚脱：暑熱環境下の作業で**脳への血流量**が低下し、めまい等が発生。 熱痙攣：多量の発汗をした際に水だけ補給することで、**血液中の塩分濃度**が低下して発生。
振動障害	全身振動障害：交通、工場等の振動が原因。腰痛や胃腸障害など。 レイノー現象：末梢の**局所振動障害**で冬期の発生が多い。

寒冷障害	凍瘡：寒冷による血行障害で、いわゆる「しもやけ」のこと。 凍傷：0℃以下で皮膚組織が凍結壊死すること。 低体温症：身体の深部体温が35℃以下に低下することで発生。 　　　　　意識消失や筋肉の硬直を伴う。
酸素欠乏症	酸素欠乏症：酸素濃度が16%（18%未満）で、頭痛や吐き気が 　　　　　　発生する。無酸素状態のタンク内で空気を吸入する 　　　　　　と、数秒で意識消失する。
放射線被ばく	確率的影響：発生確率が被ばく線量に比例するもの。発がんや遺 　　　　　　伝的影響がある。 確定的影響：しきい値を超える被ばくをしなければ発生しないが、 　　　　　　しきい値を超えると、線量の増加で重篤度が増加す 　　　　　　るもの。中枢神経系障害等が発生する。

★化学物質による健康障害

シアン化水素	細胞内の酸素利用障害による呼吸困難や痙攣。
硫化水素	化学反応等のガスばく露で肺水腫や呼吸麻痺など。
弗化水素	過剰摂取で骨硬化症や歯のまだら状シミの斑状歯。
ノルマルヘキサン	慢性中毒で末梢神経障害の多発性神経炎など。
二酸化硫黄	慢性気管支炎、歯が溶ける歯牙酸蝕症など。
N,N-ジメチルホルムアミド	吸入によりめまいや頭痛を起こし、長期にわたるばく露では肝機能障害、発がん性のおそれ。
ベンゼン	造血器障害の再生不良性貧血や白血病。

★化学物質の一般的な性質 （常温・常圧の空気中における化学物質の状態について）
ガ　ス：ホルムアルデヒド、塩化ビニル、二酸化硫黄、塩素、アンモニア、硫化水素
蒸　気：二硫化炭素、アクリロニトリル、アセトン、トリクロロエチレン
粉じん：ジクロロベンジジン
固　体：無水クロム酸

★労働衛生保護具
・防毒マスクの吸収缶の色は、有機ガス用は黒、シアン化水素用は青、一酸化炭素用
　は赤、ハロゲンガス用は灰・黒である。
・蒸気やガス等が粉じんと混在するときは、防じん機能を有する防毒マスク（白線入
　り吸収缶）を使用する。
・複数の有毒ガスが混在する場合やガスの種類や濃度が不明の場合、ろ過式の呼吸用
　保護具（防毒マスク、防じんマスク、電動ファン付き呼吸用保護具）ではなく、送
　気マスク（ホースマスク・エアラインマスク）や自給式呼吸器（空気呼吸器・酸素
　呼吸器）など給気式のものを使用する。

◆有害業務以外（2種免許取得者は科目免除有り）
★食中毒

<table>
<tr><th colspan="2">食中毒の種類</th><th>原因菌など</th></tr>
<tr><td rowspan="2">細菌性食中毒</td><td>感染型（食物に付着している細菌そのものの感染によって発症）</td><td>腸炎ビブリオ（病原性好塩菌）、サルモネラ菌（鶏卵から感染）、ウェルシュ菌（熱に強い）、カンピロバクター、腸管出血性大腸菌（O-157、O-111）</td></tr>
<tr><td>毒素型（食品に付着した菌が食品中で増殖した際に生じる毒素により発症）</td><td>黄色ブドウ球菌（熱に強い）、ボツリヌス菌（真空包装食品等で増殖）、セレウス菌</td></tr>
<tr><td colspan="2">ウイルス性食中毒</td><td>ノロウイルス（冬季に多く発生、塩素系消毒剤が効果的）</td></tr>
</table>

★脳血管障害・虚血性心疾患
＜脳血管障害＞

<table>
<tr><th>病変</th><th>疾患名</th><th>原因</th><th>症状</th></tr>
<tr><td rowspan="2">出血性</td><td>脳出血</td><td>脳の細い血管が破れ、脳の中に出血する。</td><td>頭痛や麻痺、しびれ、ろれつが回らない、言語障害など。</td></tr>
<tr><td>くも膜下出血</td><td>脳表面の動脈が破れ、くも膜下腔に出血する。</td><td>突然、急激で激しい頭痛が起こる。</td></tr>
<tr><td>虚血性</td><td>脳梗塞</td><td>脳の血管の詰まりや血流低下で脳組織の虚血等により脳組織が壊死する。</td><td>左右の半身に麻痺が起きる、言語障害や意識がはっきりしなくなる。</td></tr>
</table>

＜虚血性心疾患＞

<table>
<tr><th>疾患名</th><th>原因</th><th>症状</th></tr>
<tr><td>狭心症</td><td>心筋の一部分に可逆的（元に戻る）な虚血（酸欠）が起こる。</td><td>胸の痛みの時間は数分程度。</td></tr>
<tr><td>心筋梗塞</td><td>血管を血栓が塞いで不可逆的（元に戻らない）な心筋の壊死が起こる。</td><td>突然激しい痛みが起こり、症状が長時間続く。</td></tr>
</table>

★労働衛生管理統計
・正規分布上のデータのばらつきは、標準偏差（ばらつきの大きさの尺度）やデータの偏差を使った分散の値で表される。
・ある特定時点における特定集団のデータを静態データ（例：国勢調査）、ある期間の集団に関するデータを動態データという（例：毎月勤労統計調査）。

★受動喫煙防止対策（喫煙専用室について）
・出入口において、室外から室内に流入する空気の気流が、0.2m/s 以上であること。

・たばこの煙が室内から室外に流出しないよう、壁、天井等によって**区画**されていること。
・出入口の見やすい箇所に必要事項を記載した標識を**掲示**すること。
・たばこの煙が**屋外**又は**外部**の場所に排気されていること。

3 労働生理（2種免除取得者は科目免除有り）
★呼吸

呼吸運動	呼吸筋（肋間筋と横隔膜）の協調運動で、**胸郭内容積**を周期的に増減し、肺を伸縮させる。
吸気	**胸郭内容積**が**増**し、内圧が**低く**なることで、鼻腔や気道を経て肺に流れ込む空気。
呼気の成分	酸素16％、二酸化炭素4％。
外呼吸	肺胞内の空気（O_2）と、肺胞を取り巻く毛細血管の血液（CO_2）との間で行われるガス交換。
内呼吸	身体の**各組織細胞**と、全身の毛細血管中の血液との間で行われるガス交換。
呼吸中枢	・**延髄**の網様体に存在し、呼吸運動の筋肉を支配する。 ・**二酸化炭素**濃度が増加すると、肺のガス交換量が多くなり、呼吸は深く、1回換気量が**増加**、呼吸数も**増加**する。
呼吸数	一般に成人で、1分間に**16～20回**。食事、入浴、発熱等で**増加**する。

★神経系
<自律神経>
　内臓・血管等の**不随意筋**に分布し、中枢は**脳幹**及び**脊髄**にある。さらに、生命維持機能の中枢は、脳幹を構成する間脳の**視床下部**にある。
交感神経：日中に優位。心拍数や血圧を**上げ**、体を**活動**モード、消化管の働きを**抑制**。
副交感神経：夜間に優位。心拍数や血圧を**下げ**、体を**休息**モード、消化管の働きを**活発**にする。

★感覚系
<視覚>

網膜	視細胞（杆状体・錐状体）が光を識別する。
	錐状体：**色**と**明るい光**を感じる。
	杆状体：**明暗**と暗い所で**弱い光**を感じる。
水晶体	**レンズ**の役割。焦点距離を調節し、網膜に像を結ぶ。

近視…眼軸が長すぎ、→網膜の**前方**で像を結ぶ。
遠視…眼軸が短すぎ、→網膜の**後方**で像を結ぶ。
乱視…**角膜**の凹凸や歪み等により、網膜に正しく像が結ばない。

<聴覚>

外耳	耳介	音（波）を集める。
	外耳道	音（波）を増幅して、中耳に伝える。
中耳	鼓膜	音（波）により**振動**する。
	鼓室	**耳管**によって**咽頭**につながっている。その内圧は外気圧と**等しく**保たれている。
	耳小骨	鼓膜の振動を増幅して、内耳に伝える。
内耳	蝸牛	**聴覚**をつかさどる。
	前庭	体の**傾き**を感受。平衡感覚をつかさどる。
	半規管	体の回転運動、**加速度**を感受。平衡感覚をつかさどる。

★心臓・血液・血液循環

<心臓>

・心臓の拍動（収縮・拡張）は、**特殊心筋（洞房結節**等）で発生した電気刺激が、刺激伝導系を介して伝わることで行われる。

・**心筋**は自らの意志で動かすことができない**不随意筋**だが、平滑筋ではなく**横紋筋**に分類される（横紋筋の大部分は随意筋、平滑筋は不随意筋）。

<血液>

赤血球	赤血球中のヘモグロビンが**酸素**を運搬する。**ヘマトクリット値**（赤血球の相対的容積）は男性約45%、女性約40%で、貧血になるとその値が**減少**する。
白血球	骨髄・リンパ組織で生成、体内への細菌や異物の**侵入を防ぐ**。
血漿	血液の約55%を占める。**フィブリノーゲン**（線維素原）が不溶性のフィブリン（線維素）に変化し血液を凝固させる（血液の凝固反応）。
血小板	出血すると、そこに集結して**血栓**を作り、傷口をふさいで出血を止める。

<血液循環>

体循環：左心室→大動脈→全身の器官・組織の毛細血管→大静脈→**右心房**

肺循環：右心室→肺動脈→肺の毛細血管→肺静脈→**左心房**

★腎臓・尿

・腎臓は左右に1対あり、それぞれ約100万個の**ネフロン**から成る。

・ネフロンは、毛細血管が球状の塊になった**糸球体**と、それを包む**ボウマン嚢**などから成る。糸球体は**血球**と**蛋白質**を除いた、水分、グルコース（ブドウ糖）、アミノ酸、電解質等を濾し出す。

・濾し出された**水分、グルコース**（ブドウ糖）、**アミノ酸、電解質**等の大部分は、尿細管で**再吸収**される。

第 1 種衛生管理者試験

令和 5 年
1 月～ 6 月実施分

本冊 P.193 の解答用紙をコピーしてお使いください。

関係法令（有害業務に係るもの）

問1　　常時400人の労働者を使用する製造業の事業場における衛生管理体制に関する（1）～（5）の記述のうち、法令上、誤っているものはどれか。

　　ただし、400人中には、屋内作業場において次の業務に常時従事する者が含まれているが、その他の有害業務はないものとし、衛生管理者及び産業医の選任の特例はないものとする。

深夜業を含む業務	200人
多量の高熱物体を取り扱う業務	50人
塩素を試験研究のため取り扱う作業を行う業務	30人

(1)　総括安全衛生管理者を選任しなければならない。

(2)　衛生管理者のうち少なくとも1人を専任の衛生管理者としなければならない。

(3)　衛生管理者は、全て第一種衛生管理者免許を有する者のうちから選任することができる。

(4)　産業医は、この事業場に専属でない者を選任することができる。

(5)　特定化学物質作業主任者を選任しなくてよい。

問 2　次の業務に労働者を就かせるとき、法令に基づく安全又は衛生のための特別の教育を行わなければならないものはどれか。

(1)　赤外線又は紫外線にさらされる業務

(2)　有機溶剤等を用いて行う接着の業務

(3)　塩酸を用いて行う分析の業務

(4)　エックス線回折装置を用いて行う分析の業務

(5)　廃棄物の焼却施設において焼却灰を取り扱う業務

問 3　次の免許のうち、労働安全衛生法令に定められていないものはどれか。

(1)　潜水士免許

(2)　高圧室内作業主任者免許

(3)　エックス線作業主任者免許

(4)　石綿作業主任者免許

(5)　ガンマ線透過写真撮影作業主任者免許

問 4　次の特定化学物質を製造しようとするとき、労働安全衛生法に基づく厚生労働大臣の許可を必要としないものはどれか。

(1)　アルファ-ナフチルアミン

(2)　塩素化ビフェニル（別名 PCB）

(3)　オルト-トリジン

(4)　オルト-トルイジン

(5)　ベンゾトリクロリド

問 5　次の A から E の粉じん発生源について、法令上、特定粉じん発生源に該当するものの組合せは（1）〜（5）のうちどれか。

A　屋内において、耐火物を用いた炉を解体する箇所

B　屋内の、ガラスを製造する工程において、原料を溶解炉に投げ入れる箇所

C　屋内において、研磨材を用いて手持式動力工具により金属を研磨する箇所

D　屋内において、粉状の炭素製品を袋詰めする箇所

E　屋内において、固定の溶射機により金属を溶射する箇所

(1)　A, B

(2)　A, E

(3)　B, C

(4)　C, D

(5)　D, E

問 6　有機溶剤等を取り扱う場合の措置について、有機溶剤中毒予防規則に違反しているものは次のうちどれか。

ただし、同規則に定める適用除外及び設備の特例はないものとする。

(1)　地下室の内部で第一種有機溶剤等を用いて作業を行わせるとき、その作業場所に局所排気装置を設け、有効に稼働させているが、作業者に送気マスクも有機ガス用防毒マスクも使用させていない。

(2)　屋内作業場で、第二種有機溶剤等が付着している物の乾燥の業務に労働者を従事させるとき、その作業場所に最大 0.4m/s の制御風速を出し得る能力を有する側方吸引型外付け式フードの局所排気装置を設

け、かつ、作業に従事する労働者に有機ガス用防毒マスクを使用させ
ている。

(3) 屋内作業場に設けた空気清浄装置のない局所排気装置の排気口で、厚
生労働大臣が定める濃度以上の有機溶剤を排出するものの高さを、屋
根から 1.5m としている。

(4) 屋外作業場において有機溶剤含有物を用いて行う塗装の業務に常時従
事する労働者に対し、1 年以内ごとに 1 回、定期に、有機溶剤等健康
診断を行っている。

(5) 有機溶剤等を入れてあった空容器で有機溶剤の蒸気が発散するおそれ
のあるものを、密閉して屋内の一定の場所に集積している。

問7　管理区域内において放射線業務に従事する労働者の被ば
く限度に関する次の文中の [　] 内に入れる A から D の語
句又は数値の組合せとして、法令上、正しいものは（1）〜
（5）のうちどれか。

「男性又は妊娠する可能性がないと診断された女性が受ける実効線量
の限度は、緊急作業に従事する場合を除き、[A] 間につき [B]、
かつ、[C] 間につき [D] である。」

	A	B	C	D
(1)	1 年	50mSv	1 か月	5mSv
(2)	3 年	100mSv	3 か月	10mSv
(3)	3 年	100mSv	1 年	50mSv
(4)	5 年	100mSv	1 年	50mSv
(5)	5 年	250mSv	1 年	100mSv

問 8 労働安全衛生規則の衛生基準について、誤っているものは次のうちどれか。

(1) 炭酸ガス（二酸化炭素）濃度が 0.15％を超える場所には、関係者以外の者が立ち入ることを禁止し、かつ、その旨を見やすい箇所に表示しなければならない。

(2) 強烈な騒音を発する屋内作業場においては、その伝ぱを防ぐため、隔壁を設ける等必要な措置を講じなければならない。

(3) 多筒抄紙機により紙を抄く業務を行う屋内作業場については、6 か月以内ごとに 1 回、定期に、等価騒音レベルを測定しなければならない。

(4) 著しく暑熱又は多湿の作業場においては、坑内等特殊な作業場でやむを得ない事由がある場合を除き、休憩の設備を作業場外に設けなければならない。

(5) 屋内作業場に多量の熱を放散する溶融炉があるときは、加熱された空気を直接屋外に排出し、又はその放射するふく射熱から労働者を保護する措置を講じなければならない。

問 9
法令に基づき定期に行う作業環境測定とその測定頻度との組合せとして、誤っているものは次のうちどれか。

(1) 溶融ガラスからガラス製品を成型する業務を行う屋内作業場の気温、湿度及びふく射熱の測定 …………………………… 半月以内ごとに 1 回

(2) 通気設備が設けられている坑内の作業場における通気量の測定
………………………………………………… 半月以内ごとに 1 回

(3) 非密封の放射性物質を取り扱う作業室における空気中の放射性物質の濃度の測定 ……………………………… 1 か月以内ごとに 1 回

(4) 鉛ライニングの業務を行う屋内作業場における空気中の鉛濃度の測定
………………………………………………… 6 か月以内ごとに 1 回

(5) 常時特定粉じん作業を行う屋内作業場における空気中の粉じん濃度の測定 ………………………………………… 6 か月以内ごとに 1 回

問 10
労働基準法に基づき、満 18 歳に満たない者を就かせてはならない業務に該当しないものは次のうちどれか。

(1) さく岩機、鋲打機等身体に著しい振動を与える機械器具を用いて行う業務

(2) 著しく寒冷な場所における業務

(3) 20kg の重量物を継続的に取り扱う業務

(4) 超音波にさらされる業務

(5) 強烈な騒音を発する場所における業務

問 11　　　化学物質とその常温・常圧（25℃、1気圧）での空気中における状態との組合せとして、誤っているものは次のうちどれか。

　　　ただし、ガスとは、常温・常圧で気体のものをいい、蒸気とは、常温・常圧で液体又は固体の物質が蒸気圧に応じて揮発又は昇華して気体となっているものをいうものとする。

(1)　アクリロニトリル ………………………… ガス
(2)　アセトン …………………………………… 蒸気
(3)　アンモニア ………………………………… ガス
(4)　ホルムアルデヒド ………………………… ガス
(5)　硫酸ジメチル ……………………………… 蒸気

問 12　労働衛生対策を進めていくに当たっては、作業環境管理、作業管理及び健康管理が必要であるが、次の A から E の対策例について、作業管理に該当するものの組合せは（1）〜（5）のうちどれか。

A　座位での情報機器作業における作業姿勢は、椅子に深く腰をかけて背もたれに背を十分あて、履き物の足裏全体が床に接した姿勢を基本とする。

B　有機溶剤業務を行う作業場所に設置した局所排気装置のフード付近の気流の風速を測定する。

C　放射線業務を行う作業場所において、外部放射線による実効線量を算定し、管理区域を設定する。

D　ずい道建設工事の掘削作業において、土石又は岩石を湿潤な状態に保つための設備を稼働する。

E　介護作業等腰部に著しい負担のかかる作業に従事する労働者に対し、腰痛予防体操を実施する。

(1)　A，B

(2)　A，C

(3)　B，C

(4)　C，D

(5)　D，E

問 13 化学物質等による疾病のリスクの低減措置について、法令に定められた措置以外の措置を検討する場合、優先度の最も高いものは次のうちどれか。

(1) 化学物質等に係る機械設備等の密閉化
(2) 化学物質等に係る機械設備等への局所排気装置の設置
(3) 化学反応のプロセス等の運転条件の変更
(4) 化学物質等の有害性に応じた有効な保護具の使用
(5) 作業手順の改善

問 14 化学物質による健康障害に関する次の記述のうち、正しいものはどれか。

(1) 一酸化炭素による中毒では、ヘモグロビン合成の障害による貧血、溶血などがみられる。
(2) 弗化水素による中毒では、脳神経細胞が侵され、幻覚、錯乱などの精神障害がみられる。
(3) シアン化水素による中毒では、細胞内の酸素の利用の障害による呼吸困難、けいれんなどがみられる。
(4) 塩化ビニルによる慢性中毒では、慢性気管支炎、歯牙酸蝕症などがみられる。
(5) 塩素による中毒では、再生不良性貧血、溶血などの造血機能の障害がみられる。

問 15　作業環境における騒音及びそれによる健康障害に関する次の記述のうち、誤っているものはどれか。

(1) 騒音レベルの測定は、通常、騒音計の周波数重み付け特性 A で行い、その大きさは dB で表す。

(2) 騒音性難聴は、初期には気付かないことが多く、また、不可逆的な難聴であるという特徴がある。

(3) 騒音は、自律神経系や内分泌系へも影響を与えるため、騒音ばく露により、交感神経の活動の亢進や副腎皮質ホルモンの分泌の増加が認められることがある。

(4) 騒音性難聴では、通常、会話音域より高い音域から聴力低下が始まる。

(5) 等価騒音レベルは、中心周波数 500Hz、1,000Hz、2,000Hz 及び 4,000Hz の各オクターブバンドの騒音レベルの平均値で、変動する騒音に対する人間の生理・心理的反応とよく対応する。

問 16　金属などによる健康障害に関する次の記述のうち、誤っているものはどれか。

(1) ベリリウム中毒では、接触皮膚炎、肺炎などの症状がみられる。

(2) マンガン中毒では、歩行障害、発語障害、筋緊張亢進などの症状がみられる。

(3) クロム中毒では、低分子蛋白尿、歯への黄色の色素沈着、視野狭窄などの症状がみられる。

(4) カドミウム中毒では、上気道炎、肺炎、腎機能障害などがみられる。

(5) 金属水銀中毒では、感情不安定、幻覚などの精神障害、手指の震えなどの症状がみられる。

問 17　　　レーザー光線に関する次の記述のうち、誤っているもの
はどれか。

(1)　レーザー光線は、おおむね 1nm から 180nm までの波長域にある。

(2)　レーザー光線は、単一波長で位相のそろった人工光線である。

(3)　レーザー光線の強い指向性や集束性を利用し、高密度のエネルギーを
　　　発生させることができる。

(4)　出力パワーが最も弱いクラス 1 又はクラス 2 のレーザー光線は、可
　　　視光のレーザーポインタとして使用されている。

(5)　レーザー光線にさらされるおそれのある業務は、レーザー機器の出力
　　　パワーなどに基づくクラス分けに応じた労働衛生上の対策を講じる必
　　　要がある。

問 18　作業環境における有害要因による健康障害に関する次の記述のうち、正しいものはどれか。

(1)　潜水業務における減圧症は、浮上による減圧に伴い、血液中に溶け込んでいた酸素が気泡となり、血管を閉塞したり組織を圧迫することにより発生する。

(2)　熱けいれんは、高温環境下での労働において、皮膚の血管に血液がたまり、脳への血液の流れが少なくなることにより発生し、めまい、失神などの症状がみられる。

(3)　全身振動障害では、レイノー現象などの末梢循環障害や手指のしびれ感などの末梢神経障害がみられ、局所振動障害では、関節痛などの筋骨格系障害がみられる。

(4)　低体温症は、低温下の作業で全身が冷やされ、体の中心部の温度が35℃程度以下に低下した状態をいう。

(5)　マイクロ波は、赤外線より波長が短い電磁波で、照射部位の組織を加熱する作用がある。

問 19　有害物質を発散する屋内作業場の作業環境改善に関する次の記述のうち、正しいものはどれか。

(1)　有害物質を取り扱う装置を構造上又は作業上の理由で完全に密閉できない場合は、装置内の圧力を外気圧より高くする。

(2)　局所排気装置を設置する場合は、給気量が不足すると排気効果が低下するので、排気量に見合った給気経路を確保する。

(3)　有害物質を発散する作業工程では、局所排気装置の設置を密閉化や自動化より優先して検討する。

(4)　局所排気装置を設ける場合、ダクトが細すぎると搬送速度が不足し、太すぎると圧力損失が増大することを考慮して、ダクト径を決める。

(5)　局所排気装置に設ける空気清浄装置は、一般に、ダクトに接続された排風機を通過した後の空気が通る位置に設置する。

問 20　有害化学物質とその生物学的モニタリング指標として用いられる尿中の代謝物との組合せとして、正しいものは次のうちどれか。

(1)　トルエン ………………………………… トリクロロ酢酸

(2)　キシレン ………………………………… メチル馬尿酸

(3)　スチレン ………………………………… 馬尿酸

(4)　N, N‐ジメチルホルムアミド……… デルタ‐アミノレブリン酸

(5)　鉛………………………………………… マンデル酸

関係法令（有害業務に係るもの以外のもの）

問 21　　産業医に関する次の記述のうち、法令上、誤っているものはどれか。

ただし、産業医の選任の特例はないものとする。

(1)　産業医を選任しなければならない事業場は、常時 50 人以上の労働者を使用する事業場である。

(2)　常時使用する労働者数が 2,000 人を超える事業場では、産業医を 2 人以上選任しなければならない。

(3)　重量物の取扱い等重激な業務に常時 500 人以上の労働者を従事させる事業場では、その事業場に専属の産業医を選任しなければならない。

(4)　産業医が、事業者から、毎月 1 回以上、所定の情報の提供を受けている場合であって、事業者の同意を得ているときは、産業医の作業場等の巡視の頻度を、毎月 1 回以上から 2 か月に 1 回以上にすることができる。

(5)　産業医は、労働者に対する衛生教育に関することであって、医学に関する専門的知識を必要とする事項について、総括安全衛生管理者に対して勧告することができる。

問 22 　衛生委員会に関する次の記述のうち、法令上、誤っているものはどれか。

(1) 衛生委員会の議長を除く委員の半数については、事業場に労働者の過半数で組織する労働組合がないときは、労働者の過半数を代表する者の推薦に基づき指名しなければならない。

(2) 衛生委員会の議長は、原則として、総括安全衛生管理者又は総括安全衛生管理者以外の者で事業場においてその事業の実施を統括管理するもの若しくはこれに準ずる者のうちから事業者が指名した委員がなるものとする。

(3) 事業場に専属ではないが、衛生管理者として選任している労働衛生コンサルタントを、衛生委員会の委員として指名することができる。

(4) 作業環境測定を外部の作業環境測定機関に委託して実施している場合、当該作業環境測定を実施している作業環境測定士を、衛生委員会の委員として指名することができる。

(5) 衛生委員会の付議事項には、長時間にわたる労働による労働者の健康障害の防止を図るための対策の樹立に関することが含まれる。

問 23 　労働安全衛生規則に基づく医師による健康診断に関する次の記述のうち、誤っているものはどれか。

(1) 雇入時の健康診断において、医師による健康診断を受けた後3か月を経過しない者が、その健康診断結果を証明する書面を提出したときは、その健康診断の項目に相当する項目を省略することができる。

(2) 雇入時の健康診断の項目のうち、聴力の検査は、1,000Hz及び4,000Hzの音について行わなければならない。

(3) 深夜業を含む業務に常時従事する労働者に対し、6か月以内ごとに1回、定期に、健康診断を行わなければならないが、胸部エックス線検

査については、1年以内ごとに1回、定期に、行うことができる。

(4) 定期健康診断を受けた労働者に対し、健康診断を実施した日から3か月以内に、当該健康診断の結果を通知しなければならない。

(5) 定期健康診断の結果に基づき健康診断個人票を作成して、これを5年間保存しなければならない。

問 24

事業場の建築物、施設等に関する措置について、労働安全衛生規則の衛生基準に違反していないものは次のうちどれか。

(1) 常時男性35人、女性10人の労働者を使用している事業場で、労働者が臥床することのできる男女別々の休養室又は休養所を設けていない。

(2) 常時50人の労働者を就業させている屋内作業場の気積が、設備の占める容積及び床面から4mを超える高さにある空間を除き450m³ となっている。

(3) 日常行う清掃のほか、毎年1回、12月下旬の平日を大掃除の日と決めて大掃除を行っている。

(4) 事業場に附属する食堂の床面積を、食事の際の1人について、0.5m² としている。

(5) 労働衛生上の有害業務を有しない事業場において、窓その他の開口部の直接外気に向かって開放することができる部分の面積が、常時床面積の25分の1である屋内作業場に、換気設備を設けていない。

問 25 労働安全衛生法に基づく労働者の心理的な負担の程度を把握するための検査（以下「ストレスチェック」という。）及びその結果等に応じて実施される医師による面接指導に関する次の記述のうち、法令上、正しいものはどれか。

(1) ストレスチェックを受ける労働者について解雇、昇進又は異動に関して直接の権限を持つ監督的地位にある者は、ストレスチェックの実施の事務に従事してはならない。

(2) 事業者は、ストレスチェックの結果が、衛生管理者及びストレスチェックを受けた労働者に通知されるようにしなければならない。

(3) 面接指導を行う医師として事業者が指名できる医師は、当該事業場の産業医に限られる。

(4) 面接指導の結果は、健康診断個人票に記載しなければならない。

(5) 事業者は、面接指導の結果に基づき、当該労働者の健康を保持するため必要な措置について、面接指導が行われた日から3か月以内に、医師の意見を聴かなければならない。

問 26 労働基準法に定める妊産婦等に関する次の記述のうち、法令上、誤っているものはどれか。

ただし、常時使用する労働者数が10人以上の規模の事業場の場合とし、管理監督者等とは、「監督又は管理の地位にある者等、労働時間、休憩及び休日に関する規定の適用除外者」をいうものとする。

(1) 時間外・休日労働に関する協定を締結し、これを所轄労働基準監督署長に届け出ている場合であっても、妊産婦が請求した場合には、管理監督者等の場合を除き、時間外・休日労働をさせてはならない。

(2) フレックスタイム制を採用している場合であっても、妊産婦が請求し

た場合には、管理監督者等の場合を除き、1週40時間、1日8時間を超えて労働させてはならない。

(3)　妊産婦が請求した場合には、深夜業をさせてはならない。

(4)　妊娠中の女性が請求した場合においては、他の軽易な業務に転換させなければならない。

(5)　原則として、産後8週間を経過しない女性を就業させてはならない。

問 27　週所定労働時間が25時間、週所定労働日数が4日である労働者であって、雇入れの日から起算して5年6か月継続勤務したものに対して、その後1年間に新たに与えなければならない年次有給休暇日数として、法令上、正しいものは次のうちどれか。

　　ただし、その労働者はその直前の1年間に全労働日の8割以上出勤したものとする。

(1)　12 日

(2)　13 日

(3)　14 日

(4)　15 日

(5)　16 日

問 28 　健康診断における検査項目に関する次の記述のうち、誤っているものはどれか。

(1) 　HDL コレステロールは、善玉コレステロールとも呼ばれ、低値であることは動脈硬化の危険因子となる。

(2) 　γ-GTP は、正常な肝細胞に含まれている酵素で、肝細胞が障害を受けると血液中に流れ出し、特にアルコールの摂取で高値を示す特徴がある。

(3) 　ヘモグロビン A1c は、血液 1 μL 中に含まれるヘモグロビンの数を表す値であり、貧血の有無を調べるために利用される。

(4) 　尿素窒素（BUN）は、腎臓から排泄される老廃物の一種で、腎臓の働きが低下すると尿中に排泄されず、血液中の値が高くなる。

(5) 　血清トリグリセライド（中性脂肪）は、食後に値が上昇する脂質で、内臓脂肪が蓄積している者において、空腹時にも高値が持続することは動脈硬化の危険因子となる。

問 29　厚生労働省の「職場における受動喫煙防止のためのガイドライン」に関する次のAからDの記述について、誤っているものの組合せは（1）〜（5）のうちどれか。

A　第一種施設とは、多数の者が利用する施設のうち、学校、病院、国や地方公共団体の行政機関の庁舎等をいい、「原則敷地内禁煙」とされている。

B　一般の事務所や工場は、第二種施設に含まれ、「原則屋内禁煙」とされている。

C　第二種施設においては、特定の時間を禁煙とする時間分煙が認められている。

D　たばこの煙の流出を防止するための技術的基準に適合した喫煙専用室においては、食事はしてはならないが、飲料を飲むことは認められている。

（1）　A，B

（2）　A，C

（3）　B，C

（4）　B，D

（5）　C，D

問 30 労働衛生管理に用いられる統計に関する次の記述のうち、誤っているものはどれか。

(1) 生体から得られたある指標が正規分布である場合、そのばらつきの程度は、平均値や最頻値によって表される。

(2) 集団を比較する場合、調査の対象とした項目のデータの平均値が等しくても分散が異なっていれば、異なった特徴をもつ集団であると評価される。

(3) 健康管理統計において、ある時点での検査における有所見者の割合を有所見率といい、このようなデータを静態データという。

(4) 健康診断において、対象人数、受診者数などのデータを計数データといい、身長、体重などのデータを計量データという。

(5) ある事象と健康事象との間に、統計上、一方が多いと他方も多いというような相関関係が認められたとしても、それらの間に因果関係があるとは限らない。

問 31 厚生労働省の「職場における腰痛予防対策指針」に基づき、腰部に著しい負担のかかる作業に常時従事する労働者に対して当該作業に配置する際に行う健康診断の項目として、適切でないものは次のうちどれか。

(1) 既往歴及び業務歴の調査

(2) 自覚症状の有無の検査

(3) 負荷心電図検査

(4) 神経学的検査

(5) 脊柱の検査

問 32　脳血管障害及び虚血性心疾患に関する次の記述のうち、誤っているものはどれか。

(1)　虚血性の脳血管障害である脳梗塞は、脳血管自体の動脈硬化性病変による脳血栓症と、心臓や動脈壁の血栓が剥がれて脳血管を閉塞する脳塞栓症に分類される。

(2)　くも膜下出血は、通常、脳動脈瘤が破れて数日後、激しい頭痛で発症する。

(3)　虚血性心疾患は、冠動脈による心筋への血液の供給が不足したり途絶えることにより起こる心筋障害である。

(4)　心筋梗塞では、突然激しい胸痛が起こり、「締め付けられるように痛い」、「胸が苦しい」などの症状が、1 時間以上続くこともある。

(5)　運動負荷心電図検査は、虚血性心疾患の発見に有用である。

問 33　食中毒に関する次の記述のうち、正しいものはどれか。

(1)　感染型食中毒は、食物に付着した細菌そのものの感染によって起こる食中毒で、サルモネラ菌によるものがある。

(2)　赤身魚などに含まれるヒスチジンが細菌により分解されて生成されるヒスタミンは、加熱調理によって分解する。

(3)　エンテロトキシンは、フグ毒の主成分で、手足のしびれや呼吸麻痺を起こす。

(4)　カンピロバクターは、カビの産生する毒素で、腹痛や下痢を起こす。

(5)　ボツリヌス菌は、缶詰や真空パックなど酸素のない密封食品中でも増殖するが、熱には弱く、60℃、10 分間程度の加熱で殺菌することができる。

問 34　身長175cm、体重80kg、腹囲88cmの人のBMIに最も近い値は、次のうちどれか。

(1)　21
(2)　26
(3)　29
(4)　37
(5)　40

（次の科目が免除されている受験者は、問35〜問44は解答しないでください。）

労 働 生 理

問 35　血液に関する次の記述のうち、誤っているものはどれか。

(1)　血液は、血漿成分と有形成分から成り、血漿成分は血液容積の約55％を占める。
(2)　血漿中の蛋白質のうち、アルブミンは血液の浸透圧の維持に関与している。
(3)　白血球のうち、好中球には、体内に侵入してきた細菌や異物を貪食する働きがある。
(4)　血小板のうち、リンパ球には、Bリンパ球、Tリンパ球などがあり、これらは免疫反応に関与している。
(5)　血液の凝固は、血漿中のフィブリノーゲンがフィブリンに変化し、赤血球などが絡みついて固まる現象である。

問 36　心臓及び血液循環に関する次の記述のうち、誤っているものはどれか。

(1)　心拍数は、左心房に存在する洞結節からの電気刺激によってコントロールされている。

(2)　心臓の拍動による動脈圧の変動を末梢の動脈で触知したものを脈拍といい、一般に、手首の橈骨動脈で触知する。

(3)　心臓自体は、大動脈の起始部から出る冠動脈によって酸素や栄養分の供給を受けている。

(4)　肺循環により左心房に戻ってきた血液は、左心室を経て大動脈に入る。

(5)　大動脈を流れる血液は動脈血であるが、肺動脈を流れる血液は静脈血である。

問 37　呼吸に関する次の記述のうち、誤っているものはどれか。

(1)　呼吸運動は、横隔膜、肋間筋などの呼吸筋が収縮と弛緩をすることにより行われる。

(2)　胸郭内容積が増し、その内圧が低くなるにつれ、鼻腔、気管などの気道を経て肺内へ流れ込む空気が吸気である。

(3)　肺胞内の空気と肺胞を取り巻く毛細血管中の血液との間で行われるガス交換は、外呼吸である。

(4)　血液中の二酸化炭素濃度が増加すると、呼吸中枢が刺激され、呼吸が速く深くなる。

(5)　呼吸のリズムをコントロールしているのは、間脳の視床下部である。

問 38　摂取した食物中の炭水化物（糖質）、脂質及び蛋白質を分解する消化酵素の組合せとして、正しいものは次のうちどれか。

	炭水化物（糖質）	脂質	蛋白質
(1)	マルターゼ	リパーゼ	トリプシン
(2)	トリプシン	アミラーゼ	ペプシン
(3)	ペプシン	マルターゼ	トリプシン
(4)	ペプシン	リパーゼ	マルターゼ
(5)	アミラーゼ	トリプシン	リパーゼ

問 39　肝臓の機能として、誤っているものは次のうちどれか。

(1)　コレステロールを合成する。

(2)　尿素を合成する。

(3)　ヘモグロビンを合成する。

(4)　胆汁を生成する。

(5)　グリコーゲンを合成し、及び分解する。

問 40　代謝に関する次の記述のうち、正しいものはどれか。

(1)　代謝において、細胞に取り入れられた体脂肪、グリコーゲンなどが分解されてエネルギーを発生し、ATP が合成されることを同化という。

(2)　代謝において、体内に摂取された栄養素が、種々の化学反応によって、細胞を構成する蛋白質などの生体に必要な物質に合成されることを異化という。

(3)　基礎代謝量は、安静時における心臓の拍動、呼吸、体温保持などに必要な代謝量で、睡眠中の測定値で表される。

(4)　エネルギー代謝率は、一定時間中に体内で消費された酸素と排出された二酸化炭素の容積比である。

(5)　エネルギー代謝率は、動的筋作業の強度を表すことができるが、精神的作業や静的筋作業には適用できない。

問 41　筋肉に関する次の記述のうち、正しいものはどれか。

(1)　横紋筋は、骨に付着して身体の運動の原動力となる筋肉で意志によって動かすことができるが、平滑筋は、心筋などの内臓に存在する筋肉で意志によって動かすことができない。

(2)　筋肉は神経からの刺激によって収縮するが、神経より疲労しにくい。

(3)　荷物を持ち上げたり、屈伸運動を行うときは、筋肉が長さを変えずに外力に抵抗して筋力を発生させる等尺性収縮が生じている。

(4)　強い力を必要とする運動を続けていると、筋肉を構成する個々の筋線維の太さは変わらないが、その数が増えることによって筋肉が太くなり筋力が増強する。

(5)　刺激に対して意識とは無関係に起こる定型的な反応を反射といい、四肢の皮膚に熱いものが触れたときなどに、その肢を体幹に近づけるような反射は屈曲反射と呼ばれる。

問 42　　耳とその機能に関する次の記述のうち、誤っているものはどれか。

(1)　騒音性難聴は、音を神経に伝達する内耳の聴覚器官の有毛細胞の変性によって起こる。

(2)　耳介で集められた音は、鼓膜を振動させ、その振動は耳小骨によって増幅され、内耳に伝えられる。

(3)　内耳は、前庭、半規管及び蝸牛（うずまき管）の三つの部位からなり、前庭と半規管が平衡感覚、蝸牛が聴覚をそれぞれ分担している。

(4)　前庭は、体の回転の方向や速度を感じ、半規管は、体の傾きの方向や大きさを感じる。

(5)　鼓室は、耳管によって咽頭に通じており、その内圧は外気圧と等しく保たれている。

問 43　　ストレスに関する次の記述のうち、誤っているものはどれか。

(1)　外部からの刺激であるストレッサーは、その形態や程度にかかわらず、自律神経系と内分泌系を介して、心身の活動を抑圧する。

(2)　ストレスに伴う心身の反応には、ノルアドレナリン、アドレナリンなどのカテコールアミンや副腎皮質ホルモンが深く関与している。

(3)　昇進、転勤、配置替えなどがストレスの原因となることがある。

(4)　職場環境における騒音、気温、湿度、悪臭などがストレスの原因となることがある。

(5)　ストレスにより、高血圧症、狭心症、十二指腸潰瘍などの疾患が生じることがある。

ヒトのホルモン、その内分泌器官及びそのはたらきの組合せとして、誤っているものは次のうちどれか。

	ホルモン	内分泌器官	はたらき
(1)	ガストリン	胃	胃酸分泌刺激
(2)	アルドステロン	副腎皮質	体液中の塩類バランスの調節
(3)	パラソルモン	副甲状腺	血中のカルシウム量の調節
(4)	コルチゾール	膵臓	血糖量の増加
(5)	副腎皮質刺激ホルモン	下垂体	副腎皮質の活性化

第 1 種衛生管理者試験

令和 4 年

7 月～ 12 月実施分

関係法令（有害業務に係るもの）	第 1 問～第 10 問
労働衛生（有害業務に係るもの）	第 11 問～第 20 問
関係法令（有害業務に係るもの以外のもの）	第 21 問～第 27 問
労働衛生（有害業務に係るもの以外のもの）	第 28 問～第 34 問
労働生理	第 35 問～第 44 問

本冊 P.193 の解答用紙をコピーしてお使いください。

令和4年
7月〜12月
実施分

第1種衛生管理者試験

特例による受験者は問1〜問20についてのみ解答してください

試験時間　3時間（科目免除者は2時間15分、特例による受験者は2時間）

関係法令（有害業務に係るもの）

問1

　　　ある製造業の事業場の労働者数及び有害業務等従事状況並びに産業医及び衛生管理者の選任の状況は、次の①〜③のとおりである。この事業場の産業医及び衛生管理者の選任についての法令違反の状況に関する（1）〜（5）の記述のうち、正しいものはどれか。

　　　ただし、産業医及び衛生管理者の選任の特例はないものとする。

① 労働者数及び有害業務等従事状況

　　常時使用する労働者数は800人であり、このうち、深夜業を含む業務に400人が、強烈な騒音を発する場所における業務に30人が常時従事しているが、他に有害業務に従事している者はいない。

② 産業医の選任の状況

　　選任している産業医数は1人である。

　　この産業医は、この事業場に専属の者ではないが、産業医としての法令の要件を満たしている医師である。

③ 衛生管理者の選任の状況

　　選任している衛生管理者数は3人である。

　　このうち1人は、この事業場に専属でない労働衛生コンサルタントで、衛生工学衛生管理者免許を有していない。

　　他の2人は、この事業場に専属で、共に衛生管理者としての業務以外の業務を兼任しており、また、第一種衛生管理者免許を有しているが、衛生工学衛生管理者免許を有していない。

(1)　選任している産業医がこの事業場に専属でないことが違反である。

(2)　選任している衛生管理者数が少ないことが違反である。

(3)　衛生管理者として選任している労働衛生コンサルタントがこの事業場に専属でないことが違反である。

(4)　衛生工学衛生管理者免許を受けた者のうちから選任した衛生管理者が1人もいないことが違反である。

(5)　専任の衛生管理者が1人もいないことが違反である。

問2　次のAからDの作業について、法令上、作業主任者の選任が義務付けられているものの組合せは（1）～（5）のうちどれか。

A　水深10m以上の場所における潜水の作業

B　セメント製造工程においてセメントを袋詰めする作業

C　製造工程において硫酸を用いて行う洗浄の作業

D　石炭を入れてあるホッパーの内部における作業

(1)　A，B

(2)　A，C

(3)　A，D

(4)　B，C

(5)　C，D

問3 次の業務に労働者を就かせるとき、法令に基づく安全又は衛生のための特別の教育を行わなければならないものに該当しないものはどれか。

(1) 石綿等が使用されている建築物の解体等の作業に係る業務
(2) 高圧室内作業に係る業務
(3) 有機溶剤等を用いて行う接着の業務
(4) 廃棄物の焼却施設において焼却灰を取り扱う業務
(5) エックス線装置を用いて行う透過写真の撮影の業務

問4 次の装置のうち、法令上、定期自主検査の実施義務が規定されているものはどれか。

(1) 塩化水素を重量の20％含有する塩酸を使用する屋内の作業場所に設けた局所排気装置
(2) アーク溶接を行う屋内の作業場所に設けた全体換気装置
(3) エタノールを使用する作業場所に設けた局所排気装置
(4) アンモニアを使用する屋内の作業場所に設けたプッシュプル型換気装置
(5) トルエンを重量の10％含有する塗料を用いて塗装する屋内の作業場所に設けた局所排気装置

問5

屋内作業場において、第二種有機溶剤等を使用して常時洗浄作業を行う場合の措置として、法令上、誤っているものは次のうちどれか。

ただし、有機溶剤中毒予防規則に定める適用除外及び設備の特例はないものとする。

(1) 作業場所に設けた局所排気装置について、囲い式フードの場合は0.4m/sの制御風速を出し得る能力を有するものにする。

(2) 有機溶剤等の区分の色分けによる表示を黄色で行う。

(3) 作業中の労働者が見やすい場所に、有機溶剤の人体に及ぼす作用、有機溶剤等の取扱い上の注意事項及び有機溶剤による中毒が発生したときの応急処置を掲示する。

(4) 作業に常時従事する労働者に対し、6か月以内ごとに1回、定期に、特別の項目について医師による健康診断を行い、その結果に基づき作成した有機溶剤等健康診断個人票を3年間保存する。

(5) 労働者が有機溶剤を多量に吸入したときは、速やかに、当該労働者に医師による診察又は処置を受けさせる。

問 6 　　　　酸素欠乏症等防止規則に関する次の記述のうち、誤っているものはどれか。

(1) 酸素欠乏とは、空気中の酸素の濃度が 18％未満である状態をいう。

(2) 海水が滞留したことのあるピットの内部における作業については、酸素欠乏危険作業主任者技能講習を修了した者のうちから、酸素欠乏危険作業主任者を選任しなければならない。

(3) 第一種酸素欠乏危険作業を行う作業場については、その日の作業を開始する前に、当該作業場における空気中の酸素の濃度を測定しなければならない。

(4) 酸素又は硫化水素の濃度が法定の基準を満たすようにするために酸素欠乏危険作業を行う場所を換気するときは、純酸素を使用してはならない。

(5) し尿を入れたことのあるポンプを修理する場合で、これを分解する作業に労働者を従事させるときは、指揮者を選任し、作業を指揮させなければならない。

 問 7 　　　　じん肺法に関する次の記述のうち、法令上、誤っているものはどれか。

(1) じん肺管理区分の管理一は、じん肺健康診断の結果、じん肺の所見がないと認められるものをいう。

(2) じん肺管理区分の管理二は、じん肺健康診断の結果、エックス線写真の像が第一型でじん肺による著しい肺機能の障害がないと認められるものをいう。

(3) 常時粉じん作業に従事する労働者でじん肺管理区分が管理二であるものに対しては、１年以内ごとに１回、定期的に、じん肺健康診断を行わなければならない。

(4)　都道府県労働局長は、事業者から、法令に基づいて、じん肺の所見が
　　　あると診断された労働者についてのエックス線写真等が提出されたと
　　　きは、これらを基礎として、地方じん肺診査医の診断又は審査により、
　　　当該労働者についてじん肺管理区分の決定をするものとする。

(5)　じん肺管理区分が管理三と決定された者及び合併症にかかっていると
　　　認められる者は、療養を要するものとする。

問 8　労働安全衛生規則の衛生基準について、誤っているもの
は次のうちどれか。

(1)　硫化水素濃度が 5ppm を超える場所には、関係者以外の者が立ち入る
　　　ことを禁止し、かつ、その旨を見やすい箇所に表示しなければならな
　　　い。

(2)　強烈な騒音を発する屋内作業場においては、その伝ぱを防ぐため、隔
　　　壁を設ける等必要な措置を講じなければならない。

(3)　屋内作業場に多量の熱を放散する溶融炉があるときは、加熱された空
　　　気を直接屋外に排出し、又はその放射するふく射熱から労働者を保護
　　　する措置を講じなければならない。

(4)　病原体により汚染された排気、排液又は廃棄物については、消毒、殺
　　　菌等適切な処理をした後に、排出し、又は廃棄しなければならない。

(5)　著しく暑熱又は多湿の作業場においては、坑内等特殊な作業場でやむ
　　　を得ない事由がある場合を除き、休憩の設備を作業場外に設けなけれ
　　　ばならない。

問 9　法令に基づき定期に行う作業環境測定とその測定頻度との組合せとして、誤っているものは次のうちどれか。

(1)　鉛ライニングの業務を行う屋内作業場における空気中の鉛濃度の測定
……………………………………………… 6か月以内ごとに 1 回

(2)　動力により駆動されるハンマーを用いる金属の成型の業務を行う屋内作業場における等価騒音レベルの測定 ……… 6か月以内ごとに 1 回

(3)　第二種有機溶剤等を用いて塗装の業務を行う屋内作業場における空気中の有機溶剤の濃度の測定 …………………… 6か月以内ごとに 1 回

(4)　通気設備が設けられている坑内の作業場における通気量の測定
………………………………………………… 半月以内ごとに 1 回

(5)　溶融ガラスからガラス製品を成型する業務を行う屋内作業場の気温、湿度及びふく射熱の測定 ………………………… 半月以内ごとに 1 回

問 10　労働基準法に基づく有害業務への就業制限に関する次の記述のうち、誤っているものはどれか。

(1)　満 18 歳未満の者は、多量の低温物体を取り扱う業務に就かせてはならない。

(2)　妊娠中の女性は、異常気圧下における業務に就かせてはならない。

(3)　満 18 歳以上で産後 8 週間を経過したが 1 年を経過しない女性から、著しく暑熱な場所における業務に従事しない旨の申出があった場合には、当該業務に就かせてはならない。

(4)　満 18 歳以上で産後 8 週間を経過したが 1 年を経過しない女性から、さく岩機、鋲打機等身体に著しい振動を与える機械器具を用いて行う業務に従事したい旨の申出があった場合には、当該業務に就かせることができる。

(5)　満 18 歳以上で産後 1 年を経過した女性は、多量の低温物体を取り扱う業務に就かせることができる。

労働衛生（有害業務に係るもの）

問 11　化学物質等による疾病のリスクの低減措置について、法令に定められた措置以外の措置を検討する場合、優先度の最も高いものは次のうちどれか。

(1)　化学物質等に係る機械設備等の密閉化

(2)　化学物質等に係る機械設備等への局所排気装置の設置

(3)　作業手順の改善

(4)　化学物質等の有害性に応じた有効な保護具の使用

(5)　化学反応のプロセス等の運転条件の変更

問 12 次の化学物質のうち、常温・常圧（25℃、1気圧）の空気中で蒸気として存在するものはどれか。

ただし、蒸気とは、常温・常圧で液体又は固体の物質が蒸気圧に応じて揮発又は昇華して気体となっているものをいうものとする。

(1) 塩化ビニル
(2) ジクロロベンジジン
(3) アクリロニトリル
(4) エチレンオキシド
(5) 二酸化マンガン

問 13 潜水作業、高圧室内作業などの作業における高圧の影響又は高圧環境下から常圧に戻る際の減圧の影響により、直接には発症しない健康障害は次のうちどれか。

(1) 酸素中毒
(2) 一酸化炭素中毒
(3) 炭酸ガス（二酸化炭素）中毒
(4) 窒素酔い
(5) 減圧症

問 14 　有機溶剤に関する次の記述のうち、正しいものはどれか。

(1) 有機溶剤の多くは、揮発性が高く、その蒸気は空気より軽い。

(2) 有機溶剤は、脂溶性が低いため、脂肪の多い脳などには入りにくい。

(3) ノルマルヘキサンによる障害として顕著なものには、白血病や皮膚がんがある。

(4) 二硫化炭素は、動脈硬化を進行させたり、精神障害を生じさせることがある。

(5) N, N- ジメチルホルムアミドによる障害として顕著なものには、視力低下を伴う視神経障害がある。

問 15 　作業環境における騒音及びそれによる健康障害に関する次の記述のうち、誤っているものはどれか。

(1) 人が聴くことができる音の周波数は、およそ 20 ～ 20,000Hz である。

(2) 音圧レベルは、通常、その音圧と人間が聴くことができる最も小さな音圧（20μPa）との比の常用対数を 20 倍して求められ、その単位はデシベル（dB）で表される。

(3) 等価騒音レベルは、単位時間（1 時間）について 10 分間ごとのピーク値の騒音レベルを平均化した評価値で、変動する騒音に対して適用される。

(4) 騒音性難聴では、通常、会話音域より高い音域から聴力低下が始まる。

(5) 騒音性難聴は、音を神経に伝達する内耳の聴覚器官の有毛細胞の変性によって起こる。

問 16 作業環境における有害要因による健康障害に関する次の記述のうち、正しいものはどれか。

(1) レイノー現象は、振動工具などによる末梢循環障害で、冬期に発生しやすい。

(2) けい肺は、鉄、アルミニウムなどの金属粉じんによる肺の線維増殖性変化で、けい肺結節という線維性の結節が形成される。

(3) 金属熱は、鉄、アルミニウムなどの金属を溶融する作業などに長時間従事した際に、高温環境により体温調節機能が障害を受けることにより発生する。

(4) 電離放射線による造血器障害は、確率的影響に分類され、被ばく線量がしきい値を超えると発生率及び重症度が線量に対応して増加する。

(5) 熱けいれんは、高温環境下での労働において、皮膚の血管に血液がたまり、脳への血液の流れが少なくなることにより発生し、めまい、失神などの症状がみられる。

問 17　化学物質による健康障害に関する次の記述のうち、正しいものはどれか。

(1)　塩素による中毒では、再生不良性貧血、溶血などの造血機能の障害がみられる。

(2)　シアン化水素による中毒では、細胞内の酸素の利用の障害による呼吸困難、けいれんなどがみられる。

(3)　弗化水素による中毒では、脳神経細胞が侵され、幻覚、錯乱などの精神障害がみられる。

(4)　酢酸メチルによる慢性中毒では、微細動脈瘤を伴う脳卒中などがみられる。

(5)　二酸化窒素による慢性中毒では、骨の硬化、斑状歯などがみられる。

問 18　労働衛生保護具に関する次の記述のうち、誤っているものはどれか。

(1)　ガス又は蒸気状の有害物質が粉じんと混在している作業環境中で防毒マスクを使用するときは、防じん機能を有する防毒マスクを選択する。

(2)　防毒マスクの吸収缶の色は、一酸化炭素用は赤色で、有機ガス用は黒色である。

(3)　送気マスクは、清浄な空気をボンベに詰めたものを空気源として作業者に供給する自給式呼吸器である。

(4)　遮光保護具には、遮光度番号が定められており、溶接作業などの作業の種類に応じて適切な遮光度番号のものを使用する。

(5)　騒音作業における聴覚保護具（防音保護具）として、耳覆い（イヤーマフ）又は耳栓のどちらを選ぶかは、作業の性質や騒音の特性で決まるが、非常に強烈な騒音に対しては両者の併用も有効である。

問 19 特殊健康診断に関する次の文中の [ ] 内に入れるAからCの語句の組合せとして、正しいものは（1）〜（5）のうちどれか。

「特殊健康診断において有害物の体内摂取量を把握する検査として、生物学的モニタリングがあり、スチレンについては、尿中の [A] 及びフェニルグリオキシル酸の総量を測定し、[B] については、[C] 中のデルタアミノレブリン酸の量を測定する。」

	A	B	C
(1)	馬尿酸	鉛	尿
(2)	馬尿酸	水銀	血液
(3)	メチル馬尿酸	鉛	血液
(4)	マンデル酸	水銀	血液
(5)	マンデル酸	鉛	尿

問 20 局所排気装置に関する次の記述のうち、正しいものはどれか。

(1) ダクトの形状には円形、角形などがあり、その断面積を大きくするほど、ダクトの圧力損失が増大する。

(2) フード開口部の周囲にフランジがあると、フランジがないときに比べ、気流の整流作用が増すため、大きな排風量が必要となる。

(3) キャノピ型フードは、発生源からの熱による上昇気流を利用して捕捉するもので、レシーバ式フードに分類される。

(4) スロット型フードは、作業面を除き周りが覆われているもので、囲い式フードに分類される。

(5) 空気清浄装置を付設する局所排気装置を設置する場合、排風機は、一般に、フードに接続した吸引ダクトと空気清浄装置の間に設ける。

関係法令（有害業務に係るもの以外のもの）

問 21　常時使用する労働者数が 100 人で、次の業種に属する事業場のうち、法令上、総括安全衛生管理者の選任が義務付けられていないものの業種はどれか。

(1)　林業

(2)　清掃業

(3)　燃料小売業

(4)　建設業

(5)　運送業

問 22　衛生委員会に関する次の記述のうち、法令上、正しいものはどれか。

(1)　衛生委員会の議長は、衛生管理者である委員のうちから、事業者が指名しなければならない。

(2)　産業医のうち衛生委員会の委員として指名することができるのは、当該事業場に専属の産業医に限られる。

(3)　衛生管理者として選任しているが事業場に専属でない労働衛生コンサルタントを、衛生委員会の委員として指名することはできない。

(4)　当該事業場の労働者で、作業環境測定を実施している作業環境測定士を衛生委員会の委員として指名することができる。

(5)　衛生委員会は、毎月 1 回以上開催するようにし、議事で重要なものに係る記録を作成して、これを 5 年間保存しなければならない。

問 23 労働安全衛生規則に基づく医師による健康診断に関する次の記述のうち、誤っているものはどれか。

(1) 深夜業を含む業務に常時従事する労働者に対し、6か月以内ごとに1回、定期に、健康診断を行わなければならないが、胸部エックス線検査については、1年以内ごとに1回、定期に、行うことができる。

(2) 雇入時の健康診断の項目のうち、聴力の検査は、1,000Hz及び4,000Hzの音について行わなければならない。

(3) 雇入時の健康診断において、医師による健康診断を受けた後3か月を経過しない者が、その健康診断結果を証明する書面を提出したときは、その健康診断の項目に相当する項目を省略することができる。

(4) 定期健康診断を受けた労働者に対し、健康診断を実施した日から3か月以内に、当該健康診断の結果を通知しなければならない。

(5) 定期健康診断の結果に基づき健康診断個人票を作成して、これを5年間保存しなければならない。

問 24 労働時間の状況等が一定の要件に該当する労働者に対して、法令により実施することが義務付けられている医師による面接指導に関する次の記述のうち、正しいものはどれか。
　　　　ただし、新たな技術、商品又は役務の研究開発に係る業務に従事する者及び高度プロフェッショナル制度の対象者はいないものとする。

(1) 面接指導の対象となる労働者の要件は、原則として、休憩時間を除き1週間当たり40時間を超えて労働させた場合におけるその超えた時間が1か月当たり80時間を超え、かつ、疲労の蓄積が認められる者であることとする。

(2)　事業者は、面接指導を実施するため、タイムカードによる記録等の客観的な方法その他の適切な方法により、監督又は管理の地位にある者を除き、労働者の労働時間の状況を把握しなければならない。

(3)　面接指導を行う医師として事業者が指定することのできる医師は、当該事業場の産業医に限られる。

(4)　事業者は、面接指導の対象となる労働者の要件に該当する労働者から面接指導を受ける旨の申出があったときは、申出の日から3か月以内に、面接指導を行わなければならない。

(5)　事業者は、面接指導の結果に基づき、当該面接指導の結果の記録を作成して、これを3年間保存しなければならない。

問 25　労働安全衛生法に基づく心理的な負担の程度を把握するための検査について、医師及び保健師以外の検査の実施者として、次のAからDの者のうち正しいものの組合せは (1) 〜 (5) のうちどれか。

ただし、実施者は、法定の研修を修了した者とする。

A　公認心理師

B　歯科医師

C　衛生管理者

D　産業カウンセラー

(1)　A，B

(2)　A，D

(3)　B，C

(4)　B，D

(5)　C，D

問 26 労働基準法における労働時間等に関する次の記述のうち、正しいものはどれか。

(1) 1日8時間を超えて労働させることができるのは、時間外労働の協定を締結し、これを所轄労働基準監督署長に届け出た場合に限られている。

(2) 労働時間が8時間を超える場合においては、少なくとも45分の休憩時間を労働時間の途中に与えなければならない。

(3) 機密の事務を取り扱う労働者に対する労働時間に関する規定の適用の除外については、所轄労働基準監督署長の許可を受けなければならない。

(4) フレックスタイム制の清算期間は、3か月以内の期間に限られる。

(5) 満20歳未満の者については、時間外・休日労働をさせることはできない。

問 27 週所定労働時間が25時間、週所定労働日数が4日である労働者であって、雇入れの日から起算して4年6か月継続勤務したものに対して、その後1年間に新たに与えなければならない年次有給休暇日数として、法令上、正しいものは次のうちどれか。

ただし、その労働者はその直前の1年間に全労働日の8割以上出勤したものとする。

(1) 9日

(2) 10日

(3) 11日

(4) 12日

(5) 13日

労働衛生（有害業務に係るもの以外のもの）

問 28　厚生労働省の「労働者の心の健康の保持増進のための指針」に基づくメンタルヘルス対策に関する次の A から D の記述について、誤っているものの組合せは（1）〜（5）のうちどれか。

A　メンタルヘルスケアを中長期的視点に立って継続的かつ計画的に行うため策定する「心の健康づくり計画」は、各事業場における労働安全衛生に関する計画の中に位置付けることが望ましい。

B　「心の健康づくり計画」の策定に当たっては、プライバシー保護の観点から、衛生委員会や安全衛生委員会での調査審議は避ける。

C　「セルフケア」、「家族によるケア」、「ラインによるケア」及び「事業場外資源によるケア」の四つのケアを効果的に推進する。

D　「セルフケア」とは、労働者自身がストレスや心の健康について理解し、自らのストレスを予防、軽減する、又はこれに対処することである。

(1)　A，B
(2)　A，C
(3)　A，D
(4)　B，C
(5)　C，D

問 29 厚生労働省の「職場における受動喫煙防止のためのガイドライン」において、「喫煙専用室」を設置する場合に満たすべき事項として定められていないものは、次のうちどれか。

(1) 喫煙専用室の出入口において、室外から室内に流入する空気の気流が、0.2m/s 以上であること。

(2) 喫煙専用室の出入口における室外から室内に流入する空気の気流について、6か月以内ごとに1回、定期に測定すること。

(3) 喫煙専用室のたばこの煙が室内から室外に流出しないよう、喫煙専用室は、壁、天井等によって区画されていること。

(4) 喫煙専用室のたばこの煙が屋外又は外部の場所に排気されていること。

(5) 喫煙専用室の出入口の見やすい箇所に必要事項を記載した標識を掲示すること。

問 30 労働衛生管理に用いられる統計に関する次の記述のうち、誤っているものはどれか。

(1) 生体から得られたある指標が正規分布である場合、そのばらつきの程度は、平均値及び中央値によって表される。

(2) 集団を比較する場合、調査の対象とした項目のデータの平均値が等しくても分散が異なっていれば、異なった特徴をもつ集団であると評価される。

(3) 健康管理統計において、ある時点での集団に関するデータを静態データといい、「有所見率」は静態データの一つである。

(4) ある事象と健康事象との間に、統計上、一方が多いと他方も多いというような相関関係が認められたとしても、それらの間に因果関係があるとは限らない。

(5) 健康診断において、対象人数、受診者数などのデータを計数データといい、身長、体重などのデータを計量データという。

問 31　脳血管障害及び虚血性心疾患に関する次の記述のうち、誤っているものはどれか。

(1) 出血性の脳血管障害は、脳表面のくも膜下腔に出血するくも膜下出血、脳実質内に出血する脳出血などに分類される。

(2) 虚血性の脳血管障害である脳梗塞は、脳血管自体の動脈硬化性病変による脳塞栓症と、心臓や動脈壁の血栓が剥がれて脳血管を閉塞する脳血栓症に分類される。

(3) 高血圧性脳症は、急激な血圧上昇が誘因となって、脳が腫脹する病気で、頭痛、悪心、嘔吐、意識障害、視力障害、けいれんなどの症状がみられる。

(4) 虚血性心疾患は、心筋の一部分に可逆的な虚血が起こる狭心症と、不可逆的な心筋壊死が起こる心筋梗塞とに大別される。

(5) 運動負荷心電図検査は、虚血性心疾患の発見に有用である。

問 32 食中毒に関する次の記述のうち、誤っているものはどれか。

(1) 黄色ブドウ球菌による食中毒は、食品に付着した菌が食品中で増殖した際に生じる毒素により発症する。

(2) サルモネラ菌による食中毒は、鶏卵が原因となることがある。

(3) 腸炎ビブリオ菌は、熱に強い。

(4) ボツリヌス菌は、缶詰、真空パック食品など酸素のない食品中で増殖して毒性の強い神経毒を産生し、筋肉の麻痺症状を起こす。

(5) ノロウイルスの失活化には、煮沸消毒又は塩素系の消毒剤が効果的である。

問 33 感染症に関する次の記述のうち、誤っているものはどれか。

(1) 人間の抵抗力が低下した場合は、通常、多くの人には影響を及ぼさない病原体が病気を発症させることがあり、これを日和見感染という。

(2) 感染が成立しているが、症状が現れない状態が継続することを不顕性感染という。

(3) 感染が成立し、症状が現れるまでの人をキャリアといい、感染したことに気付かずに病原体をばらまく感染源になることがある。

(4) 感染源の人が咳(せき)やくしゃみをして、唾液などに混じった病原体が飛散することにより感染することを空気感染といい、インフルエンザや普通感冒の代表的な感染経路である。

(5) インフルエンザウイルスにはA型、B型及びC型の三つの型があるが、流行の原因となるのは、主として、A型及びB型である。

問 34　厚生労働省の「事業場における労働者の健康保持増進のための指針」に基づく健康保持増進対策に関する次の記述のうち、適切でないものはどれか。

(1)　健康保持増進対策の推進に当たっては、事業者が労働者等の意見を聴きつつ事業場の実態に即した取組を行うため、労使、産業医、衛生管理者等で構成される衛生委員会等を活用する。

(2)　健康測定の結果に基づき行う健康指導には、運動指導、メンタルヘルスケア、栄養指導、口腔保健指導、保健指導が含まれる。

(3)　健康保持増進措置は、主に生活習慣上の課題を有する労働者の健康状態の改善を目指すために個々の労働者に対して実施するものと、事業場全体の健康状態の改善や健康増進に係る取組の活性化等、生活習慣上の課題の有無に関わらず労働者を集団として捉えて実施するものがある。

(4)　健康保持増進に関する課題の把握や目標の設定等においては、労働者の健康状態等を客観的に把握できる数値を活用することが望ましい。

(5)　健康測定とは、健康指導を行うために実施される調査、測定等のことをいい、疾病の早期発見に重点をおいた健康診断の各項目の結果を健康測定に活用することはできない。

労　働　生　理

問 35　　呼吸に関する次の記述のうち、正しいものはどれか。

(1)　呼吸は、胸膜が運動することで胸腔内の圧力を変化させ、肺を受動的に伸縮させることにより行われる。

(2)　肺胞内の空気と肺胞を取り巻く毛細血管中の血液との間で行われるガス交換は、内呼吸である。

(3)　成人の呼吸数は、通常、1分間に16～20回であるが、食事、入浴、発熱などによって増加する。

(4)　チェーンストークス呼吸とは、肺機能の低下により呼吸数が増加した状態をいい、喫煙が原因となることが多い。

(5)　身体活動時には、血液中の窒素分圧の上昇により呼吸中枢が刺激され、1回換気量及び呼吸数が増加する。

問 36　　心臓及び血液循環に関する次の記述のうち、誤っているものはどれか。

(1)　心臓は、自律神経の中枢で発生した刺激が刺激伝導系を介して心筋に伝わることにより、規則正しく収縮と拡張を繰り返す。

(2)　肺循環により左心房に戻ってきた血液は、左心室を経て大動脈に入る。

(3)　大動脈を流れる血液は動脈血であるが、肺動脈を流れる血液は静脈血である。

(4)　心臓の拍動による動脈圧の変動を末梢の動脈で触知したものを脈拍といい、一般に、手首の橈骨動脈で触知する。

(5)　心臓自体は、大動脈の起始部から出る冠動脈によって酸素や栄養分の

供給を受けている。

問 37　下の図は、脳などの正中縦断面であるが、図中に［　］で示す A から E の部位に関する次の記述のうち、誤っているものはどれか。

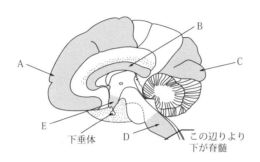

(1)　A は、大脳皮質の前頭葉で、運動機能中枢、運動性言語中枢及び精神機能中枢がある。

(2)　B は、小脳で、体の平衡を保つ中枢がある。

(3)　C は、大脳皮質の後頭葉で、視覚中枢がある。

(4)　D は、延髄で、呼吸運動、循環器官・消化器官の働きなど、生命維持に重要な機能の中枢がある。

(5)　E は、間脳の視床下部で、自律神経系の中枢がある。

問 38 摂取した食物中の炭水化物（糖質）、脂質及び蛋白質を分解する消化酵素の組合せとして、正しいものは次のうちどれか。

	炭水化物（糖質）	脂質	蛋白質
(1)	マルターゼ	リパーゼ	トリプシン
(2)	トリプシン	アミラーゼ	ペプシン
(3)	ペプシン	マルターゼ	トリプシン
(4)	ペプシン	リパーゼ	マルターゼ
(5)	アミラーゼ	トリプシン	リパーゼ

問 39 腎臓・泌尿器系に関する次の記述のうち、誤っているものはどれか。

(1) 糸球体では、血液中の蛋白質以外の血漿成分がボウマン嚢に濾し出され、原尿が生成される。

(2) 尿細管では、原尿に含まれる大部分の水分、電解質、栄養分などが血液中に再吸収される。

(3) 尿の生成・排出により、体内の水分の量やナトリウムなどの電解質の濃度を調節するとともに、生命活動によって生じた不要な物質を排出する。

(4) 尿の約95％は水分で、約5％が固形物であるが、その成分は全身の健康状態をよく反映するので、尿検査は健康診断などで広く行われている。

(5) 血液中の尿素窒素（BUN）の値が低くなる場合は、腎臓の機能の低下が考えられる。

問 40　　血液に関する次の記述のうち、誤っているものはどれか。

(1)　血液は、血漿と有形成分から成り、有形成分は赤血球、白血球及び血小板から成る。

(2)　血漿中の蛋白質のうち、グロブリンは血液浸透圧の維持に関与し、アルブミンは免疫物質の抗体を含む。

(3)　血液中に占める血球（主に赤血球）の容積の割合をヘマトクリットといい、男性で約 45％、女性で約 40％である。

(4)　血液の凝固は、血漿中のフィブリノーゲンがフィブリンに変化し、赤血球などが絡みついて固まる現象である。

(5)　ABO 式血液型は、赤血球の血液型分類の一つで、A 型の血清は抗 B 抗体を持つ。

問 41　　感覚又は感覚器に関する次の記述のうち、誤っているものはどれか。

(1)　眼軸が短過ぎるために、平行光線が網膜の後方で像を結ぶものを遠視という。

(2)　嗅覚と味覚は化学感覚ともいわれ、物質の化学的性質を認知する感覚である。

(3)　温度感覚は、皮膚のほか口腔などの粘膜にも存在し、一般に温覚の方が冷覚よりも鋭敏である。

(4)　深部感覚は、筋肉や腱にある受容器から得られる身体各部の位置、運動などを認識する感覚である。

(5)　中耳にある鼓室は、耳管によって咽頭に通じており、その内圧は外気圧と等しく保たれている。

問 42　免疫に関する次の記述のうち、誤っているものはどれか。

(1)　抗原とは、免疫に関係する細胞によって異物として認識される物質のことである。

(2)　抗原となる物質には、蛋白質、糖質などがある。

(3)　抗原に対する免疫が、逆に、人体の組織や細胞に傷害を与えてしまうことをアレルギーといい、主なアレルギー性疾患としては、気管支ぜんそく、アトピー性皮膚炎などがある。

(4)　免疫の機能が失われたり低下したりすることを免疫不全といい、免疫不全になると、感染症にかかりやすくなったり、がんに罹患しやすくなったりする。

(5)　免疫には、リンパ球が産生する抗体によって病原体を攻撃する細胞性免疫と、リンパ球などが直接に病原体などを取り込んで排除する体液性免疫の二つがある。

問 43　　筋肉に関する次の記述のうち、正しいものはどれか。

(1)　横紋筋は、骨に付着して身体の運動の原動力となる筋肉で意志によって動かすことができるが、平滑筋は、心筋などの内臓に存在する筋肉で意志によって動かすことができない。

(2)　筋肉は神経からの刺激によって収縮するが、神経より疲労しにくい。

(3)　荷物を持ち上げたり、屈伸運動を行うときは、筋肉が長さを変えずに外力に抵抗して筋力を発生させる等尺性収縮が生じている。

(4)　強い力を必要とする運動を続けていると、筋肉を構成する個々の筋線維の太さは変わらないが、その数が増えることによって筋肉が太くなり筋力が増強する。

(5)　筋肉自体が収縮して出す最大筋力は、筋肉の断面積 1cm² 当たりの平均値をとると、性差、年齢差がほとんどない。

問 44　睡眠に関する次の記述のうち、誤っているものはどれか。

(1)　入眠の直後にはノンレム睡眠が生じ、これが不十分な時には、日中に眠気を催しやすい。

(2)　副交感神経系は、身体の機能を回復に向けて働く神経系で、休息や睡眠状態で活動が高まり、心拍数を減少し、消化管の運動を亢進する。

(3)　睡眠と覚醒のリズムは、体内時計により約1日の周期に調節されており、体内時計の周期を外界の24時間周期に適切に同調させることができないために生じる睡眠の障害を、概日リズム睡眠障害という。

(4)　睡眠と食事は深く関係しているため、就寝直前の過食は、肥満のほか不眠を招くことになる。

(5)　脳下垂体から分泌されるセクレチンは、夜間に分泌が上昇するホルモンで、睡眠と覚醒のリズムの調節に関与している。

第1種衛生管理者試験

令和4年

1月～6月実施分

本冊 P.193 の解答用紙をコピーしてお使いください。

令和4年
1月～6月
実施分

第1種衛生管理者試験

特例による受験者は問1～問20についてのみ解答してください

試験時間　3時間（科目免除者は2時間15分、特例による受験者は2時間）

関係法令（有害業務に係るもの）

問1

常時600人の労働者を使用する製造業の事業場における衛生管理体制に関する（1）～（5）の記述のうち、法令上、誤っているものはどれか。

ただし、600人中には、製造工程において次の業務に常時従事する者がそれぞれに示す人数含まれているが、試験研究の業務はなく、他の有害業務はないものとし、衛生管理者及び産業医の選任の特例はないものとする。

深夜業を含む業務 ……………………………………………… 300人

多量の低温物体を取り扱う業務 …………………………… 100人

特定化学物質のうち第三類物質を製造する業務 ………… 20人

(1) 衛生管理者は、3人以上選任しなければならない。

(2) 衛生管理者のうち1人を、衛生工学衛生管理者免許を受けた者のうちから選任しなければならない。

(3) 衛生管理者のうち少なくとも1人を、専任の衛生管理者としなければならない。

(4) 産業医としての法定の要件を満たしている医師で、この事業場に専属でないものを産業医として選任することができる。

(5) 特定化学物質作業主任者を選任しなければならない。

問 2　次の特定化学物質を製造しようとするとき、労働安全衛生法に基づく厚生労働大臣の許可を必要としないものはどれか。

(1)　オルト‐トリジン

(2)　エチレンオキシド

(3)　ジアニシジン

(4)　ベリリウム

(5)　アルファ‐ナフチルアミン

令和4年1月〜6月実施分　問題

問 3　法令に基づき定期に行う作業環境測定とその測定頻度との組合せとして、誤っているものは次のうちどれか。

(1)　非密封の放射性物質を取り扱う作業室における空気中の放射性物質の濃度の測定……………………………………………1か月以内ごとに1回

(2)　チッパーによりチップする業務を行う屋内作業場における等価騒音レベルの測定………………………………………6か月以内ごとに1回

(3)　通気設備が設けられている坑内の作業場における通気量の測定……………………………………………………………1か月以内ごとに1回

(4)　鉛蓄電池を製造する工程において鉛等を加工する業務を行う屋内作業場における空気中の鉛の濃度の測定………………1年以内ごとに1回

(5)　第二種有機溶剤等を用いて洗浄の作業を行う屋内作業場における空気中の有機溶剤濃度の測定…………………………6か月以内ごとに1回

問 4 次の業務に労働者を就かせるとき、法令に基づく安全又は衛生のための特別の教育を行わなければならないものに該当しないものはどれか。

(1) 石綿等が使用されている建築物の解体等の作業に係る業務
(2) 潜水作業者への送気の調節を行うためのバルブ又はコックを操作する業務
(3) 廃棄物の焼却施設において焼却灰を取り扱う業務
(4) 特定化学物質のうち第二類物質を取り扱う作業に係る業務
(5) エックス線装置を用いて行う透過写真の撮影の業務

問 5 厚生労働大臣が定める規格を具備しなければ、譲渡し、貸与し、又は設置してはならない機械等に該当するものは、次のうちどれか。

(1) 聴覚保護具
(2) 防振手袋
(3) 化学防護服
(4) 放射線装置室
(5) 排気量 40cm³ 以上の内燃機関を内蔵するチェーンソー

問 6　　石綿障害予防規則に基づく措置に関する次の記述のうち、誤っているものはどれか。

(1)　石綿等を取り扱う屋内作業場については、6 か月以内ごとに 1 回、定期に、作業環境測定を行うとともに、測定結果等を記録し、これを 40 年間保存しなければならない。

(2)　石綿等の粉じんが発散する屋内作業場に設けられた局所排気装置については、原則として、1 年以内ごとに 1 回、定期に、自主検査を行うとともに、検査の結果等を記録し、これを 3 年間保存しなければならない。

(3)　石綿等の取扱いに伴い石綿の粉じんを発散する場所における業務に常時従事する労働者に対し、雇入れ又は当該業務への配置替えの際及びその後 6 か月以内ごとに 1 回、定期に、特別の項目について医師による健康診断を行い、その結果に基づき、石綿健康診断個人票を作成し、これを当該労働者が当該事業場において常時当該業務に従事しないこととなった日から 40 年間保存しなければならない。

(4)　石綿等の取扱いに伴い石綿の粉じんを発散する場所において、常時石綿等を取り扱う作業に従事する労働者については、1 か月を超えない期間ごとに、作業の概要、従事した期間等を記録し、これを当該労働者が当該事業場において常時当該作業に従事しないこととなった日から 40 年間保存するものとする。

(5)　石綿等を取り扱う事業者が事業を廃止しようとするときは、石綿関係記録等報告書に、石綿等に係る作業の記録及び局所排気装置、除じん装置等の定期自主検査の記録を添えて所轄労働基準監督署長に提出しなければならない。

問 7 じん肺法に関する次の記述のうち、法令上、誤っている
ものはどれか。

(1) 都道府県労働局長は、事業者等からじん肺健康診断の結果を証明する
書面等が提出された労働者について、地方じん肺診査医の診断又は審
査によりじん肺管理区分を決定する。

(2) 事業者は、常時粉じん作業に従事する労働者で、じん肺管理区分が管
理一であるものについては、3年以内ごとに1回、定期的に、じん肺
健康診断を行わなければならない。

(3) 事業者は、常時粉じん作業に従事する労働者で、じん肺管理区分が管
理二又は管理三であるものについては、1年以内ごとに1回、定期的
に、じん肺健康診断を行わなければならない。

(4) じん肺管理区分が管理四と決定された者は、療養を要する。

(5) 事業者は、じん肺健康診断に関する記録及びエックス線写真を5年間
保存しなければならない。

 問 8 酸素欠乏症等防止規則等に基づく措置に関する次の記述
のうち、誤っているものはどれか。

(1) 汚水を入れたことのあるポンプを修理する場合で、これを分解する作業に
労働者を従事させるときは、硫化水素中毒の防止について必要な知識を
有する者のうちから指揮者を選任し、作業を指揮させなければならない。

(2) 酒類を入れたことのある醸造槽の内部における清掃作業の業務に労働
者を就かせるときは、酸素欠乏危険作業に係る特別の教育を行わなけ
ればならない。

(3) 酸素欠乏危険作業を行う場所において、爆発、酸化等を防止するため
換気を行うことができない場合には、送気マスク又は防毒マスクを備
え、労働者に使用させなければならない。

(4) 酸素欠乏危険作業に労働者を従事させるときは、常時作業の状況を監視し、異常があったときに直ちに酸素欠乏危険作業主任者及びその他の関係者に通報する者を置く等異常を早期に把握するために必要な措置を講じなければならない。

(5) 第一鉄塩類を含有している地層に接する地下室の内部における作業に労働者を従事させるときは、酸素欠乏の空気が漏出するおそれのある箇所を閉そくし、酸素欠乏の空気を直接外部へ放出することができる設備を設ける等酸素欠乏の空気の流入を防止するための措置を講じなければならない。

問 9 有機溶剤等を取り扱う場合の措置について、有機溶剤中毒予防規則に違反しているものは次のうちどれか。ただし、同規則に定める適用除外及び設備の特例はないものとする。

(1) 屋内作業場で、第二種有機溶剤等が付着している物の乾燥の業務に労働者を従事させるとき、その作業場所の空気清浄装置を設けていない局所排気装置の排気口で、厚生労働大臣が定める濃度以上の有機溶剤を排出するものの高さを、屋根から 2m としている。

(2) 第三種有機溶剤等を用いて払しょくの業務を行う屋内作業場について、定期に、当該有機溶剤の濃度を測定していない。

(3) 屋内作業場で、第二種有機溶剤等が付着している物の乾燥の業務に労働者を従事させるとき、その作業場所に最大 0.4m/s の制御風速を出し得る能力を有する側方吸引型外付け式フードの局所排気装置を設け、かつ、作業に従事する労働者に有機ガス用防毒マスクを使用させている。

(4) 屋内作業場で、第二種有機溶剤等を用いる試験の業務に労働者を従事させるとき、有機溶剤作業主任者を選任していない。

(5) 有機溶剤等を入れてあった空容器で有機溶剤の蒸気が発散するおそれのあるものを、屋外の一定の場所に集積している。

問 10 労働基準法に基づき、満17歳の女性を就かせてはならない業務に該当しないものは次のうちどれか。

(1) 異常気圧下における業務
(2) 20 kgの重量物を断続的に取り扱う業務
(3) 多量の高熱物体を取り扱う業務
(4) 著しく寒冷な場所における業務
(5) 土石、獣毛等のじんあい又は粉末を著しく飛散する場所における業務

労働衛生（有害業務に係るもの）

問 11 次の化学物質のうち、常温・常圧（25℃、1気圧）の空気中で蒸気として存在するものはどれか。ただし、蒸気とは、常温・常圧で液体又は固体の物質が蒸気圧に応じて揮発又は昇華して気体となっているものをいうものとする。

(1) 塩化ビニル
(2) ジクロロベンジジン
(3) アクリロニトリル
(4) 硫化水素
(5) アンモニア

問 12 厚生労働省の「化学物質等による危険性又は有害性等の調査等に関する指針」において示されている化学物質等による健康障害に係るリスクを見積もる方法として、適切でないものは次のうちどれか。

(1)　発生可能性及び重篤度を相対的に尺度化し、それらを縦軸と横軸として、あらかじめ発生可能性及び重篤度に応じてリスクが割り付けられた表を使用する方法

(2)　取り扱う化学物質等の年間の取扱量及び作業時間を一定の尺度によりそれぞれ数値化し、それらを加算又は乗算等する方法

(3)　発生可能性及び重篤度を段階的に分岐していく方法

(4)　ILO の化学物質リスク簡易評価法（コントロール・バンディング）を用いる方法

(5)　対象の化学物質等への労働者のばく露の程度及び当該化学物質等による有害性を相対的に尺度化し、それらを縦軸と横軸とし、あらかじめばく露の程度及び有害性の程度に応じてリスクが割り付けられた表を使用する方法

問 13　　粉じん（ヒュームを含む。）による健康障害に関する次の記述のうち、誤っているものはどれか。

(1)　じん肺は、粉じんを吸入することによって肺に生じた炎症性病変を主体とする疾病で、その種類には、けい肺、間質性肺炎、慢性閉塞性肺疾患（COPD）などがある。

(2)　じん肺は、肺結核のほか、続発性気管支炎、続発性気胸、原発性肺がんなどを合併することがある。

(3)　アルミニウムやその化合物によってじん肺を起こすことがある。

(4)　溶接工肺は、溶接の際に発生する酸化鉄ヒュームのばく露によって発症するじん肺である。

(5)　炭素を含む粉じんは、じん肺を起こすことがある。

問 14 電離放射線などに関する次の記述のうち、誤っているものはどれか。

(1) 電離放射線には、電磁波と粒子線がある。

(2) エックス線は、通常、エックス線装置を用いて発生させる人工の電離放射線であるが、放射性物質から放出されるガンマ線と同様に電磁波である。

(3) エックス線は、紫外線より波長の長い電磁波である。

(4) 電離放射線の被ばくによる白内障は、晩発障害に分類され、被ばく後、半年〜30年後に現れることが多い。

(5) 電離放射線を放出してほかの元素に変わる元素を放射性同位元素（ラジオアイソトープ）という。

問 15 作業環境における有害要因による健康障害に関する次の記述のうち、正しいものはどれか。

(1) 低温の環境下では、手や足の指などの末梢部において組織の凍結を伴わない凍瘡を起こすことがある。

(2) 電離放射線による造血器障害は、確率的影響に分類され、被ばく線量がしきい値を超えると発生率及び重症度が線量に対応して増加する。

(3) 金属熱は、金属の溶融作業において、高温環境により体温調節中枢が麻痺することにより発生し、数時間にわたり発熱、関節痛などの症状がみられる。

(4) 窒素ガスで置換したタンク内の空気など、ほとんど無酸素状態の空気を吸入すると徐々に窒息の状態になり、この状態が5分程度継続すると呼吸停止する。

(5) 減圧症は、潜函作業者や潜水作業者が高圧下作業からの減圧に伴い、血液中や組織中に溶け込んでいた炭酸ガスの気泡化が関与して発生し、皮膚のかゆみ、関節痛、神経の麻痺などの症状がみられる。

問 16　化学物質による健康障害に関する次の記述のうち、誤っているものはどれか。

(1)　一酸化炭素は、赤血球中のヘモグロビンと強く結合し、体内組織の酸素欠乏状態を起こす。

(2)　シアン化水素による中毒では、細胞内での酸素利用の障害による呼吸困難、けいれんなどがみられる。

(3)　硫化水素による中毒では、意識消失、呼吸麻痺などがみられる。

(4)　塩化ビニルによる慢性中毒では、慢性気管支炎、歯牙酸蝕症などがみられる。

(5)　弗化水素による慢性中毒では、骨の硬化、斑状歯などがみられる。

問 17　労働衛生保護具に関する次の記述のうち、正しいものはどれか。

(1)　保護めがねは、紫外線などの有害光線による眼の障害を防ぐ目的で使用するもので、飛散粒子、薬品の飛沫などによる障害を防ぐ目的で使用するものではない。

(2)　保護クリームは、皮膚の露出部に塗布して、作業中に有害な物質が直接皮膚に付着しないようにする目的で使用するものであるので、有害性の強い化学物質を直接素手で取り扱うときには、必ず使用する。

(3)　防じんマスクは作業に適したものを選択し、高濃度の粉じんのばく露のおそれがあるときは、できるだけ粉じんの捕集効率が高く、かつ、排気弁の動的漏れ率が低いものを選ぶ。

(4)　複数の種類の有毒ガスが混在している場合には、そのうち最も毒性の強いガス用の防毒マスクを使用する。

(5)　エアラインマスクは、清浄な空気をボンベに詰めたものを空気源として供給する呼吸用保護具で、自給式呼吸器の一種である。

問 18　金属などによる健康障害に関する次の記述のうち、誤っているものはどれか。

(1) 金属水銀中毒では、感情不安定、幻覚などの精神障害、手指の震えなどの症状がみられる。

(2) 鉛中毒では、貧血、末梢神経障害、腹部の疝痛などの症状がみられる。

(3) マンガン中毒では、指の骨の溶解、肝臓の血管肉腫などがみられる。

(4) カドミウム中毒では、上気道炎、肺炎、腎機能障害などがみられる。

(5) 砒素中毒では、角化症、黒皮症などの皮膚障害、鼻中隔穿孔などの症状がみられる。

問 19　局所排気装置に関する次の記述のうち、正しいものはどれか。

(1) ダクトの形状には円形、角形などがあり、その断面積を大きくするほど、ダクトの圧力損失が増大する。

(2) フード開口部の周囲にフランジがあると、フランジがないときに比べ、効率良く吸引することができる。

(3) ドラフトチェンバ型フードは、発生源からの飛散速度を利用して捕捉するもので、外付け式フードに分類される。

(4) スロット型フードは、作業面を除き周りが覆われているもので、囲い式フードに分類される。

(5) 空気清浄装置を付設する局所排気装置を設置する場合、排風機は、一般に、フードに接続した吸引ダクトと空気清浄装置の間に設ける。

問 20　　特殊健康診断に関する次の文中の［　　］内に入れる A か ら C の語句の組合せとして、正しいものは（1）～（5）の うちどれか。

「特殊健康診断において有害物の体内摂取量を把握する検査として、 生物学的モニタリングがあり、ノルマルヘキサンについては、尿中の ［ A ］の量を測定し、［ B ］については、［ C ］中のデルタアミノレ ブリン酸の量を測定する。」

	A	B	C
(1)	2,5- ヘキサンジオン	鉛	尿
(2)	2,5- ヘキサンジオン	鉛	血液
(3)	シクロヘキサノン	鉛	尿
(4)	シクロヘキサノン	水銀	尿
(5)	シクロヘキサノン	水銀	血液

問 21 　総括安全衛生管理者に関する次の記述のうち、法令上、誤っているものはどれか。

(1) 総括安全衛生管理者は、事業場においてその事業の実施を統括管理する者又はこれに準ずる者を充てなければならない。

(2) 都道府県労働局長は、労働災害を防止するため必要があると認めるときは、総括安全衛生管理者の業務の執行について事業者に勧告することができる。

(3) 総括安全衛生管理者は、選任すべき事由が発生した日から 14 日以内に選任しなければならない。

(4) 総括安全衛生管理者を選任したときは、遅滞なく、選任報告書を、所轄労働基準監督署長に提出しなければならない。

(5) 危険性又は有害性等の調査及びその結果に基づき講ずる措置に関することは、総括安全衛生管理者が統括管理する業務のうちの一つである。

問 22 　産業医に関する次の記述のうち、法令上、誤っているものはどれか。ただし、産業医の選任の特例はないものとする。

(1) 常時使用する労働者数が 50 人以上の事業場において、厚生労働大臣の指定する者が行う産業医研修の修了者等の所定の要件を備えた医師であっても、当該事業場においてその事業の実施を統括管理する者は、産業医として選任することはできない。

(2) 産業医が、事業者から、毎月 1 回以上、所定の情報の提供を受けている場合であって、事業者の同意を得ているときは、産業医の作業場等の巡視の頻度を、毎月 1 回以上から 2 か月に 1 回以上にすることが

できる。

(3) 事業者は、産業医が辞任したとき又は産業医を解任したときは、遅滞なく、その旨及びその理由を衛生委員会又は安全衛生委員会に報告しなければならない。

(4) 事業者は、専属の産業医が旅行、疾病、事故その他やむを得ない事由によって職務を行うことができないときは、代理者を選任しなければならない。

(5) 事業者が産業医に付与すべき権限には、労働者の健康管理等を実施するために必要な情報を労働者から収集することが含まれる。

問 23　　労働安全衛生規則に基づく次の定期健康診断項目のうち、厚生労働大臣が定める基準に基づき、医師が必要でないと認めるときは、省略することができる項目に該当しないものはどれか。

(1) 自覚症状の有無の検査

(2) 腹囲の検査

(3) 胸部エックス線検査

(4) 心電図検査

(5) 血中脂質検査

問 24 労働時間の状況等が一定の要件に該当する労働者に対して、法令により実施することが義務付けられている医師による面接指導に関する次の記述のうち、正しいものはどれか。ただし、新たな技術、商品又は役務の研究開発に係る業務に従事する者及び高度プロフェッショナル制度の対象者はいないものとする。

(1) 面接指導の対象となる労働者の要件は、原則として、休憩時間を除き1週間当たり40時間を超えて労働させた場合におけるその超えた時間が1か月当たり100時間を超え、かつ、疲労の蓄積が認められる者であることとする。

(2) 事業者は、面接指導を実施するため、タイムカードによる記録等の客観的な方法その他の適切な方法により、労働者の労働時間の状況を把握しなければならない。

(3) 面接指導の結果は、健康診断個人票に記載しなければならない。

(4) 事業者は、面接指導の結果に基づき、労働者の健康を保持するために必要な措置について、原則として、面接指導が行われた日から3か月以内に、医師の意見を聴かなければならない。

(5) 事業者は、面接指導の結果に基づき、当該面接指導の結果の記録を作成して、これを3年間保存しなければならない。

問 25 事務室の空気環境の測定、設備の点検等に関する次の記述のうち、法令上、誤っているものはどれか。

(1) 中央管理方式の空気調和設備を設けた建築物内の事務室については、空気中の一酸化炭素及び二酸化炭素の含有率を、6か月以内ごとに1回、定期に、測定しなければならない。

(2) 事務室の建築、大規模の修繕又は大規模の模様替を行ったときは、その事務室における空気中のホルムアルデヒドの濃度を、その事務室の

使用を開始した日以後所定の時期に 1 回、測定しなければならない。

(3) 燃焼器具を使用するときは、発熱量が著しく少ないものを除き、毎日、異常の有無を点検しなければならない。

(4) 事務室において使用する機械による換気のための設備については、2 か月以内ごとに 1 回、定期に、異常の有無を点検しなければならない。

(5) 空気調和設備内に設けられた排水受けについては、原則として、1 か月以内ごとに 1 回、定期に、その汚れ及び閉塞の状況を点検しなければならない。

問 26　労働基準法に定める妊産婦等に関する次の記述のうち、法令上、誤っているものはどれか。

ただし、常時使用する労働者数が 10 人以上の規模の事業場の場合とし、管理監督者等とは、「監督又は管理の地位にある者等、労働時間、休憩及び休日に関する規定の適用除外者」をいうものとする。

(1) 時間外・休日労働に関する協定を締結し、これを所轄労働基準監督署長に届け出ている場合であっても、妊産婦が請求した場合には、管理監督者等の場合を除き、時間外・休日労働をさせてはならない。

(2) 1 か月単位の変形労働時間制を採用している場合であっても、妊産婦が請求した場合には、管理監督者等の場合を除き、1 週 40 時間、1 日 8 時間を超えて労働させてはならない。

(3) 1 年単位の変形労働時間制を採用している場合であっても、妊産婦が請求した場合には、管理監督者等の場合を除き、1 週 40 時間、1 日 8 時間を超えて労働させてはならない。

(4) 妊娠中の女性が請求した場合には、管理監督者等の場合を除き、他の軽易な業務に転換させなければならない。

(5) 生理日の就業が著しく困難な女性が休暇を請求したときは、その者を生理日に就業させてはならない。

問 27　週所定労働時間が 25 時間、週所定労働日数が 4 日である労働者であって、雇入れの日から起算して 3 年 6 か月継続勤務したものに対して、その後 1 年間に新たに与えなければならない年次有給休暇日数として、法令上、正しいものは次のうちどれか。ただし、その労働者はその直前の 1 年間に全労働日の 8 割以上出勤したものとする。

(1)　8 日
(2)　10 日
(3)　12 日
(4)　14 日
(5)　16 日

労働衛生（有害業務に係るもの以外のもの）

問 28　厚生労働省の「職場における受動喫煙防止のためのガイドライン」において、「喫煙専用室」を設置する場合に満たすべき事項として定められていないものは、次のうちどれか。

(1)　喫煙専用室の出入口において、室外から室内に流入する空気の気流が、0.2m/s 以上であること。
(2)　喫煙専用室のたばこの煙が室内から室外に流出しないよう、喫煙専用室は、壁、天井等によって区画されていること。
(3)　喫煙専用室の出入口における室外から室内に流入する空気の気流について、6 か月以内ごとに 1 回、定期に測定すること。
(4)　喫煙専用室のたばこの煙が屋外又は外部の場所に排気されていること。
(5)　喫煙専用室の出入口の見やすい箇所に必要事項を記載した標識を掲示すること。

問 29　厚生労働省の「事業者が講ずべき快適な職場環境の形成のための措置に関する指針」において、快適な職場環境の形成のための措置の実施に関し、考慮すべき事項とされていないものは次のうちどれか。

(1)　継続的かつ計画的な取組
(2)　快適な職場環境の基準値の達成
(3)　労働者の意見の反映
(4)　個人差への配慮
(5)　潤いへの配慮

問 30 厚生労働省の「職場における腰痛予防対策指針」に基づく腰痛予防対策に関する次の記述のうち、正しいものはどれか。

(1) 腰部保護ベルトは、重量物取扱い作業に従事する労働者全員に使用させるようにする。

(2) 重量物取扱い作業の場合、満18歳以上の男性労働者が人力のみにより取り扱う物の重量は、体重のおおむね50%以下となるようにする。

(3) 重量物取扱い作業の場合、満18歳以上の女性労働者が人力のみにより取り扱う物の重量は、男性が取り扱うことのできる重量の60%位までとする。

(4) 重量物取扱い作業に常時従事する労働者に対しては、当該作業に配置する際及びその後1年以内ごとに1回、定期に、医師による腰痛の健康診断を行う。

(5) 立ち作業の場合は、身体を安定に保持するため、床面は弾力性のない硬い素材とし、クッション性のない作業靴を使用する。

問 31 虚血性心疾患に関する次の記述のうち、誤っているものはどれか。

(1) 虚血性心疾患は、門脈による心筋への血液の供給が不足したり途絶えることにより起こる心筋障害である。

(2) 虚血性心疾患発症の危険因子には、高血圧、喫煙、脂質異常症などがある。

(3) 虚血性心疾患は、心筋の一部分に可逆的な虚血が起こる狭心症と、不可逆的な心筋壊死が起こる心筋梗塞とに大別される。

(4) 心筋梗塞では、突然激しい胸痛が起こり、「締め付けられるように痛い」、「胸が苦しい」などの症状が長時間続き、1時間以上になること

もある。

(5)　狭心症の痛みの場所は、心筋梗塞とほぼ同じであるが、その発作が続く時間は、通常数分程度で、長くても 15 分以内におさまることが多い。

問 32　メタボリックシンドロームの診断基準に関する次の文中の [　] 内に入れる A から C の語句の組合せとして、正しいものは（1）〜（5）のうちどれか。

「日本では、内臓脂肪の蓄積があり、かつ、血中脂質（中性脂肪、HDL コレステロール）、[A]、[B] の三つのうち [C] が基準値から外れている場合にメタボリックシンドロームと診断される。」

	A	B	C
(1)	血圧	空腹時血糖	いずれか一つ
(2)	血圧	空腹時血糖	二つ以上
(3)	γ‐GTP	空腹時血糖	二つ以上
(4)	γ‐GTP	尿蛋白	いずれか一つ
(5)	γ‐GTP	尿蛋白	二つ以上

労働衛生管理に用いられる統計に関する次の記述のうち、誤っているものはどれか。

(1) ある事象と健康事象との間に、統計上、一方が多いと他方も多いというような相関関係が認められたとしても、それらの間に因果関係があるとは限らない。

(2) 集団を比較する場合、調査の対象とした項目のデータの平均値が等しくても分散が異なっていれば、異なった特徴をもつ集団であると評価される。

(3) 健康管理統計において、ある時点での検査における有所見者の割合を有所見率といい、一定期間において有所見とされた人の割合を発生率という。

(4) 生体から得られたある指標が正規分布である場合、そのばらつきの程度は、平均値や最頻値によって表される。

(5) 静態データとは、ある時点の集団に関するデータであり、動態データとは、ある期間の集団に関するデータである。

食中毒に関する次の記述のうち、誤っているものはどれか。

(1) 毒素型食中毒は、食物に付着した細菌により産生された毒素によって起こる食中毒で、ボツリヌス菌によるものがある。

(2) 感染型食中毒は、食物に付着した細菌そのものの感染によって起こる食中毒で、サルモネラ菌によるものがある。

(3) O-157 は、ベロ毒素を産生する大腸菌で、腹痛や出血を伴う水様性の下痢などを起こす。

(4) ノロウイルスによる食中毒は、冬季に集団食中毒として発生することが多く、潜伏期間は、1 ～ 2 日間である。

(5) 腸炎ビブリオ菌は、熱に強い。

（次の科目が免除されている受験者は、問 35 〜問 44 は解答しないでください。）

労 働 生 理

問 35　呼吸に関する次の記述のうち、正しいものはどれか。

(1)　呼吸は、胸膜が運動することで胸腔内の圧力を変化させ、肺を受動的に伸縮させることにより行われる。

(2)　肺胞内の空気と肺胞を取り巻く毛細血管中の血液との間で行われるガス交換は、内呼吸である。

(3)　成人の呼吸数は、通常、1 分間に 16 〜 20 回であるが、食事、入浴、発熱などによって増加する。

(4)　チェーンストークス呼吸とは、肺機能の低下により呼吸数が増加した状態をいい、喫煙が原因となることが多い。

(5)　身体活動時には、血液中の窒素分圧の上昇により呼吸中枢が刺激され、1 回換気量及び呼吸数が増加する。

問 36　心臓及び血液循環に関する次の記述のうち、誤っているものはどれか。

(1)　心臓は、自律神経の中枢で発生した刺激が刺激伝導系を介して心筋に伝わることにより、規則正しく収縮と拡張を繰り返す。

(2)　肺循環により左心房に戻ってきた血液は、左心室を経て大動脈に入る。

(3)　大動脈を流れる血液は動脈血であるが、肺動脈を流れる血液は静脈血である。

(4)　心臓の拍動による動脈圧の変動を末梢の動脈で触知したものを脈拍といい、一般に、手首の橈骨動脈で触知する。

(5)　心筋は不随意筋であるが、骨格筋と同様に横紋筋に分類される。

問 37　　体温調節に関する次の記述のうち、正しいものはどれか。

(1)　体温調節中枢は、脳幹の延髄にある。

(2)　暑熱な環境においては、内臓の血流量が増加し体内の代謝活動が亢進することにより、人体からの熱の放散が促進される。

(3)　体温調節のように、外部環境が変化しても身体内部の状態を一定に保つ生体の仕組みを同調性といい、筋肉と神経系により調整されている。

(4)　計算上、体重 70kg の人の体表面から 10g の汗が蒸発すると、体温が約 1℃下がる。

(5)　発汗のほかに、皮膚及び呼気から水分を蒸発させている現象を不感蒸泄という。

問 38　　ヒトのホルモン、その内分泌器官及びそのはたらきの組合せとして、誤っているものは次のうちどれか。

	ホルモン	内分泌器官	はたらき
(1)	ガストリン	胃	胃酸分泌刺激
(2)	アルドステロン	副腎皮質	体液中の塩類バランスの調節
(3)	パラソルモン	副甲状腺	血中のカルシウム量の調節
(4)	コルチゾール	膵臓	血糖量の増加
(5)	副腎皮質刺激ホルモン	下垂体	副腎皮質の活性化

問 39 腎臓又は尿に関する次の記述のうち、正しいものはどれか。

(1) 血中の老廃物は、尿細管からボウマン嚢に濾し出される。
(2) 血中の蛋白質は、糸球体からボウマン嚢に濾し出される。
(3) 血中のグルコースは、糸球体からボウマン嚢に濾し出される。
(4) 原尿中に濾し出された電解質の多くは、ボウマン嚢から血中に再吸収される。
(5) 原尿中に濾し出された水分の大部分は、そのまま尿として排出される。

問 40 耳とその機能に関する次の記述のうち、誤っているものはどれか。

(1) 耳は、聴覚と平衡感覚をつかさどる器官で、外耳、中耳及び内耳の三つの部位に分けられる。
(2) 耳介で集められた音は、鼓膜を振動させ、その振動は耳小骨によって増幅され、内耳に伝えられる。
(3) 内耳は、前庭、半規管及び蝸牛（うずまき管）の三つの部位からなり、前庭と半規管が平衡感覚、蝸牛が聴覚をそれぞれ分担している。
(4) 半規管は、体の傾きの方向や大きさを感じ、前庭は、体の回転の方向や速度を感じる。
(5) 鼓室は、耳管によって咽頭に通じており、その内圧は外気圧と等しく保たれている。

問 41　神経系に関する次の記述のうち、誤っているものはどれか。

(1)　神経細胞（ニューロン）は、神経系を構成する基本的な単位で、通常、1 個の細胞体、1 本の軸索及び複数の樹状突起から成る。
(2)　脊髄では、中心部が灰白質であり、その外側が白質である。
(3)　大脳では、内側の髄質が白質であり、外側の皮質が灰白質である。
(4)　体性神経には感覚器官からの情報を中枢に伝える感覚神経と、中枢からの命令を運動器官に伝える運動神経がある。
(5)　交感神経系は、心拍数を増加し、消化管の運動を亢進する。

問 42　血液に関する次の記述のうち、誤っているものはどれか。

(1)　血液は、血漿成分と有形成分から成り、血漿成分は血液容積の約 55％を占める。
(2)　血漿中の蛋白質のうち、アルブミンは血液の浸透圧の維持に関与している。
(3)　白血球のうち、好中球には、体内に侵入してきた細菌や異物を貪食する働きがある。
(4)　血小板のうち、リンパ球には、B リンパ球、T リンパ球などがあり、これらは免疫反応に関与している。
(5)　血液の凝固は、血漿中のフィブリノーゲンがフィブリンに変化し、赤血球などが絡みついて固まる現象である。

問 43　肝臓の機能として、誤っているものは次のうちどれか。

(1)　コレステロールを合成する。

(2)　尿素を合成する。

(3)　ビリルビンを分解する。

(4)　胆汁を生成する。

(5)　血液凝固物質や血液凝固阻止物質を合成する。

問 44　脂肪の分解・吸収及び脂質の代謝に関する次の記述のうち、誤っているものはどれか。

(1)　胆汁は、アルカリ性で、消化酵素は含まないが、食物中の脂肪を乳化させ、脂肪分解の働きを助ける。

(2)　脂肪は、膵臓から分泌される消化酵素である膵アミラーゼにより脂肪酸とグリセリンに分解され、小腸の絨毛から吸収される。

(3)　肝臓は、過剰な蛋白質及び糖質を中性脂肪に変換する。

(4)　コレステロールやリン脂質は、神経組織の構成成分となる。

(5)　脂質は、糖質や蛋白質に比べて多くの ATP を産生することができるので、エネルギー源として優れている。

第 1 種衛生管理者試験

令和 3 年

7 月～ 12 月実施分

関係法令（有害業務に係るもの）	第 1 問～第 10 問
労働衛生（有害業務に係るもの）	第 11 問～第 20 問
関係法令（有害業務に係るもの以外のもの）	第 21 問～第 27 問
労働衛生（有害業務に係るもの以外のもの）	第 28 問～第 34 問
労働生理	第 35 問～第 44 問

本冊 P.193 の解答用紙をコピーしてお使いください。

令和3年
7月〜12月
実施分

第1種衛生管理者試験
特例による受験者は問1〜問20についてのみ解答してください

試験時間　3時間（科目免除者は2時間15分、特例による受験者は2時間）

関係法令（有害業務に係るもの）

 衛生管理者及び産業医の選任に関する次の記述のうち、法令上、誤っているものはどれか。

ただし、衛生管理者及び産業医の選任の特例はないものとする。

(1) 常時60人の労働者を使用する医療業の事業場では、第一種衛生管理者免許若しくは衛生工学衛生管理者免許を有する者、医師、歯科医師又は労働衛生コンサルタントのうちから衛生管理者を選任することができる。

(2) 2人以上の衛生管理者を選任すべき事業場では、そのうち1人については、その事業場に専属でない労働衛生コンサルタントのうちから選任することができる。

(3) 深夜業を含む業務に常時550人の労働者を従事させる事業場では、その事業場に専属の産業医を選任しなければならない。

(4) 常時600人の労働者を使用し、そのうち多量の低温物体を取り扱う業務に常時35人の労働者を従事させる事業場では、選任する衛生管理者のうち少なくとも1人を衛生工学衛生管理者免許を受けた者のうちから選任しなければならない。

(5) 常時3,300人の労働者を使用する事業場では、2人以上の産業医を選任しなければならない。

問2
　　　　次の A から D の作業について、法令上、作業主任者の選任が義務付けられているものの組合せは（1）～（5）のうちどれか。

A　乾性油を入れてあるタンクの内部における作業

B　セメント製造工程においてセメントを袋詰めする作業

C　溶融した鉛を用いて行う金属の焼入れの業務に係る作業

D　圧気工法により、大気圧を超える気圧下の作業室の内部において行う作業

（1）　A，B

（2）　A，C

（3）　A，D

（4）　B，C

（5）　C，D

問3
　　　　厚生労働大臣が定める規格を具備しなければ、譲渡し、貸与し、又は設置してはならない機械等に該当するものは、次のうちどれか。

（1）　酸性ガス用防毒マスク

（2）　防振手袋

（3）　化学防護服

（4）　放射線装置室

（5）　排気量 40cm³ 以上の内燃機関を内蔵するチェーンソー

問4 次の特定化学物質を製造しようとするとき、労働安全衛生法に基づく厚生労働大臣の許可を必要としないものはどれか。

(1) インジウム化合物
(2) ベンゾトリクロリド
(3) ジアニシジン及びその塩
(4) ベリリウム及びその化合物
(5) アルファ‐ナフチルアミン及びその塩

問5 石綿障害予防規則に基づく措置に関する次の記述のうち、誤っているものはどれか。

(1) 石綿等を取り扱う屋内作業場については、6か月以内ごとに1回、定期に、空気中の石綿の濃度を測定するとともに、測定結果等を記録し、これを40年間保存しなければならない。
(2) 石綿等の粉じんが発散する屋内作業場に設けられた局所排気装置については、原則として、1年以内ごとに1回、定期に、自主検査を行うとともに、検査の結果等を記録し、これを3年間保存しなければならない。
(3) 石綿等の取扱いに伴い石綿の粉じんを発散する場所における業務に常時従事する労働者に対し、雇入れ又は当該業務への配置替えの際及びその後6か月以内ごとに1回、定期に、特別の項目について医師による健康診断を行い、その結果に基づき、石綿健康診断個人票を作成し、これを当該労働者が当該事業場において常時当該業務に従事しないこととなった日から40年間保存しなければならない。
(4) 石綿等の取扱いに伴い石綿の粉じんを発散する場所において、常時石綿等を取り扱う作業に従事する労働者については、1か月を超えない

期間ごとに、作業の概要、従事した期間等を記録し、これを当該労働者が当該事業場において常時当該作業に従事しないこととなった日から 40 年間保存するものとする。

(5)　石綿等を取り扱う事業者が事業を廃止しようとするときは、石綿関係記録等報告書に、石綿等に係る作業の記録及び局所排気装置、除じん装置等の定期自主検査の記録を添えて所轄労働基準監督署長に提出しなければならない。

問 6　有機溶剤等を取り扱う場合の措置について、有機溶剤中毒予防規則に違反しているものは次のうちどれか。

　　ただし、同規則に定める適用除外及び設備の特例はないものとする。

(1)　屋内作業場で、第二種有機溶剤等が付着している物の乾燥の業務に労働者を従事させるとき、その作業場所の空気清浄装置を設けていない局所排気装置の排気口で、厚生労働大臣が定める濃度以上の有機溶剤を排出するものの高さを、屋根から 2 m としている。

(2)　第三種有機溶剤等を用いて払しょくの業務を行う屋内作業場について、定期に、当該有機溶剤の濃度を測定していない。

(3)　屋内作業場で、第二種有機溶剤等が付着している物の乾燥の業務に労働者を従事させるとき、その作業場所に最大 0.4m/s の制御風速を出し得る能力を有する側方吸引型外付け式フードの局所排気装置を設け、かつ、作業に従事する労働者に有機ガス用防毒マスクを使用させている。

(4)　屋内作業場で、第二種有機溶剤等を用いる試験の業務に労働者を従事させるとき、有機溶剤作業主任者を選任していない。

(5)　有機溶剤等を入れてあった空容器で有機溶剤の蒸気が発散するおそれのあるものを、屋外の一定の場所に集積している。

問7 労働安全衛生規則の衛生基準について、誤っているものは次のうちどれか。

(1) 坑内における気温は、原則として、37℃以下にしなければならない。

(2) 屋内作業場に多量の熱を放散する溶融炉があるときは、加熱された空気を直接屋外に排出し、又はその放射するふく射熱から労働者を保護する措置を講じなければならない。

(3) 炭酸ガス（二酸化炭素）濃度が0.15％を超える場所には、関係者以外の者が立ち入ることを禁止し、かつ、その旨を見やすい箇所に表示しなければならない。

(4) 著しく暑熱又は多湿の作業場においては、坑内等特殊な作業場でやむを得ない事由がある場合を除き、休憩の設備を作業場外に設けなければならない。

(5) 廃棄物の焼却施設において焼却灰を取り扱う業務（設備の解体等に伴うものを除く。）を行う作業場については、6か月以内ごとに1回、定期に、当該作業場における空気中のダイオキシン類の濃度を測定しなければならない。

問8 電離放射線障害防止規則に基づく管理区域に関する次の文中の [ ] 内に入れるAからCの語句又は数値の組合せとして、正しいものは（1）〜（5）のうちどれか。

① 管理区域とは、外部放射線による実効線量と空気中の放射性物質による実効線量との合計が [A] 間につき [B] を超えるおそれのある区域又は放射性物質の表面密度が法令に定める表面汚染に関する限度の10分の1を超えるおそれのある区域をいう。

② ①の外部放射線による実効線量の算定は、[C] 線量当量によって行う。

	A	B	C
(1)	1か月	1.3mSv	70μm
(2)	1か月	5mSv	1cm
(3)	3か月	1.3mSv	70μm
(4)	3か月	1.3mSv	1cm
(5)	3か月	5mSv	70μm

問9　有害業務とそれに常時従事する労働者に対して特別の項目について行う健康診断の項目の一部との組合せとして、法令上、正しいものは次のうちどれか。

(1) 有機溶剤業務 …………… 尿中のデルタアミノレブリン酸の量の検査
(2) 放射線業務 ……………… 尿中の潜血の有無の検査
(3) 鉛業務 …………………… 尿中のマンデル酸の量の検査
(4) 石綿等を取り扱う業務 … 尿中又は血液中の石綿の量の検査
(5) 潜水業務 ………………… 四肢の運動機能の検査

問10　労働基準法に基づき、満18歳に満たない者を就かせてはならない業務に該当しないものは次のうちどれか。

(1) 病原体によって著しく汚染のおそれのある業務
(2) 超音波にさらされる業務
(3) 多量の高熱物体を取り扱う業務
(4) 著しく寒冷な場所における業務
(5) 強烈な騒音を発する場所における業務

問 11 化学物質等による疾病のリスクの低減措置を検討する場合、次のアからエの対策について、優先度の高い順に並べたものは（1）〜（5）のうちどれか。

ア　化学反応のプロセス等の運転条件の変更

イ　作業手順の改善

ウ　化学物質等に係る機械設備等の密閉化

エ　化学物質等の有害性に応じた有効な保護具の使用

(1)　ア － ウ － イ － エ

(2)　ア － エ － ウ － イ

(3)　イ － ア － ウ － エ

(4)　ウ － ア － イ － エ

(5)　ウ － ア － エ － イ

問 12 厚生労働省の「作業環境測定基準」及び「作業環境評価基準」に基づく作業環境測定及びその結果の評価に関する次の記述のうち、正しいものはどれか。

(1)　A 測定における測定点の高さの範囲は、床上 100 cm 以上 150 cm 以下である。

(2)　許容濃度は、有害物質に関する作業環境の状態を単位作業場所の作業環境測定結果から評価するための指標として設定されたものである。

(3)　A 測定の第二評価値とは、単位作業場所における気中有害物質の算術平均濃度の推定値である。

(4)　A 測定の第二評価値及び B 測定の測定値がいずれも管理濃度に満たな

い単位作業場所は、第一管理区分になる。

(5)　A測定においては、得られた測定値の算術平均値及び算術標準偏差を、また、B測定においてはその測定値そのものを評価に用いる。

問13　　一酸化炭素に関する次の記述のうち、誤っているものはどれか。

(1)　一酸化炭素は、無色・無臭の気体であるため、吸入しても気が付かないことが多い。

(2)　一酸化炭素は、エンジンの排気ガス、たばこの煙などに含まれる。

(3)　一酸化炭素中毒は、血液中のグロブリンと一酸化炭素が強く結合し、体内の各組織が酸素欠乏状態を起こすことにより発生する。

(4)　一酸化炭素は、炭素を含有する物が不完全燃焼した際に発生する。

(5)　一酸化炭素中毒の後遺症として、健忘やパーキンソン症状がみられることがある。

問14　有機溶剤に関する次の記述のうち、正しいものはどれか。

(1)　有機溶剤の多くは、揮発性が高く、その蒸気は空気より軽い。

(2)　有機溶剤は、全て脂溶性を有するが、脳などの神経系には入りにくい。

(3)　メタノールによる障害として顕著なものには、網膜の微細動脈瘤（りゅう）を伴う脳血管障害がある。

(4)　テトラクロロエチレンのばく露の生物学的モニタリングの指標としての尿中代謝物には、トリクロロ酢酸がある。

(5)　二硫化炭素による中毒では、メトヘモグロビン形成によるチアノーゼがみられる。

問 15 粉じん（ヒュームを含む。）による健康障害に関する次の記述のうち、誤っているものはどれか。

(1) じん肺は、粉じんを吸入することによって肺に生じた線維増殖性変化を主体とする疾病である。

(2) 鉱物性粉じんに含まれる遊離けい酸（SiO₂）は、石灰化を伴う胸膜肥厚や胸膜中皮腫を生じさせるという特徴がある。

(3) じん肺は、肺結核のほか、続発性気管支炎、続発性気胸、原発性肺がんなどを合併することがある。

(4) 溶接工肺は、溶接の際に発生する酸化鉄ヒュームのばく露によって発症するじん肺である。

(5) アルミニウムやその化合物によるじん肺は、アルミニウム肺と呼ばれている。

問 16 作業環境における有害要因による健康障害に関する次の記述のうち、正しいものはどれか。

(1) 全身振動障害では、レイノー現象などの末梢循環障害や手指のしびれ感などの末梢神経障害がみられ、局所振動障害では、関節痛などの筋骨格系障害がみられる。

(2) 減圧症は、潜函作業者、潜水作業者などに発症するもので、高圧下作業からの減圧に伴い、血液中や組織中に溶け込んでいた窒素の気泡化が関与して発生し、皮膚のかゆみ、関節痛、神経の麻痺などの症状がみられる。

(3) 凍瘡は、皮膚組織の凍結壊死を伴うしもやけのことで、0℃以下の寒冷にばく露することによって発生する。

(4) 電離放射線による中枢神経系障害は、確率的影響に分類され、被ばく線量がしきい値を超えると発生率及び重症度が線量の増加に応じて増

加する。

(5) 金属熱は、金属の溶融作業において、高温環境により体温調節中枢が麻痺することにより発生し、長期間にわたる発熱、関節痛などの症状がみられる。

問 17 労働衛生対策を進めていくに当たっては、作業環境管理、作業管理及び健康管理が必要であるが、次のAからEの対策例について、作業環境管理に該当するものの組合せは（1）〜（5）のうちどれか。

A　粉じん作業を行う場所に設置した局所排気装置のフード付近の気流の風速を測定する。

B　アーク溶接作業を行う労働者に防じんマスクなどの保護具を使用させることによって、有害物質に対するばく露量を低減する。

C　鉛健康診断の結果、鉛業務に従事することが健康の保持のために適当でないと医師が認めた者を配置転換する。

D　放射線業務において、管理区域を設定し、必要のある者以外の者を立入禁止とする。

E　有機溶剤を使用する塗装方法を、有害性の低い水性塗料の塗装に変更する。

(1)　A, D
(2)　A, E
(3)　B, C
(4)　B, D
(5)　C, E

問 18 局所排気装置に関する次の記述のうち、正しいものはどれか。

(1) ダクトの形状には円形、角形などがあり、その断面積を大きくするほど、ダクトの圧力損失が増大する。

(2) フード開口部の周囲にフランジがあると、フランジがないときに比べ、気流の整流作用が増すため、大きな排風量が必要となる。

(3) スロット型フードは、発生源からの飛散速度を利用して捕捉するもので、レシーバ式フードに分類される。

(4) キャノピ型フードは、発生源からの熱による上昇気流を利用して捕捉するもので、レシーバ式フードに分類される。

(5) 空気清浄装置を付設する局所排気装置を設置する場合、排風機は、一般に、フードに接続した吸引ダクトと空気清浄装置の間に設ける。

問 19 呼吸用保護具に関する次の記述のうち、正しいものはどれか。

(1) 防毒マスクの吸収缶の色は、一酸化炭素用は黒色で、硫化水素用は黄色である。

(2) 防じん機能を有する防毒マスクには、吸収缶のろ過材がある部分に白線が入れてある。

(3) 型式検定合格標章のある防じんマスクでも、ヒュームのような微細な粒子に対しては効果がない。

(4) 防じんマスクの手入れの際、ろ過材に付着した粉じんは圧搾空気などで吹き飛ばして除去する。

(5) 直結式防毒マスクは、隔離式防毒マスクよりも有害ガスの濃度が高い大気中で使用することができる。

問 20　特殊健康診断に関する次の記述のうち、正しいものはどれか。

(1)　有害物質による健康障害は、多くの場合、諸検査の異常などの他覚的所見より、自覚症状が先に出現するため、特殊健康診断では問診の重要性が高い。

(2)　特殊健康診断における生物学的モニタリングによる検査は、有害物の体内摂取量や有害物による健康影響の程度を把握するための検査である。

(3)　体内に取り込まれた鉛の生物学的半減期は、数時間と短いので、鉛健康診断における採尿及び採血の時期は、厳重にチェックする必要がある。

(4)　振動工具の取扱い業務に係る健康診断において、振動障害の有無を評価するためには、夏季における実施が適している。

(5)　情報機器作業に係る健康診断では、眼科学的検査などとともに、上肢及び下肢の運動機能の検査を行う。

令和3年7月〜12月実施分　問題

問 21 衛生委員会に関する次の記述のうち、法令上、正しいものはどれか。

(1) 衛生委員会の議長は、衛生管理者である委員のうちから、事業者が指名しなければならない。

(2) 衛生委員会の議長を除く委員の半数は、事業場に労働者の過半数で組織する労働組合があるときにおいてはその労働組合、労働者の過半数で組織する労働組合がないときにおいては労働者の過半数を代表する者が指名しなければならない。

(3) 衛生管理者として選任しているが事業場に専属でない労働衛生コンサルタントを、衛生委員会の委員として指名することはできない。

(4) 衛生委員会の付議事項には、労働者の精神的健康の保持増進を図るための対策の樹立に関することが含まれる。

(5) 衛生委員会は、毎月1回以上開催するようにし、議事で重要なものに係る記録を作成して、これを5年間保存しなければならない。

問 22 総括安全衛生管理者又は産業医に関する次の記述のうち、法令上、誤っているものはどれか。
ただし、産業医の選任の特例はないものとする。

(1) 総括安全衛生管理者は、事業場においてその事業の実施を統括管理する者をもって充てなければならない。

(2) 都道府県労働局長は、労働災害を防止するため必要があると認めるときは、総括安全衛生管理者の業務の執行について事業者に勧告することができる。

(3)　総括安全衛生管理者が旅行、疾病、事故その他やむを得ない事由によって職務を行うことができないときは、代理者を選任しなければならない。

(4)　産業医は、衛生委員会を開催した都度作成する議事概要を、毎月1回以上、事業者から提供されている場合には、作業場等の巡視の頻度を、毎月1回以上から2か月に1回以上にすることができる。

(5)　事業者は、産業医から労働者の健康管理等について勧告を受けたときは、当該勧告の内容及び当該勧告を踏まえて講じた措置の内容（措置を講じない場合にあっては、その旨及びその理由）を記録し、これを3年間保存しなければならない。

問 23　労働安全衛生規則に基づく医師による雇入時の健康診断に関する次の記述のうち、誤っているものはどれか。

(1)　医師による健康診断を受けた後3か月を経過しない者を雇い入れる場合、その健康診断の結果を証明する書面の提出があったときは、その健康診断の項目に相当する雇入時の健康診断の項目は省略することができる。

(2)　雇入時の健康診断では、40歳未満の者について医師が必要でないと認めるときは、貧血検査、肝機能検査等一定の検査項目を省略することができる。

(3)　事業場において実施した雇入時の健康診断の項目に異常の所見があると診断された労働者については、その結果に基づき、健康を保持するために必要な措置について、健康診断が行われた日から3か月以内に、医師の意見を聴かなければならない。

(4)　雇入時の健康診断の結果に基づき、健康診断個人票を作成して、これを5年間保存しなければならない。

(5)　常時50人以上の労働者を使用する事業場であっても、雇入時の健康診断の結果については、所轄労働基準監督署長に報告する必要はない。

問 24　事業場の建築物、施設等に関する措置について、労働安全衛生規則の衛生基準に違反していないものは次のうちどれか。

(1) 日常行う清掃のほか、1年以内ごとに1回、定期に、統一的に大掃除を行っている。

(2) 男性25人、女性25人の労働者を常時使用している事業場で、労働者が臥床することのできる休養室又は休養所を男性用と女性用に区別して設けていない。

(3) 60人の労働者を常時就業させている屋内作業場の気積が、設備の占める容積及び床面から4mを超える高さにある空間を除き、500㎥となっている。

(4) 事業場に附属する食堂の床面積を、食事の際の1人について、0.8㎡としている。

(5) 労働衛生上の有害業務を有しない事業場において、窓その他の開口部の直接外気に向かって開放することができる部分の面積が、常時床面積の15分の1である屋内作業場に、換気設備を設けていない。

問 25　労働安全衛生法に基づく労働者の心理的な負担の程度を把握するための検査（以下「ストレスチェック」という。）及びその結果等に応じて実施される医師による面接指導に関する次の記述のうち、法令上、正しいものはどれか。

(1) 常時50人以上の労働者を使用する事業場においては、6か月以内ごとに1回、定期に、ストレスチェックを行わなければならない。

(2) 事業者は、ストレスチェックの結果が、衛生管理者及びストレスチェックを受けた労働者に通知されるようにしなければならない。

(3) 労働者に対して行うストレスチェックの事項は、「職場における当該

労働者の心理的な負担の原因」、「当該労働者の心理的な負担による心身の自覚症状」及び「職場における他の労働者による当該労働者への支援」に関する項目である。

(4)　事業者は、ストレスチェックの結果、心理的な負担の程度が高い労働者全員に対し、医師による面接指導を行わなければならない。

(5)　事業者は、医師による面接指導の結果に基づき、当該面接指導の結果の記録を作成して、これを3年間保存しなければならない。

問 26　週所定労働時間が 25 時間、週所定労働日数が 4 日である労働者であって、雇入れの日から起算して 3 年 6 か月継続勤務したものに対して、その後 1 年間に新たに与えなければならない年次有給休暇日数として、法令上、正しいものは次のうちどれか。

ただし、その労働者はその直前の 1 年間に全労働日の 8 割以上出勤したものとする。

(1)　8 日
(2)　10 日
(3)　12 日
(4)　14 日
(5)　16 日

問 27 労働基準法に定める妊産婦等に関する次の記述のうち、法令上、誤っているものはどれか。

ただし、常時使用する労働者数が 10 人以上の規模の事業場の場合とし、管理監督者等とは、「監督又は管理の地位にある者等、労働時間、休憩及び休日に関する規定の適用除外者」をいうものとする。

(1) 妊産婦とは、妊娠中の女性及び産後 1 年を経過しない女性をいう。

(2) 妊娠中の女性が請求した場合においては、他の軽易な業務に転換させなければならない。

(3) 1 年単位の変形労働時間制を採用している場合であっても、妊産婦が請求した場合には、管理監督者等の場合を除き、1 週 40 時間、1 日 8 時間を超えて労働させてはならない。

(4) フレックスタイム制を採用している場合であっても、妊産婦が請求した場合には、管理監督者等の場合を除き、1 週 40 時間、1 日 8 時間を超えて労働させてはならない。

(5) 生理日の就業が著しく困難な女性が休暇を請求したときは、その者を生理日に就業させてはならない。

労働衛生（有害業務に係るもの以外のもの）

問 28　厚生労働省の「職場における受動喫煙防止のためのガイドライン」において、「喫煙専用室」を設置する場合に満たすべき事項として定められていないものは、次のうちどれか。

(1)　喫煙専用室の出入口において、室外から室内に流入する空気の気流が、0.2m/s 以上であること。

(2)　喫煙専用室の出入口における室外から室内に流入する空気の気流について、6 か月以内ごとに 1 回、定期に測定すること。

(3)　喫煙専用室のたばこの煙が室内から室外に流出しないよう、喫煙専用室は、壁、天井等によって区画されていること。

(4)　喫煙専用室のたばこの煙が屋外又は外部の場所に排気されていること。

(5)　喫煙専用室の出入口の見やすい箇所に必要事項を記載した標識を掲示すること。

問 29 労働衛生管理に用いられる統計に関する次の記述のうち、誤っているものはどれか。

(1) 健康診断において、対象人数、受診者数などのデータを計数データといい、身長、体重などのデータを計量データという。

(2) 生体から得られたある指標が正規分布である場合、そのばらつきの程度は、平均値や最頻値によって表される。

(3) 集団を比較する場合、調査の対象とした項目のデータの平均値が等しくても分散が異なっていれば、異なった特徴をもつ集団であると評価される。

(4) ある事象と健康事象との間に、統計上、一方が多いと他方も多いというような相関関係が認められたとしても、それらの間に因果関係があるとは限らない。

(5) 静態データとは、ある時点の集団に関するデータであり、動態データとは、ある期間の集団に関するデータである。

問 30 厚生労働省の「職場における腰痛予防対策指針」に基づく腰痛予防対策に関する次の記述のうち、正しいものはどれか。

(1) 作業動作、作業姿勢についての作業標準の策定は、その作業に従事する全ての労働者に一律な作業をさせることになり、個々の労働者の腰痛の発生要因の排除又は低減ができないため、腰痛の予防対策としては適切ではない。

(2) 重量物取扱い作業の場合、満18歳以上の男性労働者が人力のみにより取り扱う物の重量は、体重のおおむね50%以下となるようにする。

(3) 重量物取扱い作業の場合、満18歳以上の女性労働者が人力のみにより取り扱う物の重量は、男性が取り扱うことのできる重量の60%位

までとする。

(4) 重量物取扱い作業に常時従事する労働者に対しては、当該作業に配置する際及びその後 1 年以内ごとに 1 回、定期に、医師による腰痛の健康診断を行う。

(5) 腰部保護ベルトは、重量物取扱い作業に従事する労働者全員に使用させるようにする。

問 31　厚生労働省の「労働安全衛生マネジメントシステムに関する指針」に関する次の記述のうち、誤っているものはどれか。

(1) この指針は、労働安全衛生法の規定に基づき機械、設備、化学物質等による危険又は健康障害を防止するため事業者が講ずべき具体的な措置を定めるものではない。

(2) このシステムは、生産管理等事業実施に係る管理と一体となって運用されるものである。

(3) このシステムでは、事業者は、事業場における安全衛生水準の向上を図るための安全衛生に関する基本的考え方を示すものとして、安全衛生方針を表明し、労働者及び関係請負人その他の関係者に周知させる。

(4) このシステムでは、事業者は、安全衛生方針に基づき設定した安全衛生目標を達成するため、事業場における危険性又は有害性等の調査の結果等に基づき、一定の期間を限り、安全衛生計画を作成する。

(5) 事業者は、このシステムに従って行う措置が適切に実施されているかどうかについて調査及び評価を行うため、外部の機関による監査を受けなければならない。

問 32　　　メタボリックシンドローム診断基準に関する次の文中の
[ ] 内に入れる A から D の語句又は数値の組合せとして、
正しいものは (1) 〜 (5) のうちどれか。

「日本人のメタボリックシンドローム診断基準で、腹部肥満（[A]
脂肪の蓄積）とされるのは、腹囲が男性では [B] cm 以上、女性で
は [C] cm 以上の場合であり、この基準は、男女とも [A] 脂肪
面積が [D] cm² 以上に相当する。」

	A	B	C	D
(1)	内臓	85	90	100
(2)	内臓	85	90	200
(3)	内臓	90	85	100
(4)	皮下	90	85	200
(5)	皮下	100	90	200

問 33　　　食中毒に関する次の記述のうち、正しいものはどれか。

(1) 毒素型食中毒は、食物に付着した細菌により産生された毒素によって
起こる食中毒で、サルモネラ菌によるものがある。

(2) 感染型食中毒は、食物に付着した細菌そのものの感染によって起こる
食中毒で、黄色ブドウ球菌によるものがある。

(3) O-157 は、腸管出血性大腸菌の一種で、加熱不足の食肉などから摂
取され、潜伏期間は 3 〜 5 日である。

(4) ボツリヌス菌は、缶詰や真空パックなど酸素のない密封食品中でも増殖
するが、熱には弱く、60℃、10 分間程度の加熱で殺菌することができる。

(5) ノロウイルスによる食中毒は、ウイルスに汚染された食品を摂取する
ことにより発症し、夏季に集団食中毒として発生することが多い。

問 34　感染症に関する次の記述のうち、誤っているものはどれか。

(1)　人間の抵抗力が低下した場合は、通常、多くの人には影響を及ぼさない病原体が病気を発症させることがあり、これを不顕性感染という。

(2)　感染が成立し、症状が現れるまでの人をキャリアといい、感染したことに気付かずに病原体をばらまく感染源になることがある。

(3)　微生物を含む飛沫の水分が蒸発して、5 μm 以下の小粒子として長時間空気中に浮遊し、空調などを通じて感染することを空気感染という。

(4)　風しんは、発熱、発疹、リンパ節腫脹を特徴とするウイルス性発疹症で、免疫のない女性が妊娠初期に風しんにかかると、胎児に感染し出生児が先天性風しん症候群（CRS）となる危険性がある。

(5)　インフルエンザウイルスには A 型、B 型及び C 型の三つの型があるが、流行の原因となるのは、主として、A 型及び B 型である。

令和３年７月～12月実施分　問題

労 働 生 理

問 35　　呼吸に関する次の記述のうち、誤っているものはどれか。

(1)　呼吸運動は、横隔膜、肋間筋などの呼吸筋が収縮と弛緩をすることにより行われる。

(2)　胸郭内容積が増し、その内圧が低くなるにつれ、鼻腔、気管などの気道を経て肺内へ流れ込む空気が吸気である。

(3)　肺胞内の空気と肺胞を取り巻く毛細血管中の血液との間で行われるガス交換を外呼吸という。

(4)　呼吸数は、通常、1 分間に 16 ～ 20 回で、成人の安静時の 1 回呼吸量は、約 500mL である。

(5)　呼吸のリズムをコントロールしているのは、間脳の視床下部である。

問 36　　心臓及び血液循環に関する次の記述のうち、誤っているものはどれか。

(1)　大動脈及び肺動脈を流れる血液は、酸素に富む動脈血である。

(2)　体循環では、血液は左心室から大動脈に入り、静脈血となって右心房に戻ってくる。

(3)　心筋は人間の意思によって動かすことができない不随意筋であるが、随意筋である骨格筋と同じ横紋筋に分類される。

(4)　心臓の中にある洞結節（洞房結節）で発生した刺激が、刺激伝導系を介して心筋に伝わることにより、心臓は規則正しく収縮と拡張を繰り返す。

(5)　動脈硬化とは、コレステロールの蓄積などにより、動脈壁が肥厚・硬

化して弾力性を失った状態であり、進行すると血管の狭窄や閉塞を招き、臓器への酸素や栄養分の供給が妨げられる。

令和3年7月～12月実施分　問題

問37　体温調節に関する次の記述のうち、誤っているものはどれか。

(1)　寒冷な環境においては、皮膚の血管が収縮して血流量が減って、熱の放散が減少する。

(2)　暑熱な環境においては、内臓の血流量が増加し体内の代謝活動が亢進することにより、人体からの熱の放散が促進される。

(3)　体温調節にみられるように、外部環境などが変化しても身体内部の状態を一定に保とうとする性質を恒常性（ホメオスタシス）という。

(4)　計算上、100g の水分が体重 70 kgの人の体表面から蒸発すると、気化熱が奪われ、体温が約 1℃下がる。

(5)　熱の放散は、ふく射（放射）、伝導、蒸発などの物理的な過程で行われ、蒸発には、発汗と不感蒸泄によるものがある。

問38　肝臓の機能として、誤っているものは次のうちどれか。

(1)　血液中の身体に有害な物質を分解する。

(2)　ブドウ糖をグリコーゲンに変えて蓄える。

(3)　ビリルビンを分解する。

(4)　血液凝固物質を合成する。

(5)　血液凝固阻止物質を合成する。

問 39 次のうち、正常値に男女による差がないとされているものはどれか。

(1) 赤血球数

(2) ヘモグロビン濃度

(3) ヘマトクリット値

(4) 白血球数

(5) 基礎代謝量

問 40 蛋白質並びにその分解、吸収及び代謝に関する次の記述のうち、誤っているものはどれか。

(1) 蛋白質は、約20種類のアミノ酸が結合してできており、内臓、筋肉、皮膚など人体の臓器等を構成する主成分である。

(2) 蛋白質は、膵臓から分泌される消化酵素である膵リパーゼなどによりアミノ酸に分解され、小腸から吸収される。

(3) 血液循環に入ったアミノ酸は、体内の各組織において蛋白質に再合成される。

(4) 肝臓では、アミノ酸から血漿蛋白質が合成される。

(5) 飢餓時には、肝臓などでアミノ酸などからブドウ糖を生成する糖新生が行われる。

問 41　視覚に関する次の記述のうち、誤っているものはどれか。

(1)　眼は、周りの明るさによって瞳孔の大きさが変化して眼に入る光量が調節され、暗い場合には瞳孔が広がる。

(2)　眼軸が短すぎることなどにより、平行光線が網膜の後方で像を結ぶものを遠視という。

(3)　角膜が歪んでいたり、表面に凹凸があるために、眼軸などに異常がなくても、物体の像が網膜上に正しく結ばれないものを乱視という。

(4)　網膜には、明るい所で働き色を感じる錐状体と、暗い所で働き弱い光を感じる杆状体の2種類の視細胞がある。

(5)　明るいところから急に暗いところに入ると、初めは見えにくいが徐々に見えやすくなることを明順応という。

問 42　ヒトのホルモン、その内分泌器官及びそのはたらきの組合せとして、誤っているものは次のうちどれか。

	ホルモン	内分泌器官	はたらき
(1)	コルチゾール	副腎皮質	血糖量の増加
(2)	アルドステロン	副腎皮質	体液中の塩類バランスの調節
(3)	メラトニン	副甲状腺	体液中のカルシウムバランスの調節
(4)	インスリン	膵臓	血糖量の減少
(5)	アドレナリン	副腎髄質	血糖量の増加

問 43　代謝に関する次の記述のうち、正しいものはどれか。

(1)　代謝において、細胞に取り入れられた体脂肪、グリコーゲンなどが分解されてエネルギーを発生する過程を同化という。

(2)　代謝において、体内に摂取された栄養素が、種々の化学反応によって、細胞を構成する蛋白質などの生体に必要な物質に合成されることを異化という。

(3)　基礎代謝量は、安静時における心臓の拍動、呼吸、体温保持などに必要な代謝量で、睡眠中の測定値で表される。

(4)　エネルギー代謝率は、一定時間中に体内で消費された酸素と排出された二酸化炭素の容積比である。

(5)　エネルギー代謝率は、動的筋作業の強度を表すことができるが、静的筋作業には適用できない。

問 44　腎臓・泌尿器系に関する次の記述のうち、誤っているものはどれか。

(1)　腎臓の皮質にある腎小体では、糸球体から蛋白質以外の血漿成分がボウマン嚢に濾し出され、原尿が生成される。

(2)　腎臓の尿細管では、原尿に含まれる大部分の水分及び身体に必要な成分が血液中に再吸収され、残りが尿として生成される。

(3)　尿は淡黄色の液体で、固有の臭気を有し、通常、弱酸性である。

(4)　尿の生成・排出により、体内の水分の量やナトリウムなどの電解質の濃度を調節するとともに、生命活動によって生じた不要な物質を排出する。

(5)　血液中の尿素窒素（BUN）の値が低くなる場合は、腎臓の機能の低下が考えられる。

第１種衛生管理者試験

令和３年

１月～６月実施分

本冊 P.193 の解答用紙をコピーしてお使いください。

令和3年
1月〜6月
実施分

第1種衛生管理者試験
特例による受験者は問1〜問20についてのみ解答してください

試験時間　3時間（科目免除者は2時間15分、特例による受験者は2時間）

関係法令（有害業務に係るもの）

問 1 　衛生管理者及び産業医の選任に関する次の記述のうち、法令上、定められていないものはどれか。ただし、衛生管理者及び産業医の選任の特例はないものとする。

(1) 常時500人を超える労働者を使用し、そのうち多量の高熱物体を取り扱う業務に常時30人以上の労働者を従事させる事業場では、選任する衛生管理者のうち少なくとも1人を専任の衛生管理者としなければならない。

(2) 深夜業を含む業務に常時550人の労働者を従事させる事業場では、その事業場に専属の産業医を選任しなければならない。

(3) 常時3,300人の労働者を使用する事業場では、2人以上の産業医を選任しなければならない。

(4) 常時600人の労働者を使用し、そのうち多量の低温物体を取り扱う業務に常時35人の労働者を従事させる事業場では、選任する衛生管理者のうち少なくとも1人を衛生工学衛生管理者免許を受けた者のうちから選任しなければならない。

(5) 2人以上の衛生管理者を選任すべき事業場では、そのうち1人については、その事業場に専属でない労働衛生コンサルタントのうちから選任することができる。

問 2　次の装置のうち、法令上、定期自主検査の実施義務が規定されているものはどれか。

(1)　木工用丸のこ盤を使用する屋内の作業場所に設けた局所排気装置

(2)　塩酸を使用する屋内の作業場所に設けた局所排気装置

(3)　アーク溶接を行う屋内の作業場所に設けた全体換気装置

(4)　フェノールを取り扱う特定化学設備

(5)　アンモニアを使用する屋内の作業場所に設けたプッシュプル型換気装置

問 3　次のAからDの作業について、法令上、作業主任者の選任が義務付けられているものの組合せは（1）～（5）のうちどれか。

A　水深 10m 以上の場所における潜水の作業

B　セメント製造工程においてセメントを袋詰めする作業

C　製造工程において硫酸を用いて行う洗浄の作業

D　石炭を入れてあるホッパーの内部における作業

(1)　A，B

(2)　A，C

(3)　A，D

(4)　B，C

(5)　C，D

令和3年1月～6月実施分　問題

問 4 次の特定化学物質を製造しようとするとき、労働安全衛生法に基づく厚生労働大臣の許可を必要としないものはどれか。

(1) ベンゾトリクロリド
(2) ベリリウム
(3) オルト‐フタロジニトリル
(4) ジアニシジン
(5) アルファ‐ナフチルアミン

問 5 次の A から D の機械等について、法令上、厚生労働大臣が定める規格を具備しなければ、譲渡し、貸与し、又は設置してはならないものの組合せは (1) 〜 (5) のうちどれか。

A 放射線測定器
B 防音保護具※
C ハロゲンガス用防毒マスク
D 電動ファン付き呼吸用保護具

(1) A, B
(2) A, C
(3) A, D
(4) B, D
(5) C, D

※「防音保護具」は、JIS 規格の改定により、現在は「聴覚保護具」の名称で出題されている。

問 6 事業者が、法令に基づく次の措置を行ったとき、その結果について所轄労働基準監督署長に報告することが義務付けられているものはどれか。

(1) 雇入時の有機溶剤等健康診断
(2) 定期に行う特定化学物質健康診断
(3) 特定化学設備についての定期自主検査
(4) 高圧室内作業主任者の選任
(5) 鉛業務を行う屋内作業場についての作業環境測定

問 7 屋内作業場において、第二種有機溶剤等を使用して常時洗浄作業を行う場合の措置として、有機溶剤中毒予防規則上、正しいものは次のうちどれか。ただし、同規則に定める適用除外及び設備の特例はないものとする。

(1) 作業場所に設ける局所排気装置について、外付け式フードの場合は最大で 0.4m/s の制御風速を出し得る能力を有するものにする。
(2) 作業中の労働者が有機溶剤等の区分を容易に知ることができるよう、容器に青色の表示をする。
(3) 有機溶剤作業主任者に、有機溶剤業務を行う屋内作業場について、作業環境測定を実施させる。
(4) 作業場所に設けたプッシュプル型換気装置について、1 年を超える期間使用しない場合を除き、1 年以内ごとに 1 回、定期に、自主検査を行う。
(5) 作業に常時従事する労働者に対し、1 年以内ごとに 1 回、定期に、有機溶剤等健康診断を行う。

問8　次の業務のうち、当該業務に労働者を就かせるとき、法令に基づく安全又は衛生のための特別の教育を行わなければならないものに該当しないものはどれか。

(1)　石綿等が使用されている建築物の解体等の作業に係る業務
(2)　チェーンソーを用いて行う造材の業務
(3)　特定化学物質のうち第二類物質を取り扱う作業に係る業務
(4)　廃棄物の焼却施設において焼却灰を取り扱う業務
(5)　エックス線装置を用いて行う透過写真の撮影の業務

問9　粉じん障害防止規則に基づく措置に関する次の記述のうち、誤っているものはどれか。ただし、同規則に定める適用除外及び特例はないものとする。

(1)　屋内の特定粉じん発生源については、その区分に応じて密閉する設備、局所排気装置、プッシュプル型換気装置若しくは湿潤な状態に保つための設備の設置又はこれらと同等以上の措置を講じなければならない。
(2)　常時特定粉じん作業を行う屋内作業場については、6か月以内ごとに1回、定期に、空気中の粉じんの濃度の測定を行い、その測定結果等を記録して、これを7年間保存しなければならない。
(3)　特定粉じん発生源に係る局所排気装置に、法令に基づき設ける除じん装置は、粉じんの種類がヒュームである場合には、サイクロンによる除じん方式のものでなければならない。
(4)　特定粉じん作業以外の粉じん作業を行う屋内作業場については、全体換気装置による換気の実施又はこれと同等以上の措置を講じなければならない。
(5)　粉じん作業を行う屋内の作業場所については、毎日1回以上、清掃を行わなければならない。

女性については、労働基準法に基づく危険有害業務の就業制限により次の表の左欄の年齢に応じ右欄の重量以上の重量物を取り扱う業務に就かせてはならないとされているが、同表に入れる A から C の数値の組合せとして、正しいものは（1）〜（5）のうちどれか。

年齢	重量（単位 kg）	
	断続作業の場合	継続作業の場合
満 16 歳未満	A	8
満 16 歳以上 満 18 歳未満	B	15
満 18 歳以上	30	C

	A	B	C
（1）	10	20	20
（2）	10	20	25
（3）	10	25	20
（4）	12	20	25
（5）	12	25	20

労働衛生対策を進めるに当たっては、作業管理、作業環境管理及び健康管理が必要であるが、次のAからEの対策例について、作業管理に該当するものの組合せは（1）〜（5）のうちどれか。

A　振動工具の取扱い業務において、その振動工具の周波数補正振動加速度実効値の3軸合成値に応じた振動ばく露時間の制限を行う。

B　有機溶剤業務を行う作業場所に設置した局所排気装置のフード付近の吸い込み気流の風速を測定する。

C　強烈な騒音を発する場所における作業において、その作業の性質や騒音の性状に応じた耳栓や耳覆いを使用させる。

D　有害な化学物質を取り扱う設備を密閉化する。

E　鉛健康診断の結果、鉛業務に従事することが健康の保持のために適当でないと医師が認めた者を配置転換する。

（1）　A，B
（2）　A，C
（3）　B，C
（4）　C，D
（5）　D，E

問 12　次の化学物質のうち、常温・常圧（25℃、1気圧）の空気中で蒸気として存在するものはどれか。ただし、蒸気とは、常温・常圧で液体又は固体の物質が蒸気圧に応じて揮発又は昇華して気体となっているものをいうものとする。

(1)　塩化ビニル
(2)　ホルムアルデヒド
(3)　二硫化炭素
(4)　二酸化硫黄
(5)　アンモニア

令和3年1月〜6月実施分　問題

問 13　作業環境における有害要因による健康障害に関する次の記述のうち、正しいものはどれか。

(1)　電離放射線による中枢神経系障害は、確率的影響に分類され、被ばく線量がしきい値を超えると発生率及び重症度が線量の増加に応じて増加する。

(2)　金属熱は、鉄、アルミニウムなどの金属を溶融する作業などに長時間従事した際に、高温により体温調節機能が障害を受けたことにより発生する。

(3)　潜水業務における減圧症は、浮上による減圧に伴い、血液中に溶け込んでいた酸素が気泡となり、血管を閉塞したり組織を圧迫することにより発生する。

(4)　振動障害は、チェーンソーなどの振動工具によって生じる障害で、手のしびれなどの末梢神経障害やレイノー現象などの末梢循環障害がみられる。

(5)　凍瘡は、皮膚組織の凍結壊死を伴うしもやけのことで、0℃以下の寒冷にばく露することによって発生する。

金属による健康障害に関する次の記述のうち、誤っているものはどれか。

(1) カドミウム中毒では、上気道炎、肺炎、腎機能障害などがみられる。
(2) 鉛中毒では、貧血、末梢神経障害、腹部の疝痛（せん）などがみられる。
(3) マンガン中毒では、筋のこわばり、震え、歩行困難などのパーキンソン病に似た症状がみられる。
(4) ベリリウム中毒では、溶血性貧血、尿の赤色化などの症状がみられる。
(5) 金属水銀中毒では、感情不安定、幻覚などの精神障害や手指の震えなどの症状・障害がみられる。

問 15 厚生労働省の「化学物質等による危険性又は有害性等の調査等に関する指針」において示されている化学物質等による疾病に係るリスクを見積もる方法として、適切でないものは次のうちどれか。

(1) 発生可能性及び重篤度を相対的に尺度化し、それらを縦軸と横軸として、あらかじめ発生可能性及び重篤度に応じてリスクが割り付けられた表を使用する方法
(2) 取り扱う化学物質等の年間の取扱量及び作業時間を一定の尺度によりそれぞれ数値化し、それらを加算又は乗算等する方法
(3) 発生可能性及び重篤度を段階的に分岐していく方法
(4) ILO の化学物質リスク簡易評価法（コントロール・バンディング）を用いる方法
(5) 対象の化学物質等への労働者のばく露の程度及び当該化学物質等による有害性を相対的に尺度化し、それらを縦軸と横軸とし、あらかじめばく露の程度及び有害性の程度に応じてリスクが割り付けられた表を使用する方法

問 16 作業環境における騒音及びそれによる健康障害に関する次の記述のうち、誤っているものはどれか。

(1) 音圧レベルは、その音圧と、通常、人間が聴くことができる最も小さな音圧（20μPa）との比の常用対数を 20 倍して求められ、その単位はデシベル（dB）で表される。

(2) 等価騒音レベルは、単位時間（1 分間）における音圧レベルを 10 秒間ごとに平均化した幾何平均値で、変動する騒音レベルの平均値として表した値である。

(3) 騒音レベルの測定は、通常、騒音計の周波数重み付け特性 A で行う。

(4) 騒音性難聴の初期に認められる 4,000Hz 付近を中心とする聴力低下の型を c^5dip という。

(5) 騒音は、自律神経系や内分泌系へも影響を与え、交感神経の活動の亢進や副腎皮質ホルモンの分泌の増加が認められることがある。

問 17 電離放射線などに関する次の記述のうち、誤っているものはどれか。

(1) 電離放射線には、電磁波と粒子線がある。

(2) エックス線は、通常、エックス線装置を用いて発生させる人工の電離放射線であるが、放射性物質から放出されるガンマ線と同様に電磁波である。

(3) エックス線は、紫外線より波長の長い電磁波である。

(4) 電離放射線の被ばくによる白内障は、晩発障害に分類され、被ばく後、半年〜 30 年後に現れることが多い。

(5) 電離放射線を放出してほかの元素に変わる元素を放射性同位元素（ラジオアイソトープ）という。

問 18 厚生労働省の「作業環境測定基準」及び「作業環境評価基準」に基づく作業環境測定及びその結果の評価に関する次の記述のうち、正しいものはどれか。

(1) 管理濃度は、有害物質に関する作業環境の状態を単位作業場所の作業環境測定結果から評価するための指標として設定されたものである。

(2) 原材料を反応槽へ投入する場合など、間欠的に有害物質の発散を伴う作業による気中有害物質の最高濃度は、A測定の結果により評価される。

(3) 単位作業場所における気中有害物質濃度の平均的な分布は、B測定の結果により評価される。

(4) A測定の第二評価値及びB測定の測定値がいずれも管理濃度に満たない単位作業場所は、第一管理区分になる。

(5) B測定の測定値が管理濃度を超えている単位作業場所は、A測定の結果に関係なく第三管理区分に区分される。

問 19 特殊健康診断に関する次の文中の ＿＿＿＿ 内に入れるAからCの語句の組合せとして、正しいものは（1）～（5）のうちどれか。

「特殊健康診断において有害物の体内摂取量を把握する検査として、生物学的モニタリングがあり、トルエンについては、尿中の ＿A＿ を測定し、＿B＿ については、＿C＿ 中のデルタアミノレブリン酸を測定する。」

	A	B	C
(1)	馬尿酸	鉛	尿
(2)	馬尿酸	鉛	血液
(3)	マンデル酸	鉛	尿

(4)　マンデル酸　　水銀　　尿
(5)　マンデル酸　　水銀　　血液

問 20　　呼吸用保護具に関する次の記述のうち、正しいものはどれか。

(1)　防毒マスクの吸収缶の色は、一酸化炭素用は黒色で、有機ガス用は赤色である。

(2)　高濃度の有害ガスに対しては、防毒マスクではなく、送気マスクか自給式呼吸器を使用する。

(3)　型式検定合格標章のある防じんマスクでも、ヒュームのような微細な粒子に対して使用してはならない。

(4)　防じんマスクの手入れの際、ろ過材に付着した粉じんは圧縮空気で吹き飛ばすか、ろ過材を強くたたいて払い落として除去する。

(5)　防じんマスクは作業に適したものを選択し、顔面とマスクの面体の高い密着性が要求される有害性の高い物質を取り扱う作業については、使い捨て式のものを選ぶ。

令和3年1月〜6月実施分　問題

問 21 　常時使用する労働者数が 300 人で、次の業種に属する事業場のうち、法令上、総括安全衛生管理者の選任が義務付けられていない業種はどれか。

(1) 　通信業
(2) 　各種商品小売業
(3) 　旅館業
(4) 　ゴルフ場業
(5) 　医療業

問 22 　産業医に関する次の記述のうち、法令上、誤っているものはどれか。

(1) 　産業医を選任した事業者は、産業医に対し、労働者の業務に関する情報であって産業医が労働者の健康管理等を適切に行うために必要と認めるものを提供しなければならない。
(2) 　産業医を選任した事業者は、その事業場における産業医の業務の具体的な内容、産業医に対する健康相談の申出の方法、産業医による労働者の心身の状態に関する情報の取扱いの方法を、常時各作業場の見やすい場所に掲示し、又は備え付ける等の方法により、労働者に周知させなければならない。
(3) 　産業医は、衛生委員会に対して労働者の健康を確保する観点から必要な調査審議を求めることができる。
(4) 　産業医は、衛生委員会を開催した都度作成する議事概要を、毎月 1 回以上、事業者から提供されている場合には、作業場等の巡視の頻度を、

毎月 1 回以上から 2 か月に 1 回以上にすることができる。

(5) 事業者は、産業医から労働者の健康管理等について勧告を受けたときは、当該勧告の内容及び当該勧告を踏まえて講じた措置の内容（措置を講じない場合にあっては、その旨及びその理由）を記録し、これを 3 年間保存しなければならない。

問 23 労働安全衛生規則に基づく医師による健康診断について、法令に違反しているものは次のうちどれか。

(1) 雇入時の健康診断において、医師による健康診断を受けた後 3 か月を経過しない者が、その健康診断結果を証明する書面を提出したときは、その健康診断の項目に相当する項目を省略している。

(2) 雇入時の健康診断の項目のうち、聴力の検査は、35 歳及び 40 歳の者並びに 45 歳以上の者に対しては、1,000Hz 及び 4,000Hz の音について行っているが、その他の年齢の者に対しては、医師が適当と認めるその他の方法により行っている。

(3) 深夜業を含む業務に常時従事する労働者に対し、6 か月以内ごとに 1 回、定期に、健康診断を行っているが、胸部エックス線検査は、1 年以内ごとに 1 回、定期に、行っている。

(4) 事業場において実施した定期健康診断の結果、健康診断項目に異常所見があると診断された労働者については、健康を保持するために必要な措置について、健康診断が行われた日から 3 か月以内に、医師から意見聴取を行っている。

(5) 常時 50 人の労働者を使用する事業場において、定期健康診断の結果については、遅滞なく、所轄労働基準監督署長に報告を行っているが、雇入時の健康診断の結果については報告を行っていない。

令和 3 年 1 月～ 6 月実施分　問題

問 24　労働安全衛生法に基づく心理的な負担の程度を把握するための検査（以下「ストレスチェック」という。）及びその結果等に応じて実施される医師による面接指導に関する次の記述のうち、法令上、正しいものはどれか。

(1) 常時 50 人以上の労働者を使用する事業場においては、6 か月以内ごとに 1 回、定期に、ストレスチェックを行わなければならない。

(2) 事業者は、ストレスチェックの結果が、衛生管理者及びストレスチェックを受けた労働者に通知されるようにしなければならない。

(3) 労働者に対するストレスチェックの事項は、「職場における当該労働者の心理的な負担の原因」、「当該労働者の心理的な負担による心身の自覚症状」及び「職場における他の労働者による当該労働者への支援」に関する項目である。

(4) 事業者は、ストレスチェックの結果、心理的な負担の程度が高い労働者全員に対し、医師による面接指導を行わなければならない。

(5) 事業者は、医師による面接指導の結果に基づき、当該面接指導の結果の記録を作成して、これを 3 年間保存しなければならない。

問 25　事業場の建築物、施設等に関する措置について、労働安全衛生規則の衛生基準に違反していないものは次のうちどれか。

(1) 日常行う清掃のほか、1 年に 1 回、定期に、統一的に大掃除を行っている。

(2) 男性 25 人、女性 25 人の労働者を常時使用している事業場で、労働者が臥床することのできる休養室又は休養所を男性用と女性用に区別して設けていない。

(3) 坑内等特殊な作業場以外の作業場において、男性用小便所の箇所数は、同時に就業する男性労働者 50 人以内ごとに 1 個以上としている。

(4)　事業場に附属する食堂の床面積を、食事の際の 1 人について、0.8m²
　　としている。

(5)　労働衛生上の有害業務を有しない事業場において、窓その他の開口部
　　の直接外気に向かって開放することができる部分の面積が、常時床面
　　積の 15 分の 1 である屋内作業場に、換気設備を設けていない。

問 26　　労働基準法における労働時間等に関する次の記述のうち、
正しいものはどれか。

令和3年1月～6月実施分　問題

(1)　1 日 8 時間を超えて労働させることができるのは、時間外労働の協定
　　を締結し、これを所轄労働基準監督署長に届け出た場合に限られてい
　　る。

(2)　労働時間に関する規定の適用については、事業場を異にする場合は労
　　働時間を通算しない。

(3)　労働時間が 8 時間を超える場合においては、少なくとも 45 分の休憩
　　時間を労働時間の途中に与えなければならない。

(4)　機密の事務を取り扱う労働者については、所轄労働基準監督署長の許
　　可を受けなくても労働時間に関する規定は適用されない。

(5)　監視又は断続的労働に従事する労働者については、所轄労働基準監督
　　署長の許可を受ければ、労働時間及び年次有給休暇に関する規定は適
　　用されない。

問 27 週所定労働時間が 25 時間、週所定労働日数が 4 日である労働者であって、雇入れの日から起算して 3 年 6 か月継続勤務したものに対して、その後 1 年間に新たに与えなければならない年次有給休暇日数として、法令上、正しいものは（1）〜（5）のうちどれか。

ただし、その労働者はその直前の 1 年間に全労働日の 8 割以上出勤したものとする。

(1) 8 日
(2) 9 日
(3) 10 日
(4) 11 日
(5) 12 日

労働衛生（有害業務に係るもの以外のもの）

問 28 労働衛生管理に用いられる統計に関する次の記述のうち、誤っているものはどれか。

(1) 生体から得られたある指標が正規分布である場合、そのバラツキの程度は、平均値や最頻値によって表される。

(2) 集団を比較する場合、調査の対象とした項目のデータの平均値が等しくても分散が異なっていれば、異なった特徴をもつ集団であると評価される。

(3) 健康管理統計において、ある時点での検査における有所見者の割合を有所見率といい、このようなデータを静態データという。

(4) 健康診断において、対象人数、受診者数などのデータを計数データといい、身長、体重などのデータを計量データという。

(5)　ある事象と健康事象との間に、統計上、一方が多いと他方も多いというような相関関係が認められても、それらの間に因果関係がないこともある。

問 29　厚生労働省の「職場における腰痛予防対策指針」に基づく腰痛予防対策に関する次の記述のうち、正しいものはどれか。

(1)　腰部保護ベルトは、重量物取扱い作業に従事する労働者全員に使用させるようにする。

(2)　重量物取扱い作業の場合、満 18 歳以上の男性労働者が人力のみで取り扱う物の重量は、体重のおおむね 50％以下となるようにする。

(3)　重量物取扱い作業に常時従事する労働者に対しては、当該作業に配置する際及びその後 1 年以内ごとに 1 回、定期に、医師による腰痛の健康診断を行う。

(4)　立ち作業の場合は、身体を安定に保持するため、床面は弾力性のない硬い素材とし、クッション性のない作業靴を使用する。

(5)　腰掛け作業の場合の作業姿勢は、椅子に深く腰を掛けて、背もたれで体幹を支え、履物の足裏全体が床に接する姿勢を基本とする。

問 30　出血及び止血法並びにその救急処置に関する次の記述のうち、誤っているものはどれか。

(1) 体内の全血液量は、体重の約13分の1で、その約3分の1を短時間に失うと生命が危険な状態となる。

(2) 傷口が泥で汚れているときは、手際良く水道水で洗い流す。

(3) 止血法には、直接圧迫法、間接圧迫法などがあるが、一般人が行う応急手当としては直接圧迫法が推奨されている。

(4) 静脈性出血は、擦り傷のときにみられ、傷口から少しずつにじみ出るような出血である。

(5) 止血帯を施した後、受傷者を医師に引き継ぐまでに30分以上かかる場合には、止血帯を施してから30分ごとに1〜2分間、出血部から血液がにじんでくる程度まで結び目をゆるめる。

問 31　虚血性心疾患に関する次の記述のうち、誤っているものはどれか。

(1) 虚血性心疾患は、門脈による心筋への血液の供給が不足したり途絶えることにより起こる心筋障害である。

(2) 虚血性心疾患発症の危険因子には、高血圧、喫煙、脂質異常症などがある。

(3) 虚血性心疾患は、心筋の一部分に可逆的な虚血が起こる狭心症と、不可逆的な心筋壊死が起こる心筋梗塞とに大別される。

(4) 心筋梗塞では、突然激しい胸痛が起こり、「締め付けられるように痛い」、「胸が苦しい」などの症状が長時間続き、1時間以上になることもある。

(5) 狭心症の痛みの場所は、心筋梗塞とほぼ同じであるが、その発作が続く時間は、通常数分程度で、長くても15分以内におさまることが多い。

問 32　　細菌性食中毒に関する次の記述のうち、誤っているものはどれか。

(1)　黄色ブドウ球菌による毒素は、熱に強い。

(2)　ボツリヌス菌による毒素は、神経毒である。

(3)　腸炎ビブリオ菌は、病原性好塩菌ともいわれる。

(4)　サルモネラ菌による食中毒は、食品に付着した細菌が食品中で増殖した際に生じる毒素により発症する。

(5)　ウェルシュ菌、セレウス菌及びカンピロバクターは、いずれも細菌性食中毒の原因菌である。

問 33
★　　厚生労働省の「情報機器作業における労働衛生管理のためのガイドライン」に関する次の記述のうち、適切でないものはどれか。

(1)　ディスプレイ画面上における照度は、500 ルクス以下となるようにしている。

(2)　ディスプレイ画面の位置、前後の傾き、左右の向き等を調整してグレアを防止している。

(3)　ディスプレイは、おおむね 30cm 以内の視距離が確保できるようにし、画面の上端を眼の高さよりもやや下になるように設置している。

(4)　1日の情報機器作業の作業時間が4時間未満である労働者については、自覚症状を訴える者についてのみ、情報機器作業に係る定期健康診断の対象としている。

(5)　情報機器作業に係る定期健康診断を、1 年以内ごとに 1 回、定期に実施している。

令和3年1月〜6月実施分　問題

問 34　厚生労働省の「労働安全衛生マネジメントシステムに関する指針」に関する次の記述のうち、誤っているものはどれか。

(1)　この指針は、労働安全衛生法の規定に基づき機械、設備、化学物質等による危険又は健康障害を防止するため事業者が講ずべき具体的な措置を定めるものではない。

(2)　このシステムは、生産管理等事業実施に係る管理と一体となって運用されるものである。

(3)　このシステムでは、事業者は、事業場における安全衛生水準の向上を図るための安全衛生に関する基本的考え方を示すものとして、安全衛生方針を表明し、労働者及び関係請負人その他の関係者に周知させる。

(4)　このシステムでは、事業者は、安全衛生方針に基づき設定した安全衛生目標を達成するため、事業場における危険性又は有害性等の調査の結果等に基づき、一定の期間を限り、安全衛生計画を作成する。

(5)　事業者は、このシステムに従って行う措置が適切に実施されているかどうかについて調査及び評価を行うため、外部の機関による監査を受けなければならない。

（次の科目が免除されている受験者は、問 35 ～問 44 は解答しないでください。）

労　働　生　理

問 35　神経系に関する次の記述のうち、誤っているものはどれか。

(1) 神経系を構成する基本的な単位である神経細胞は、通常、1 個の細胞体、1 本の軸索及び複数の樹状突起から成り、ニューロンともいわれる。

(2) 体性神経は、運動及び感覚に関与し、自律神経は、呼吸、循環などに関与する。

(3) 大脳の皮質は、神経細胞の細胞体が集まっている灰白質で、感覚、思考などの作用を支配する中枢として機能する。

(4) 交感神経系と副交感神経系は、各種臓器において双方の神経線維が分布し、相反する作用を有している。

(5) 交感神経系は、身体の機能をより活動的に調節する働きがあり、心拍数を増加させたり、消化管の運動を高める。

問 36 　心臓及び血液循環に関する次の記述のうち、誤っているものはどれか。

(1) 心臓は、自律神経の中枢で発生した刺激が刺激伝導系を介して心筋に伝わることにより、規則正しく収縮と拡張を繰り返す。

(2) 肺循環により左心房に戻ってきた血液は、左心室を経て大動脈に入る。

(3) 大動脈を流れる血液は動脈血であるが、肺動脈を流れる血液は静脈血である。

(4) 心臓の拍動による動脈圧の変動を末梢の動脈で触知したものを脈拍といい、一般に、手首の橈骨動脈で触知する。

(5) 動脈硬化とは、コレステロールの蓄積などにより、動脈壁が肥厚・硬化して弾力性を失った状態であり、進行すると血管の狭窄や閉塞を招き、臓器への酸素や栄養分の供給が妨げられる。

問 37 　消化器系に関する次の記述のうち、誤っているものはどれか。

(1) 三大栄養素のうち糖質はブドウ糖などに、蛋白質はアミノ酸に、脂肪は脂肪酸とグリセリンに、酵素により分解されて吸収される。

(2) 無機塩及びビタミン類は、酵素による分解を受けないでそのまま吸収される。

(3) 膵臓から十二指腸に分泌される膵液には、消化酵素は含まれていないが、血糖値を調節するホルモンが含まれている。

(4) ペプシノーゲンは、胃酸によってペプシンという消化酵素になり、蛋白質を分解する。

(5) 小腸の表面は、ビロード状の絨毛という小突起で覆われており、栄養素の吸収の効率を上げるために役立っている。

問 38　　呼吸に関する次の記述のうち、誤っているものはどれか。

(1)　呼吸運動は、気管と胸膜の協調運動によって、胸郭内容積を周期的に増減させて行われる。

(2)　胸郭内容積が増し、その内圧が低くなるにつれ、鼻腔、気管などの気道を経て肺内へ流れ込む空気が吸気である。

(3)　肺胞内の空気と肺胞を取り巻く毛細血管中の血液との間で行われる酸素と二酸化炭素のガス交換を、肺呼吸又は外呼吸という。

(4)　全身の毛細血管中の血液が各組織細胞に酸素を渡して二酸化炭素を受け取るガス交換を、組織呼吸又は内呼吸という。

(5)　血液中の二酸化炭素濃度が増加すると、呼吸中枢が刺激され、肺でのガス交換の量が多くなる。

問 39　　腎臓・泌尿器系に関する次の記述のうち、誤っているものはどれか。

(1)　腎臓の皮質にある腎小体では、糸球体から蛋白質以外の血漿成分がボウマン嚢に濾し出され、原尿が生成される。

(2)　腎臓の尿細管では、原尿に含まれる大部分の水分及び身体に必要な成分が血液中に再吸収され、残りが尿として生成される。

(3)　尿は淡黄色の液体で、固有の臭気を有し、通常、弱酸性である。

(4)　尿の生成・排出により、体内の水分の量やナトリウムなどの電解質の濃度を調節するとともに、生命活動によって生じた不要な物質を排出する。

(5)　尿の約 95％は水分で、約 5％が固形物であるが、その成分が全身の健康状態をよく反映するので、尿を採取して尿素窒素の検査が広く行われている。

問 40 代謝に関する次の記述のうち、正しいものはどれか。

(1) 代謝において、細胞に取り入れられた体脂肪、グリコーゲンなどが分解されてエネルギーを発生し、ATP が合成されることを同化という。

(2) 代謝において、体内に摂取された栄養素が、種々の化学反応によって、ATP に蓄えられたエネルギーを用いて、細胞を構成する蛋白質などの生体に必要な物質に合成されることを異化という。

(3) 基礎代謝量は、安静時における心臓の拍動、呼吸、体温保持などに必要な代謝量で、睡眠中の測定値で表される。

(4) エネルギー代謝率は、一定時間中に体内で消費された酸素と排出された二酸化炭素の容積比で表される。

(5) エネルギー代謝率は、動的筋作業の強度を表すことができるが、精神的作業や静的筋作業には適用できない。

問 41 耳とその機能に関する次の記述のうち、誤っているものはどれか。

(1) 耳は、聴覚、平衡感覚などをつかさどる器官で、外耳、中耳、内耳の三つの部位に分けられる。

(2) 耳介で集められた音は、鼓膜を振動させ、その振動は耳小骨によって増幅され、内耳に伝えられる。

(3) 内耳は、前庭、半規管、蝸牛（うずまき管）の三つの部位からなり、前庭と半規管が平衡感覚、蝸牛が聴覚を分担している。

(4) 半規管は、体の傾きの方向や大きさを感じ、前庭は、体の回転の方向や速度を感じる。

(5) 鼓室は、耳管によって咽頭に通じており、その内圧は外気圧と等しく保たれている。

問 42　抗体に関する次の文中の 　　　　　 内に入れるＡからＣの語句の組合せとして、適切なものは（1）～（5）のうちどれか。

「抗体とは、体内に入ってきた 　A　 に対して 　B　 免疫において作られる 　C　 と呼ばれる蛋白質のことで、 　A　 に特異的に結合し、 　A　 の働きを抑える働きがある。」

	A	B	C
(1)	化学物質	体液性	アルブミン
(2)	化学物質	細胞性	免疫グロブリン
(3)	抗原	体液性	アルブミン
(4)	抗原	体液性	免疫グロブリン
(5)	抗原	細胞性	アルブミン

問 43　体温調節に関する次の記述のうち、誤っているものはどれか。

(1) 寒冷な環境においては、皮膚の血管が収縮して血流量が減って、熱の放散が減少する。

(2) 暑熱な環境においては、内臓の血流量が増加し体内の代謝活動が亢進することにより、人体からの熱の放散が促進される。

(3) 体温調節にみられるように、外部環境などが変化しても身体内部の状態を一定に保とうとする性質を恒常性（ホメオスタシス）という。

(4) 計算上、100g の水分が体重 70 kg の人の体表面から蒸発すると、気化熱が奪われ、体温が約 1℃下がる。

(5) 熱の放散は、輻射（放射）、伝導、蒸発などの物理的な過程で行われ、蒸発には、発汗と不感蒸泄によるものがある。

問 44 睡眠に関する次の記述のうち、誤っているものはどれか。

(1) 睡眠と覚醒のリズムのように、約 1 日の周期で繰り返される生物学的リズムをサーカディアンリズムといい、このリズムの乱れは、疲労や睡眠障害の原因となる。

(2) 睡眠は、睡眠中の目の動きなどによって、レム睡眠とノンレム睡眠に分類される。

(3) コルチゾールは、血糖値の調節などの働きをするホルモンで、通常、その分泌量は明け方から増加し始め、起床前後で最大となる。

(4) レム睡眠は、安らかな眠りで、この間に脳は休んだ状態になっている。

(5) メラトニンは、睡眠に関与しているホルモンである。

第1種衛生管理者試験

令和2年
7月～12月実施分

本冊 P.193 の解答用紙をコピーしてお使いください。

関係法令（有害業務に係るもの）

問1

常時250人の労働者を使用する運送業の事業場における衛生管理体制に関する（1）～（5）の記述のうち、法令上、誤っているものはどれか。

ただし、250人中には、次の業務に常時従事する者が含まれているが、その他の有害業務はないものとし、衛生管理者の選任の特例はないものとする。

深夜業を含む業務	200人
多量の低温物体を取り扱う業務	50人

(1) 総括安全衛生管理者を選任しなければならない。

(2) 衛生管理者は、2人以上選任しなければならない。

(3) 衛生管理者は、全て第一種衛生管理者免許を有する者のうちから選任することができる。

(4) 衛生管理者のうち少なくとも1人を専任の衛生管理者としなければならない。

(5) 衛生管理者のうち、1人は専属でない労働衛生コンサルタントを選任することができる。

厚生労働大臣が定める規格を具備しなければ、譲渡し、貸与し、又は設置してはならない機械等に該当しないものは、次のうちどれか。

(1)　潜水器
(2)　一酸化炭素用防毒マスク
(3)　ろ過材及び面体を有する防じんマスク
(4)　放射性物質による汚染を防止するための防護服
(5)　特定エックス線装置

 法令に基づき定期に行う作業環境測定とその測定頻度との組合せとして、誤っているものは次のうちどれか。

(1)　非密封の放射性物質を取り扱う作業室における空気中の放射性物質の濃度の測定……………………………………… 1 か月以内ごとに 1 回
(2)　チッパーによりチップする業務を行う屋内作業場における等価騒音レベルの測定……………………………………… 6 か月以内ごとに 1 回
(3)　通気設備が設けられている坑内の作業場における通気量の測定……………………………………………… 半月以内ごとに 1 回
(4)　鉛ライニングの業務を行う屋内作業場における空気中の鉛の濃度の測定……………………………………………… 1 年以内ごとに 1 回
(5)　多量のドライアイスを取り扱う業務を行う屋内作業場における気温及び湿度の測定……………………………… 1 か月以内ごとに 1 回

令和２年７月～12月実施分　問題

問 4　　　次の作業のうち、法令上、作業主任者を選任しなければならないものはどれか。

(1)　製造工程において硝酸を用いて行う洗浄の作業
(2)　強烈な騒音を発する場所における作業
(3)　レーザー光線による金属加工の作業
(4)　セメント製造工程においてセメントを袋詰めする作業
(5)　潜水器からの給気を受けて行う潜水の作業

問 5　　　次の業務のうち、労働者を就かせるとき、法令に基づく安全又は衛生のための特別の教育を行わなければならないものはどれか。

(1)　チェーンソーを用いて行う造材の業務
(2)　エックス線回折装置を用いて行う分析の業務
(3)　特定化学物質を用いて行う分析の業務
(4)　有機溶剤等を入れたことがあるタンクの内部における業務
(5)　削岩機、チッピングハンマー等チェーンソー以外の振動工具を取り扱う業務

問 6　事業者が、法令に基づく次の措置を行ったとき、その結果について所轄労働基準監督署長に報告することが義務付けられているものはどれか。

(1)　高圧室内作業主任者の選任
(2)　特定化学設備についての定期自主検査
(3)　定期の有機溶剤等健康診断
(4)　雇入時の特定化学物質健康診断
(5)　鉛業務を行う屋内作業場についての作業環境測定

問 7　屋内作業場において、第二種有機溶剤等を使用して常時洗浄作業を行う場合の措置として、法令上、誤っているものは次のうちどれか。
　　　ただし、有機溶剤中毒予防規則に定める適用除外及び設備の特例はないものとする。

(1)　作業場所に設けた局所排気装置について、外付け式フードの場合は 0.4m/s の制御風速を出し得る能力を有するものにする。
(2)　有機溶剤等の区分の色分けによる表示を黄色で行う。
(3)　作業場における空気中の有機溶剤の濃度を、6 か月以内ごとに 1 回、定期に測定し、その測定結果等の記録を 3 年間保存する。
(4)　作業に常時従事する労働者に対し、6 か月以内ごとに 1 回、定期に、特別の項目について医師による健康診断を行い、その結果に基づき作成した有機溶剤等健康診断個人票を 5 年間保存する。
(5)　作業場所に設けたプッシュプル型換気装置について、原則として、1 年以内ごとに 1 回、定期に、自主検査を行い、その検査の結果等の記録を 3 年間保存する。

問 8　次の作業のうち、法令上、第二種酸素欠乏危険作業に該当するものはどれか。

(1)　雨水が滞留したことのあるピットの内部における作業
(2)　ヘリウム、アルゴン等の不活性の気体を入れたことのあるタンクの内部における作業
(3)　果菜の熟成のために使用している倉庫の内部における作業
(4)　酒類を入れたことのある醸造槽の内部における作業
(5)　汚水その他腐敗しやすい物質を入れたことのある暗きょの内部における作業

問 9　粉じん作業に係る次の粉じん発生源のうち、法令上、特定粉じん発生源に該当するものはどれか。

(1)　屋内の、ガラスを製造する工程において、原料を溶解炉に投げ入れる箇所
(2)　屋内の、耐火物を用いた炉を解体する箇所
(3)　屋内の、研磨材を用いて手持式動力工具により金属を研磨する箇所
(4)　屋内の、粉状のアルミニウムを袋詰めする箇所
(5)　屋内の、金属をアーク溶接する箇所

問10　次のAからDの業務について、労働基準法に基づく時間外労働に関する協定を締結し、これを所轄労働基準監督署長に届け出た場合においても、労働時間の延長が1日2時間を超えてはならないものの組合せは（1）～（5）のうちどれか。

A　病原体によって汚染された物を取り扱う業務

B　腰部に負担のかかる立ち作業の業務

C　多量の低温物体を取り扱う業務

D　鉛の粉じんを発散する場所における業務

(1)　A，B

(2)　A，C

(3)　B，C

(4)　B，D

(5)　C，D

問 11　厚生労働省の「化学物質等による危険性又は有害性等の調査等に関する指針」に基づくリスクアセスメントに関する次の記述のうち、誤っているものはどれか。

(1) リスクアセスメントは、化学物質等を原材料等として新規に採用し、又は変更するとき、化学物質等を製造し、又は取り扱う業務に係る作業の方法又は手順を新規に採用し、又は変更するときなどに実施する。

(2) 化学物質等による危険性又は有害性の特定は、リスクアセスメント等の対象となる業務を洗い出した上で、原則として国連勧告の「化学品の分類及び表示に関する世界調和システム（GHS）」などで示されている危険性又は有害性の分類等に即して行う。

(3) リスクの見積りは、化学物質等が当該業務に従事する労働者に危険を及ぼし、又は化学物質等により当該労働者の健康障害を生ずるおそれの程度（発生可能性）及び当該危険又は健康障害の程度（重篤度）を考慮して行う。

(4) 化学物質等による疾病のリスクについては、化学物質等への労働者のばく露濃度等を測定し、測定結果を厚生労働省の「作業環境評価基準」に示されている「管理濃度」と比較することにより見積もる方法が確実性が高い。

(5) リスクアセスメントの実施に当たっては、化学物質等に係る安全データシート、作業標準、作業手順書、作業環境測定結果等の資料を入手し、その情報を活用する。

問 12 次の化学物質のうち、常温・常圧（25℃、1 気圧）の空気中で蒸気として存在するものはどれか。

ただし、蒸気とは、常温・常圧で液体又は固体の物質が蒸気圧に応じて揮発又は昇華して気体となっているものをいうものとする。

(1)　塩化ビニル
(2)　ジクロロベンジジン
(3)　トリクロロエチレン
(4)　二酸化硫黄
(5)　ホルムアルデヒド

問 13 有機溶剤に関する次の記述のうち、誤っているものはどれか。

(1)　有機溶剤は、呼吸器から吸収されやすいが、皮膚から吸収されるものもある。
(2)　メタノールによる障害として顕著なものは、網膜細動脈瘤を伴う脳血管障害である。
(3)　キシレンのばく露の生物学的モニタリングの指標としての尿中代謝物は、メチル馬尿酸である。
(4)　有機溶剤による皮膚又は粘膜の症状としては、皮膚の角化、結膜炎などがある。
(5)　低濃度の有機溶剤の繰り返しばく露では、頭痛、めまい、物忘れ、不眠などの不定愁訴がみられる。

問 14 局所排気装置のフードの型式について、排気効果の大小関係として、正しいものは次のうちどれか。

(1) 囲い式カバー型＞囲い式建築ブース型＞外付け式ルーバ型

(2) 囲い式建築ブース型＞囲い式グローブボックス型＞外付け式ルーバ型

(3) 囲い式ドラフトチェンバ型＞外付け式ルーバ型＞囲い式カバー型

(4) 外付け式ルーバ型＞囲い式ドラフトチェンバ型＞囲い式カバー型

(5) 外付け式ルーバ型＞囲い式建築ブース型＞囲い式グローブボックス型

問 15 作業環境における有害要因による健康障害に関する次の記述のうち、誤っているものはどれか。

(1) 窒素ガスで置換したタンク内の空気など、ほとんど無酸素状態の空気を吸入すると徐々に窒息の状態になり、この状態が5分程度継続すると呼吸停止する。

(2) 減圧症は、潜函作業者、潜水作業者などに発症するもので、高圧下作業からの減圧に伴い、血液中や組織中に溶け込んでいた窒素の気泡化が関与して発生し、皮膚のかゆみ、関節痛、神経の麻痺などの症状がみられる。

(3) 金属熱は、金属の溶融作業などで亜鉛、銅などの金属の酸化物のヒュームを吸入することにより発生し、悪寒、発熱、関節痛などの症状がみられる。

(4) 低体温症は、低温下の作業で全身が冷やされ、体の中心部の温度が35℃程度以下に低下した状態をいい、意識消失、筋の硬直などの症状がみられる。

(5) 振動障害は、チェーンソーなどの振動工具によって生じる障害で、手のしびれなどの末梢神経障害やレイノー現象などの末梢循環障害がみられる。

問 16　じん肺に関する次の記述のうち、正しいものはどれか。

(1) じん肺は、粉じんを吸入することによって肺に生じた炎症性病変を主体とする疾病で、その種類には、けい肺、間質性肺炎、慢性閉塞性肺疾患（COPD）などがある。

(2) じん肺は、続発性気管支炎、肺結核などを合併することがある。

(3) 鉱物性粉じんに含まれる遊離けい酸（SiO_2）は、石灰化を伴う胸膜肥厚や胸膜中皮腫を生じさせるという特徴がある。

(4) じん肺の有効な治療方法は、既に確立されている。

(5) じん肺がある程度進行しても、粉じんへのばく露を中止すれば、症状が更に進行することはない。

問 17　化学物質による健康障害に関する次の記述のうち、誤っているものはどれか。

(1) ノルマルヘキサンによる健康障害では、末梢神経障害がみられる。

(2) シアン化水素による中毒では、細胞内での酸素利用の障害による呼吸困難、痙攣などがみられる。

(3) 硫化水素による中毒では、意識消失、呼吸麻痺などがみられる。

(4) 塩化ビニルによる慢性中毒では、気管支炎、歯牙酸蝕症などがみられる。

(5) 弗化水素による慢性中毒では、骨の硬化、斑状歯などがみられる。

問 18 呼吸用保護具に関する次の記述のうち、誤っているものはどれか。

(1) 有機ガス用防毒マスクの吸収缶の色は黒色であり、一酸化炭素用防毒マスクの吸収缶の色は赤色である。

(2) ガス又は蒸気状の有害物質が粉じんと混在している作業環境中で防毒マスクを使用するときは、防じん機能を有する防毒マスクを選択する。

(3) 酸素濃度18％未満の場所で使用できる呼吸用保護具には、送気マスク、空気呼吸器のほか、電動ファン付き呼吸用保護具がある。

(4) 使い捨て式防じんマスクは、面体ごとに、型式検定合格標章の付されたものを使用する。

(5) 防じんマスクは、面体と顔面との間にタオルなどを当てて着用してはならない。

問 19 厚生労働省の「作業環境測定基準」及び「作業環境評価基準」に基づく作業環境測定及びその結果の評価に関する次の記述のうち、正しいものはどれか。

(1) 管理濃度は、有害物質に関する作業環境の状態を単位作業場所の作業環境測定結果から評価するための指標として設定されたものである。

(2) 原材料を反応槽へ投入する場合など、間欠的に有害物質の発散を伴う作業による気中有害物質の最高濃度は、A測定の結果により評価される。

(3) 単位作業場所における気中有害物質濃度の平均的な分布は、B測定の結果により評価される。

(4) A測定の第二評価値及びB測定の測定値がいずれも管理濃度に満たない単位作業場所は、第一管理区分になる。

(5) B測定の測定値が管理濃度を超えている単位作業場所は、A測定の結果に関係なく第三管理区分に区分される。

問 20　有害化学物質とその生物学的モニタリング指標として用いられる尿中の代謝物等との組合せとして、誤っているものは次のうちどれか。

(1)　鉛……………………………………… デルタアミノレブリン酸

(2)　スチレン……………………………… メチルホルムアミド

(3)　トルエン……………………………… 馬尿酸

(4)　ノルマルヘキサン…………………… 2,5–ヘキサンジオン

(5)　トリクロロエチレン………………… トリクロロ酢酸

令和2年7月～12月実施分　問題

問 21 　衛生管理者の職務又は業務として、法令上、定められていないものは次のうちどれか。

　ただし、次のそれぞれの業務は衛生に関する技術的事項に限るものとする。

(1) 健康診断の実施その他健康の保持増進のための措置に関すること。

(2) 労働災害の原因の調査及び再発防止対策に関すること。

(3) 安全衛生に関する方針の表明に関すること。

(4) 少なくとも毎週1回作業場等を巡視し、衛生状態に有害のおそれがあるときは、直ちに、労働者の健康障害を防止するため必要な措置を講ずること。

(5) 労働者の健康を確保するため必要があると認めるとき、事業者に対し、労働者の健康管理等について必要な勧告をすること。

問 22　産業医に関する次の記述のうち、法令上、誤っているものはどれか。

(1)　常時使用する労働者数が 50 人以上の事業場において、厚生労働大臣の指定する者が行う産業医研修の修了者等の所定の要件を備えた医師であっても、当該事業場においてその事業を統括管理する者は、産業医として選任することはできない。

(2)　産業医が、事業者から、毎月 1 回以上、所定の情報の提供を受けている場合であって、事業者の同意を得ているときは、産業医の作業場等の巡視の頻度を、毎月 1 回以上から 2 か月に 1 回以上にすることができる。

(3)　事業者は、産業医が辞任したとき又は産業医を解任したときは、遅滞なく、その旨及びその理由を衛生委員会又は安全衛生委員会に報告しなければならない。

(4)　事業者は、産業医が旅行、疾病、事故その他やむを得ない事由によって職務を行うことができないときは、代理者を選任しなければならない。

(5)　事業者が産業医に付与すべき権限には、労働者の健康管理等を実施するために必要な情報を労働者から収集することが含まれる。

問 23 労働安全衛生規則に規定されている医師による健康診断について、法令に違反しているものは次のうちどれか。

(1) 雇入時の健康診断において、医師による健康診断を受けた後、3 か月を経過しない者がその健康診断結果を証明する書面を提出したときは、その健康診断の項目に相当する項目を省略している。

(2) 雇入時の健康診断の項目のうち、聴力の検査は、35 歳及び 40 歳の者並びに 45 歳以上の者に対しては、1,000Hz 及び 4,000Hz の音について行っているが、その他の年齢の者に対しては、医師が適当と認めるその他の方法により行っている。

(3) 海外に 6 か月以上派遣して帰国した労働者について、国内の業務に就かせるとき、一時的な就業の場合を除いて、海外派遣労働者健康診断を行っている。

(4) 常時 50 人の労働者を使用する事業場において、雇入時の健康診断の結果について、所轄労働基準監督署長に報告を行っていない。

(5) 常時 40 人の労働者を使用する事業場において、定期健康診断の結果について、所轄労働基準監督署長に報告を行っていない。

問 24　労働安全衛生法に基づく心理的な負担の程度を把握するための検査（以下「ストレスチェック」という。）の結果に基づき実施する医師による面接指導に関する次の記述のうち、正しいものはどれか。

(1)　面接指導を行う医師として事業者が指名できる医師は、当該事業場の産業医に限られる。

(2)　面接指導の結果は、健康診断個人票に記載しなければならない。

(3)　事業者は、ストレスチェックの結果、心理的な負担の程度が高い労働者であって、面接指導を受ける必要があると当該ストレスチェックを行った医師等が認めたものが面接指導を受けることを希望する旨を申し出たときは、当該申出をした労働者に対し、面接指導を行わなければならない。

(4)　事業者は、面接指導の対象となる要件に該当する労働者から申出があったときは、申出の日から３か月以内に、面接指導を行わなければならない。

(5)　事業者は、面接指導の結果に基づき、当該労働者の健康を保持するため必要な措置について、面接指導が行われた日から３か月以内に、医師の意見を聴かなければならない。

問 25　ある屋内作業場の床面から 4m をこえない部分の容積が 150m³ であり、かつ、このうちの設備の占める分の容積が 55m³ であるとき、法令上、常時就業させることのできる最大の労働者数は次のうちどれか。

(1)　4 人
(2)　9 人
(3)　10 人
(4)　15 人
(5)　19 人

問 26　労働基準法における労働時間等に関する次の記述のうち、正しいものはどれか。
　　ただし、労使協定とは、「労働者の過半数で組織する労働組合（その労働組合がない場合は労働者の過半数を代表する者）と使用者との書面による協定」をいうものとする。

(1)　1 日 8 時間を超えて労働させることができるのは、時間外労働の労使協定を締結し、これを所轄労働基準監督署長に届け出た場合に限られている。
(2)　労働時間に関する規定の適用については、事業場を異にする場合は労働時間を通算しない。
(3)　所定労働時間が 7 時間 30 分である事業場において、延長する労働時間が 1 時間であるときは、少なくとも 45 分の休憩時間を労働時間の途中に与えなければならない。
(4)　監視又は断続的労働に従事する労働者であって、所轄労働基準監督署長の許可を受けたものについては、労働時間、休憩及び休日に関する規定は適用されない。
(5)　フレックスタイム制の清算期間は、6 か月以内の期間に限られる。

問 27 労働基準法に定める育児時間に関する次の記述のうち、誤っているものはどれか。

(1) 生後満1年を超え、満2年に達しない生児を育てる女性労働者は、育児時間を請求することができる。

(2) 育児時間は、必ずしも有給としなくてもよい。

(3) 育児時間は、1日2回、1回当たり少なくとも30分の時間を請求することができる。

(4) 育児時間を請求しない女性労働者に対しては、育児時間を与えなくてもよい。

(5) 育児時間は、育児時間を請求できる女性労働者が請求する時間に与えなければならない。

問 28 厚生労働省の「労働者の心の健康の保持増進のための指針」に基づくメンタルヘルスケアの実施に関する次の記述のうち、適切でないものはどれか。

(1) 心の健康については、客観的な測定方法が十分確立しておらず、また、心の健康問題の発生過程には個人差が大きく、そのプロセスの把握が難しいという特性がある。

(2) 心の健康づくり計画の実施に当たっては、メンタルヘルス不調を早期に発見する「一次予防」、適切な措置を行う「二次予防」及びメンタルヘルス不調となった労働者の職場復帰支援を行う「三次予防」が円滑に行われるようにする必要がある。

(3) 労働者の心の健康は、職場配置、人事異動、職場の組織などの要因によって影響を受けるため、メンタルヘルスケアは、人事労務管理と連携しなければ、適切に進まない場合が多いことに留意する。

(4) 労働者の心の健康は、職場のストレス要因のみならず、家庭・個人生活などの職場外のストレス要因の影響を受けている場合も多いことに留意する。

(5) メンタルヘルスケアを推進するに当たって、労働者の個人情報を主治医等の医療職や家族から取得する際には、あらかじめこれらの情報を取得する目的を労働者に明らかにして承諾を得るとともに、これらの情報は労働者本人から提出を受けることが望ましい。

問 29　労働者の健康保持増進のために行う健康測定における運動機能検査の項目とその測定種目との組合せとして、誤っているものは次のうちどれか。

(1)　筋力……………………… 握力

(2)　柔軟性……………………… 上体起こし

(3)　平衡性……………………… 閉眼（又は開眼）片足立ち

(4)　敏しょう性………………… 全身反応時間

(5)　全身持久性………………… 最大酸素摂取量

問 30
★　厚生労働省の「情報機器作業における労働衛生管理のためのガイドライン」に関する次の記述のうち、適切でないものはどれか。

(1)　ディスプレイ画面上における照度は、500ルクス以下となるようにしている。

(2)　書類上及びキーボード上における照度は、300ルクス以上となるようにしている。

(3)　ディスプレイ画面の位置、前後の傾き、左右の向き等を調整してグレアを防止している。

(4)　ディスプレイは、おおむね30cm以内の視距離が確保できるようにし、画面の上端を眼の高さよりもやや下になるように設置している。

(5)　1日の情報機器作業の作業時間が4時間未満である労働者については、自覚症状を訴える者についてのみ、情報機器作業に係る定期健康診断の対象としている。

問 31　出血及び止血法並びにその救急処置に関する次の記述のうち、誤っているものはどれか。

(1)　体内の全血液量は、体重の約 13 分の 1 で、その約 3 分の 1 を短時間に失うと生命が危険な状態となる。

(2)　傷口が泥で汚れているときは、手際良く水道水で洗い流す。

(3)　止血法には、直接圧迫法、間接圧迫法などがあるが、一般人が行う応急手当としては直接圧迫法が推奨されている。

(4)　毛細血管性出血は、浅い切り傷のときにみられ、傷口からゆっくり持続的に湧き出るような出血である。

(5)　止血帯を施した後、受傷者を医師に引き継ぐまでに 30 分以上かかる場合には、止血帯を施してから 30 分ごとに 1 〜 2 分間、出血部から血液がにじんでくる程度まで結び目をゆるめる。

問 32　一次救命処置に関する次の記述のうち、誤っているものはどれか。

(1)　傷病者に反応がある場合は、回復体位をとらせて安静にして、経過を観察する。

(2)　一次救命処置は、できる限り単独で行うことは避ける。

(3)　口対口人工呼吸は、傷病者の鼻をつまみ、1 回の吹き込みに 3 秒以上かけて傷病者の胸の盛り上がりが見える程度まで吹き込む。

(4)　胸骨圧迫は、胸が約 5cm 沈む強さで、1 分間に 100 〜 120 回のテンポで行う。

(5)　AED（自動体外式除細動器）による心電図の自動解析の結果、「ショックは不要です」などのメッセージが流れた場合には、すぐに胸骨圧迫を再開し心肺蘇生を続ける。

問 33　細菌性食中毒に関する次の記述のうち、誤っているものはどれか。

(1) サルモネラ菌による食中毒は、食品に付着した菌が食品中で増殖した際に生じる毒素により発症する。
(2) ボツリヌス菌による毒素は、神経毒である。
(3) 黄色ブドウ球菌による毒素は、熱に強い。
(4) 腸炎ビブリオ菌は、病原性好塩菌ともいわれる。
(5) セレウス菌及びカンピロバクターは、いずれも細菌性食中毒の原因菌である。

問 34　厚生労働省の「職場における腰痛予防対策指針」に基づく、重量物取扱い作業における腰痛予防対策に関する次の記述のうち、誤っているものはどれか。

(1) 労働者全員に腰部保護ベルトを使用させる。
(2) 取り扱う物の重量をできるだけ明示し、著しく重心の偏っている荷物は、その旨を明示する。
(3) 重量物を取り扱うときは、急激な身体の移動をなくし、前屈やひねり等の不自然な姿勢はとらず、かつ、身体の重心の移動を少なくする等、できるだけ腰部に負担をかけない姿勢で行う。
(4) 重量物を持ち上げるときには、できるだけ身体を対象物に近づけ、重心を低くするような姿勢をとる。
(5) 重量物取扱い作業に常時従事する労働者に対しては、当該作業に配置する際及びその後6か月以内ごとに1回、定期に、医師による腰痛の健康診断を行う。

（次の科目が免除されている受験者は、問 35 ～問 44 は解答しないでください。）

労 働 生 理

問 35　神経系に関する次の記述のうち、誤っているものはどれか。

(1)　神経系を構成する基本的な単位である神経細胞は、通常、1 個の細胞体、1 本の軸索及び複数の樹状突起から成り、ニューロンともいわれる。

(2)　体性神経は、運動及び感覚に関与し、自律神経は、呼吸、循環などに関与する。

(3)　大脳の皮質は、神経細胞の細胞体が集まっている灰白質で、感覚、思考などの作用を支配する中枢として機能する。

(4)　交感神経系と副交感神経系は、各種臓器において双方の神経線維が分布し、相反する作用を有している。

(5)　交感神経系は、身体の機能をより活動的に調節する働きがあり、心拍数を増加させたり、消化管の運動を亢進する。

問 36　肝臓の機能として、誤っているものは次のうちどれか。

(1)　コレステロールの合成

(2)　尿素の合成

(3)　ビリルビンの分解

(4)　胆汁の生成

(5)　グリコーゲンの合成及び分解

問 37 睡眠などに関する次の記述のうち、誤っているものはどれか。

(1) 睡眠は、睡眠中の目の動きなどによって、レム睡眠とノンレム睡眠に分類される。

(2) 甲状腺ホルモンは、夜間に分泌が上昇するホルモンで、睡眠と覚醒のリズムの調節に関与している。

(3) 睡眠と食事は深く関係しているため、就寝直前の過食は、肥満のほか不眠を招くことになる。

(4) 夜間に働いた後の昼間に睡眠する場合は、一般に、就寝から入眠までの時間が長くなり、睡眠時間が短縮し、睡眠の質も低下する。

(5) 睡眠中には、体温の低下、心拍数の減少などがみられる。

問 38 消化器系に関する次の記述のうち、誤っているものはどれか。

(1) 三大栄養素のうち糖質はブドウ糖などに、蛋白質はアミノ酸に、脂肪は脂肪酸とエチレングリコールに、酵素により分解されて吸収される。

(2) 無機塩、ビタミン類は、酵素による分解を受けないでそのまま吸収される。

(3) 吸収された栄養分は、血液やリンパによって組織に運搬されてエネルギー源などとして利用される。

(4) 胃は、塩酸やペプシノーゲンを分泌して消化を助けるが、水分の吸収はほとんど行わない。

(5) 小腸は、胃に続く全長 6 〜 7m の管状の器官で、十二指腸、空腸及び回腸に分けられる。

問 39 腎臓又は尿に関する次の A から D の記述について、誤っているものの組合せは（1）〜（5）のうちどれか。

A ネフロン（腎単位）は、尿を生成する単位構造で、1 個の腎小体とそれに続く 1 本の尿細管から成り、1 個の腎臓中に約 100 万個ある。

B 尿の約 95％は水分で、約 5％が固形物であるが、その成分は全身の健康状態をよく反映するので、尿検査は健康診断などで広く行われている。

C 腎機能が正常な場合、糖はボウマン嚢中に濾し出されないので尿中には排出されない。

D 腎機能が正常な場合、大部分の蛋白質はボウマン嚢中に濾し出されるが、尿細管でほぼ 100％再吸収されるので、尿中にはほとんど排出されない。

(1) A，B

(2) A，C

(3) A，D

(4) B，C

(5) C，D

問 40 　血液に関する次の記述のうち、正しいものはどれか。

(1) 血漿中の蛋白質のうち、アルブミンは血液の浸透圧の維持に関与している。

(2) 血漿中の水溶性蛋白質であるフィブリンがフィブリノーゲンに変化する現象が、血液の凝集反応である。

(3) 赤血球は、損傷部位から血管外に出ると、血液凝固を促進させる物質を放出する。

(4) 血液中に占める白血球の容積の割合をヘマトクリットといい、感染や炎症があると増加する。

(5) 血小板は、体内に侵入してきた細菌やウイルスを貪食する働きがある。

問 41 　感覚又は感覚器に関する次の記述のうち、誤っているものはどれか。

(1) 眼軸が短過ぎるために、平行光線が網膜の後方で像を結ぶものを遠視という。

(2) 嗅覚と味覚は化学感覚ともいわれ、物質の化学的性質を認知する感覚である。

(3) 温度感覚は、皮膚のほか口腔などの粘膜にも存在し、一般に冷覚の方が温覚よりも鋭敏である。

(4) 深部感覚は、内臓の動きや炎症などを感じて、内臓痛を認識する感覚である。

(5) 中耳にある鼓室は、耳管によって咽頭に通じており、その内圧は外気圧と等しく保たれている。

問 42　抗体に関する次の文中の _____ 内に入れる A から C の語句の組合せとして、適切なものは（1）～（5）のうちどれか。

「抗体とは、体内に入ってきた A に対して B 免疫において作られる C と呼ばれる蛋白質のことで、 A に特異的に結合し、 A の働きを抑える働きがある。」

	A	B	C
(1)	化学物質	体液性	アルブミン
(2)	化学物質	細胞性	免疫グロブリン
(3)	抗原	体液性	アルブミン
(4)	抗原	体液性	免疫グロブリン
(5)	抗原	細胞性	アルブミン

問 43　　代謝に関する次の記述のうち、正しいものはどれか。

(1)　代謝において、細胞に取り入れられた体脂肪、グリコーゲンなどが分解されてエネルギーを発生し、ATP が合成されることを同化という。

(2)　代謝において、体内に摂取された栄養素が、種々の化学反応によって、ATP に蓄えられたエネルギーを用いて、細胞を構成する蛋白質などの生体に必要な物質に合成されることを異化という。

(3)　基礎代謝は、心臓の拍動、呼吸運動、体温保持などに必要な代謝で、基礎代謝量は、覚醒、横臥、安静時の測定値で表される。

(4)　エネルギー代謝率は、一定時間中に体内で消費された酸素と排出された二酸化炭素の容積比で表される。

(5)　エネルギー代謝率は、生理的負担だけでなく、精神的及び感覚的な側面をも考慮した作業強度を表す指標としても用いられる。

令和2年7月〜12月実施分　問題

問 44　　筋肉に関する次の記述のうち、正しいものはどれか。

(1)　横紋筋は、骨に付着して身体の運動の原動力となる筋肉で意志によって動かすことができるが、平滑筋は、心筋などの内臓に存在する筋肉で意志によって動かすことができない。

(2)　筋肉は神経からの刺激によって収縮するが、神経より疲労しにくい。

(3)　荷物を持ち上げたり、屈伸運動を行うときは、筋肉が長さを変えずに外力に抵抗して筋力を発生させる等尺性収縮が生じている。

(4)　強い力を必要とする運動を続けていると、筋肉を構成する個々の筋線維の太さは変わらないが、その数が増えることによって筋肉が太くなり筋力が増強する。

(5)　筋肉自体が収縮して出す最大筋力は、筋肉の断面積 1cm² 当たりの平均値をとると、性差や年齢差がほとんどない。

	1問	正解/出題	得点		1問	正解/出題	得点
関係法令 (有害業務)	8点	問/10問	点	労働衛生 (有害業務以外)	10点	問/ 7問	点
労働衛生 (有害業務)	8点	問/10問	点	労働生理	10点	問/10問	点
関係法令 (有害業務以外)	10点	問/ 7問	点	合計	―	問/44問	点

〈科目(各範囲)ごとの得点が 40%以上で、かつ、合計点 60%以上が合格!〉

関係法令(有害業務)

問1	問2	問3	問4	問5	問6	問7	問8	問9	問10
1	1	1	1	1	1	1	1	1	1
2	2	2	2	2	2	2	2	2	2
3	3	3	3	3	3	3	3	3	3
4	4	4	4	4	4	4	4	4	4
5	5	5	5	5	5	5	5	5	5

労働衛生(有害業務)

問11	問12	問13	問14	問15	問16	問17	問18	問19	問20
1	1	1	1	1	1	1	1	1	1
2	2	2	2	2	2	2	2	2	2
3	3	3	3	3	3	3	3	3	3
4	4	4	4	4	4	4	4	4	4
5	5	5	5	5	5	5	5	5	5

関係法令(有害業務以外)

問21	問22	問23	問24	問25	問26	問27
1	1	1	1	1	1	1
2	2	2	2	2	2	2
3	3	3	3	3	3	3
4	4	4	4	4	4	4
5	5	5	5	5	5	5

労働衛生(有害業務以外)

問28	問29	問30	問31	問32	問33	問34
1	1	1	1	1	1	1
2	2	2	2	2	2	2
3	3	3	3	3	3	3
4	4	4	4	4	4	4
5	5	5	5	5	5	5

労働生理

問35	問36	問37	問38	問39	問40	問41	問42	問43	問44
1	1	1	1	1	1	1	1	1	1
2	2	2	2	2	2	2	2	2	2
3	3	3	3	3	3	3	3	3	3
4	4	4	4	4	4	4	4	4	4
5	5	5	5	5	5	5	5	5	5

この解答用紙はコピーしてお使いください。

令和5年1月～6月実施分　解答一覧

 合格最低正解数と合格最低点数

関係法令（有害業務）	4 問	労働衛生（有害業務以外）	3 問
労働衛生（有害業務）	4 問	労働生理	4 問
関係法令（有害業務以外）	3 問	合格最低点数	240 点

関係法令（有害業務）

問1	問2	問3	問4	問5	問6	問7	問8	問9	問10
2	5	4	4	5	2	4	1	4	4

労働衛生（有害業務）

問11	問12	問13	問14	問15	問16	問17	問18	問19	問20
1	2	3	3	5	1	4	1	2	2

関係法令（有害業務以外）

問21	問22	問23	問24	問25	問26	問27
2	4	4	1	1	2	2

労働衛生（有害業務以外）

問28	問29	問30	問31	問32	問33	問34
1	5	3	3	2	1	2

労働生理

問35	問36	問37	問38	問39	問40	問41	問42	問43	問44
4	1	1	1	3	1	5	1	1	4

令和４年７月〜12月実施分　解答一覧

 合格最低正解数と合格最低点数

関係法令（有害業務）	４問	労働衛生（有害業務以外）	３問
労働衛生（有害業務）	４問	労働生理	４問
関係法令（有害業務以外）	３問	合格最低点数	240点

関係法令(有害業務)

	問1	問2	問3	問4	問5	問6	問7	問8	問9	問10
1	1	1	1	1	1	1	1	**1**	**1**	1
2	2	2	2	2	2	**2**	2	2	2	2
3	3	3	**3**	3	3	3	3	3	3	3
4	4	4	4	**4**	4	4	4	4	4	**4**
5	**5**	**5**	5	5	**5**	5	**5**	5	5	5

労働衛生(有害業務)

	問11	問12	問13	問14	問15	問16	問17	問18	問19	問20
1	1	1	1	1	1	**1**	1	1	1	1
2	2	2	**2**	2	2	2	**2**	2	2	2
3	3	3	3	3	**3**	3	3	3	3	**3**
4	4	4	4	4	4	4	4	4	4	4
5	**5**	5	5	5	5	5	5	5	**5**	5

関係法令(有害業務以外)

	問21	問22	問23	問24	問25	問26	問27
1	1	1	1	**1**	**1**	1	1
2	2	2	2	2	2	2	2
3	**3**	3	3	3	3	3	3
4	4	**4**	**4**	4	4	**4**	**4**
5	5	5	5	5	5	5	5

労働衛生(有害業務以外)

	問28	問29	問30	問31	問32	問33	問34
1	1	1	**1**	1	1	1	1
2	2	**2**	2	**2**	2	2	2
3	3	3	3	3	**3**	3	3
4	**4**	4	4	4	4	**4**	4
5	5	5	5	5	5	5	**5**

労働生理

	問35	問36	問37	問38	問39	問40	問41	問42	問43	問44
1	1	**1**	1	**1**	1	1	1	1	1	1
2	2	2	**2**	2	2	**2**	2	2	2	2
3	**3**	3	3	3	3	3	**3**	3	3	3
4	4	4	4	4	4	4	4	4	4	4
5	5	5	5	5	**5**	5	5	**5**	**5**	**5**

令和4年1月～6月実施分　解答一覧

 合格最低正解数と合格最低点数

関係法令（有害業務）	4問	労働衛生（有害業務以外）	3問
労働衛生（有害業務）	4問	労働生理	4問
関係法令（有害業務以外）	3問	合格最低点数	240点

関係法令（有害業務）

	問1	問2	問3	問4	問5	問6	問7	問8	問9	問10
1	1	1	1	1	1	1	1	1	1	1
2	**2**	**2**	2	2	2	2	2	2	2	**2**
3	3	3	**3**	3	3	3	3	**3**	**3**	3
4	4	4	4	**4**	4	4	4	4	4	4
5	5	5	5	5	**5**	**5**	**5**	5	5	5

労働衛生（有害業務）

	問11	問12	問13	問14	問15	問16	問17	問18	問19	問20
1	1	1	**1**	**1**	**1**	1	1	1	1	**1**
2	2	**2**	2	2	2	2	**2**	2	2	2
3	**3**	3	3	3	3	3	3	**3**	3	3
4	4	4	4	4	4	**4**	4	4	**4**	4
5	5	5	5	5	5	5	5	5	5	5

関係法令（有害業務以外）

	問21	問22	問23	問24	問25	問26	問27
1	**1**	1	**1**	1	**1**	1	1
2	2	2	2	**2**	2	2	**2**
3	3	3	3	3	3	3	3
4	4	**4**	4	4	4	**4**	4
5	5	5	5	5	5	5	5

労働衛生（有害業務以外）

	問28	問29	問30	問31	問32	問33	問34
1	1	1	1	**1**	1	1	1
2	2	**2**	2	2	**2**	2	2
3	**3**	3	**3**	3	3	3	3
4	4	4	4	4	4	**4**	4
5	5	5	5	5	5	5	**5**

労働生理

	問35	問36	問37	問38	問39	問40	問41	問42	問43	問44
1	1	**1**	1	1	1	1	1	1	1	1
2	2	2	2	2	2	2	2	2	2	**2**
3	**3**	3	3	3	**3**	3	3	3	**3**	3
4	4	4	4	4	4	4	**4**	4	4	4
5	5	5	**5**	5	5	**5**	5	5	5	5

合格最低正解数と合格最低点数

関係法令（有害業務）	４問	労働衛生（有害業務以外）	３問
労働衛生（有害業務）	４問	労働生理	４問
関係法令（有害業務以外）	３問	合格最低点数	240点

関係法令（有害業務）

問1	問2	問3	問4	問5	問6	問7	問8	問9	問10
4	3	5	1	5	3	3	4	5	2

労働衛生（有害業務）

問11	問12	問13	問14	問15	問16	問17	問18	問19	問20
1	3	3	2	2	2	4	2	2	2

関係法令（有害業務以外）

問21	問22	問23	問24	問25	問26	問27
4	4	2	5	3	2	4

労働衛生（有害業務以外）

問28	問29	問30	問31	問32	問33	問34
2	2	3	3	1	3	1

労働生理

問35	問36	問37	問38	問39	問40	問41	問42	問43	問44
5	1	2	3	2	4	5	3	5	5

令和３年１月〜６月実施分　解答一覧

 合格最低正解数と合格最低点数

関係法令（有害業務）	4 問	労働衛生（有害業務以外）	3 問
労働衛生（有害業務）	4 問	労働生理	4 問
関係法令（有害業務以外）	3 問	合格最低点数	240 点

関係法令（有害業務）

問1	問2	問3	問4	問5	問6	問7	問8	問9	問10
4	4	5	3	5	3	4	3	2	5

労働衛生（有害業務）

問11	問12	問13	問14	問15	問16	問17	問18	問19	問20
2	3	4	2	2	4	3	1	1	2

関係法令（有害業務以外）

問21	問22	問23	問24	問25	問26	問27
5	4	2	3	5	4	3

労働衛生（有害業務以外）

問28	問29	問30	問31	問32	問33	問34
1	5	4	1	4	3	5

労働生理

問35	問36	問37	問38	問39	問40	問41	問42	問43	問44
5	1	3	1	5	5	4	2	4	4

合格最低正解数と合格最低点数

関係法令（有害業務）	4 問	労働衛生（有害業務以外）	3 問
労働衛生（有害業務）	4 問	労働生理	4 問
関係法令（有害業務以外）	3 問	合格最低点数	240 点

関係法令(有害業務)

問1	問2	問3	問4	問5	問6	問7	問8	問9	問10
4	4	5	1	1	3	1	4	5	5

労働衛生(有害業務)

問11	問12	問13	問14	問15	問16	問17	問18	問19	問20
4	3	1	1	1	4	2	4	1	2

関係法令(有害業務以外)

問21	問22	問23	問24	問25	問26	問27
5	4	2	3	2	4	1

労働衛生(有害業務以外)

問28	問29	問30	問31	問32	問33	問34
2	2	4	4	3	1	1

労働生理

問35	問36	問37	問38	問39	問40	問41	問42	問43	問44
5	3	2	1	5	1	4	4	3	5

本書の正誤情報や法改正情報等は、下記のアドレスでご確認ください。
http://www.s-henshu.info/1ekkm2311/

上記掲載以外の箇所で正誤についてお気づきの場合は、書名・発行日・質問事項（該当ページ・行数・問題番号などと誤りだと思う理由）・氏名・連絡先を明記のうえ、お問い合わせください。
・webからのお問い合わせ：上記アドレス内【正誤情報】へ
・郵便またはFAXでのお問い合わせ：下記住所またはFAX番号へ
※電話でのお問い合わせはお受けできません。

[宛先] コンデックス情報研究所
『詳解 第1種衛生管理者　過去6回問題集 '24年版』係
住所　　〒359-0042　埼玉県所沢市並木3-1-9
FAX番号　04-2995-4362　（10:00〜17:00　土日祝日を除く）

※本書の正誤以外に関するご質問にはお答えいたしかねます。また受験指導などは行っておりません。
※ご質問の受付期限は、2024年11月までの各試験日の10日前必着といたします。
※回答日時の指定はできません。また、ご質問の内容によっては回答まで10日前後お時間をいただく場合があります。
あらかじめご了承ください。

編著：コンデックス情報研究所
平成2年6月設立。法律・福祉・技術・教育分野において、書籍の企画・執筆・編集、大学および通信教育機関との共同教材開発を行っている研究者、実務家、編集者のグループ。

詳解 第1種衛生管理者過去6回問題集 '24年版
2024年1月30日発行

編　著　コンデックス情報研究所

発行者　深見公子

発行所　成美堂出版
　　　　〒162-8445　東京都新宿区新小川町1-7
　　　　電話(03)5206-8151　FAX(03)5206-8159

印　刷　大盛印刷株式会社

©SEIBIDO SHUPPAN 2024　PRINTED IN JAPAN
ISBN978-4-415-23769-5
落丁・乱丁などの不良本はお取り替えします
定価はカバーに表示してあります

'24年版

詳解
第1種衛生管理者
過去6回問題集

別冊

解答・解説編

※矢印の方向に引くと
　解答・解説編が取り外せます。

成美堂出版

略語一覧

労基法‥‥‥‥‥‥‥ 労働基準法

労基則‥‥‥‥‥‥‥ 労働基準法施行規則

女性則‥‥‥‥‥‥‥ 女性労働基準規則

年少則‥‥‥‥‥‥‥ 年少者労働基準規則

安衛法‥‥‥‥‥‥‥ 労働安全衛生法

安衛令‥‥‥‥‥‥‥ 労働安全衛生法施行令

安衛則‥‥‥‥‥‥‥ 労働安全衛生規則

労働者派遣則‥‥‥‥ 労働者派遣法施行規則

事務所則‥‥‥‥‥‥ 事務所衛生基準規則

有機則‥‥‥‥‥‥‥ 有機溶剤中毒予防規則

特化則‥‥‥‥‥‥‥ 特定化学物質障害予防規則

高圧則‥‥‥‥‥‥‥ 高気圧作業安全衛生規則

電離則‥‥‥‥‥‥‥ 電離放射線障害防止規則

酸欠則‥‥‥‥‥‥‥ 酸素欠乏症等防止規則

粉じん則‥‥‥‥‥‥ 粉じん障害防止規則

鉛則‥‥‥‥‥‥‥‥ 鉛中毒予防規則

石綿則‥‥‥‥‥‥‥ 石綿障害予防規則

※試験問題は、試験実施団体である公益財団法人 安全衛生技術試験協会より、半年ごとにその期間内に実施された1回分が公表されます。

本書は2023年10月現在の法令等に基づいて編集しています。
以降も法令等の改正があると予想されますので、最新の法令を参照して、本書を活用してください。

目 次

★：法改正等により、選択肢の内容の正誤が変わり正答となる肢がなくなるなど、問題として成立しないものには問題番号に★をつけ、正答は出題当時の法律等に基づいた解説をしたのち、（注）以下に、現在の法律に照らし合わせた解説を加えました。

関係法令
（有害業務に係るもの）

問1　衛生管理体制
正解（2）

(1) ○　製造業においては、**総括安全衛生管理者**は常時 300 人以上の労働者を使用する事業場で選任義務がある（安衛令2条1号）。

(2) ×　①常時 1,000 人を超える労働者を使用する事業場又は②常時 500 人を超える労働者を使用する事業場で、坑内労働若しくは労基則 18 条各号に掲げる業務に常時 30 人以上の労働者を従事させるものにあっては、衛生管理者のうち少なくとも1人を専任の衛生管理者としなければならない（安衛則7条1項5号）。本問の事業場は、①②のいずれにも該当しないので、誤り。

(3) ○　製造業においては、**第一種衛生管理者免許**若しくは衛生工学衛生管理者免許を有する者又は安衛則 10 条各号に掲げる者のうちから衛生管理者を選任する必要がある（安衛則7条1項3号イ）。

(4) ○　常時 1,000 人以上の労働者を使用する事業場または深夜業、多量の高温物体を取り扱う業務等一定の業務に常時 500 人以上の労働者を従事させる事業場にあっては、その事業場に専属の産業医を選任する必要がある（安衛則 13 条1項3号イ・ヌ）。本問における事業場は、上記いずれの条件も満たしていないので、専属でないものを産業医として選任することができる。

(5) ○　塩素を試験研究のため取り扱う作業を行う業務においては、特定化学物質作業主任者を選任しなくてよい（安衛法 14 条、安衛則 16 条1項、安衛令6条 18 号参照）。

問2　特別の安全衛生教育
正解（5）

(1) ×　**赤外線又は紫外線**にさらされる業務は、当該業務に関する安全又は衛生のための特別の教育を行わなければならない業務には該当しない。

(2) ×　**有機溶剤等**を用いて行う**接着**の業務は、当該業務に関する安全又は衛生のための特別の教育を行わなければならない業務には該当しない。

(3) ×　**塩酸**を用いて行う**分析**の業務は、当該業務に関する安全又は衛生のための特別の教育を行わなければならない業務には該当しない。

(4) ×　**エックス線回折装置**を用いて行う**分析**の業務は、当該業務に関する安全又は衛生のための特別の

教育を行わなければならない業務には該当しない。

(5)○　廃棄物の焼却施設において焼却灰を取り扱う業務は、当該業務に関する安全又は衛生のための特別の教育を行わなければならない業務に該当する（安衛則36条36号）。

問3　労働安全衛生法令の免許
正解（4）

(1)○　潜水士免許は、労働安全衛生法令に定められている（安衛則69条）。

(2)○　高圧室内作業主任者免許は、労働安全衛生法令に定められている（安衛則69条）。

(3)○　エックス線作業主任者免許は、労働安全衛生法令に定められている（安衛則69条）。

(4)×　石綿作業主任者免許は、労働安全衛生法令に定められていない。

(5)○　ガンマ線透過写真撮影作業主任者免許は、労働安全衛生法令に定められている（安衛則69条）。

問4　製造の許可
正解（4）

（1）のアルファーナフチルアミン（安衛法56条1項、安衛令17条、別表第三1号2）、（2）の塩素化ビフェニル（安衛法56条1項、安衛令17条、別表第三1号3）、（3）のオルトートリジン（安衛法56条1項、安衛令17条、別表第三1号4）、（5）のベンゾトリクロリド（安

衛法56条1項、安衛令17条、別表第三1号7）は、製造しようとするとき、厚生労働大臣の許可を必要とするものに該当するが、（4）のオルトートルイジンは、許可を必要とするものには該当しない。

問5　粉じん障害防止規則
正解（5）

A　×　屋内において、耐火物を用いた炉を解体する箇所は、法令上、特定粉じん発生源に該当しない（粉じん則2条1項1号、別表第一19号）。

B　×　屋内の、ガラスを製造する工程において、原料を溶解炉に投げ入れる箇所は、法令上、特定粉じん発生源に該当しない（粉じん則2条1項1号、別表第一12号）。

C　×　屋内において、研磨材を用いて手持式動力工具により金属を研磨する箇所は、法令上、特定粉じん発生源に該当しない（粉じん則2条1項1号、別表第一7号、別表第三6号）。

D　○　屋内において、粉状の炭素製品を袋詰めする箇所は、法令上、特定粉じん発生源に該当する（粉じん則2条1項2号、別表第二9号）。

E　○　屋内において、固定の溶射機により金属を溶射する箇所は、法令上、特定粉じん発生源に該当する（粉じん則2条1項2号、別表第二15号）。

よって、法令上、特定粉じん発生源に該当するものの組合せはD、Eであ

り（5）が正解となる。

問6　有機溶剤中毒予防規則
正解（2）

（1）〇　事業者は、屋内作業場等において、第一種有機溶剤等に係る有機溶剤業務に労働者を従事させるときは、当該有機溶剤業務を行う作業場所に、有機溶剤の蒸気の発散源を密閉する設備、局所排気装置又はプッシュプル型換気装置を設けなければならない（有機則5条）。しかし、作業者に送気マスクや有機ガス用防毒マスク等を使用させる必要はない（有機則33条）。

（2）×　第二種有機溶剤等が付着している物の乾燥の業務を行うときで、外付け式フードの局所排気装置を設ける場合、その制御風速は、側方吸引型・下方吸引型では「0.5m/s」、上方吸引型では「1.0m/s」を出し得る能力を有する必要があるので（有機則16条1項）、本肢の措置は、有機則に違反している。

（3）〇　事業者は、空気清浄装置を設けていない局所排気装置（屋内作業場に設けるものに限る。）の排気口の高さを屋根から1.5メートル以上としなければならない。ただし、当該排気口から排出される有機溶剤の濃度が厚生労働大臣が定める濃度に満たない場合は、この限りでない（有機則15条の2）。

（4）〇　事業者は、常時使用する労働者に対し、原則として、1年以内ごとに1回、定期に、所定の項目について医師による健康診断を行わなければならない（安衛則44条）。ただし、屋内作業場等（第三種有機溶剤等にあっては、タンク等の内部に限る。）における有機溶剤業務のうち、有機則3条1項の場合における同項の業務以外の業務に常時従事する労働者等に対しては、雇入れの際、当該業務への配置替えの際及びその後6月以内ごとに1回、定期に、所定の項目について医師による健康診断を行わなければならない（有機則29条）。

本選択肢における「屋外作業場において有機溶剤含有物を用いて行う塗装の業務に常時従事する労働者」は、有機則29条に規定されている労働者には当たらないため、1年以内ごとに1回、定期に、健康診断を行えばよい。

（5）〇　事業者は、有機溶剤等を入れてあった空容器で有機溶剤の蒸気が発散するおそれのあるものについては、当該容器を密閉するか、又は当該容器を屋外の一定の場所に集積しておけばよいので（有機則36条）、本肢の措置は、有機則に違反していない。

問7　電離放射線障害防止規則
正解（4）

事業者は、管理区域内において放射線業務に従事する労働者（以下「放射

線業務従事者」という。）の受ける実効線量が5年間につき100ミリシーベルトを超えず、かつ、1年間につき50ミリシーベルトを超えないようにしなければならない（電離則4条1項）。また、事業者は、緊急作業を行うときは、当該緊急作業に従事する男性及び妊娠する可能性がないと診断された女性の放射線業務従事者については、4条1項の規定にかかわらず、これらの規定に規定する限度を超えて放射線を受けさせることができる（電離則7条1項）。

よって、（4）が正解となる。

問8 衛生基準
正解（1）

（1）×　事業者は、炭酸ガス濃度が1.5％を超える場所には、関係者以外の者が立ち入ることを禁止し、かつ、その旨を見やすい箇所に表示しなければならない（安衛則585条1項4号）。

（2）○　事業者は、強烈な騒音を発する屋内作業場においては、その伝ぱを防ぐため、隔壁を設ける等必要な措置を講じなければならない（安衛則584条）。

（3）○　事業者は、多筒抄紙機により紙を抄く業務を行う屋内作業場について、6か月以内ごとに1回、定期に、等価騒音レベルを測定しなければならない（安衛則588条8号、590条1項）。

（4）○　事業者は、著しく暑熱又は多湿の作業場においては、坑内等特殊な作業場でやむを得ない事由が

ある場合を除き、休憩の設備を作業場外に設けなければならない（安衛則614条）。

（5）○　事業者は、屋内作業場に多量の熱を放散する溶融炉等があるときは、加熱された空気を直接屋外に排出し、又はその放射するふく射熱から労働者を保護する措置を講じなければならない（安衛則608条）。

問9 作業環境測定
正解（4）

（1）○　事業者は、溶融ガラスからガラス製品を成型する業務を行う屋内作業場において、半月以内ごとに1回、定期に、当該屋内作業場における気温、湿度及びふく射熱を測定しなければならない（安衛法65条1項、安衛令21条2号、安衛則587条8号、607条1項）。

（2）○　事業者は、通気設備が設けられている坑内の作業場について、半月以内ごとに1回、定期に、当該作業場における通気量を測定しなければならない（安衛法65条1項、安衛令21条4号、安衛則589条3号、603条1項）。

（3）○　事業者は、非密封の放射性物質を取り扱う作業室において、その空気中の放射性物質の濃度を1か月以内ごとに1回、定期に、放射線測定器を用いて測定しなければならない（安衛法65条1項、安衛令21条6号、電離則53条2号、55条）。

（4）✕　事業者は、鉛ライニングの業
務を行う屋内作業場において、1
年以内ごとに1回、定期に、空気
中の鉛の濃度を測定しなければな
らない（安衛法65条1項、安衛令
21条8号、別表第四7号、鉛則52
条）。

（5）◯　事業者は、特定粉じん作業を
常時行う屋内作業場について、6
か月以内ごとに1回、定期に、当
該作業場における空気中の粉じん
の濃度を測定しなければならない
（安衛法65条1項、安衛令21条1号、
粉じん則25条、26条1項）。

問10　年少者の就業制限
正解（4）

（1）◯　さく岩機、鋲打機等身体に著
しい振動を与える機械器具を用い
て行う業務は、満18歳に満たな
い者を就かせてはならない業務に
該当する（労基法62条2項、年少
則8条39号）。

（2）◯　著しく寒冷な場所における業
務は、満18歳に満たない者を就
かせてはならない業務に該当する
（労基法62条2項、年少則8条37
号）。

（3）◯　20kgの重量物を継続的に取
り扱う業務は、満18歳に満たな
い者を就かせてはならない業務に
該当する（労基法62条1項、年少
則7条）。

（4）✕　超音波にさらされる業務は、
満18歳に満たない者を就かせて
はならない業務に該当しない。

（5）◯　強烈な騒音を発する場所にお
ける業務は、満18歳に満たない
者を就かせてはならない業務に該
当する（労基法62条2項、年少則
8条40号）。

───── 労働衛生 ─────
（有害業務に係るもの）

問11　化学物質の一般的性質
正解（1）

（1）✕　アクリロニトリル…蒸気：無
色透明で特有の刺激臭をもつ。引
火性及び毒性が強い。

（2）◯　アセトン…蒸気：無色の液体
で、水、アルコール類、ほとんど
の油脂をよく溶かす。常温で高い
揮発性を有し蒸気となる。強い引
火性がある。

（3）◯　アンモニア…ガス：特有の臭
いを持つ無色の気体で、刺激性と
腐食性がある。常温で圧縮するこ
とで液化する。

（4）◯　ホルムアルデヒド…ガス：刺
激臭のある無色の気体で水溶性が
ある。目や鼻を刺激し毒性が強い。

（5）◯　硫酸ジメチル…蒸気：無色の
液体で、悪臭を発する。発がん性
があるため、取り扱いには注意が
必要とされる。

問12　作業管理
正解（2）

作業管理とは、環境を汚染させない、
あるいは有害要因のばく露や作業負荷
を軽減させる作業方法の改善の他、作

業姿勢の適正化や保護具の使用などが含まれる。

選択肢の中で、作業管理に該当するものは、Ａの「作業姿勢の適正化」とＣの「管理区域の設定」である。

よって、（２）が正解となる。ちなみに、Ｂの「吸い込み気流の風速の測定」とＤの「設備の稼働」は作業環境管理、Ｅの「腰痛予防体操の実施」は健康管理に該当する。

問13　化学物質等リスクの低減措置
正解（３）

化学物質等による疾病のリスクの低減措置を検討する場合、以下に掲げる優先順位でリスク低減措置の内容を検討することとなる。

1　危険性または有害性のより低い物質への代替、化学反応のプロセスなどの運転条件の変更、取り扱う化学物質などの形状の変更など、またはこれらの併用によるリスクの低減…選択肢（３）

2　化学物質のための機械設備などの防爆構造化、安全装置の二重化などの工学的対策または化学物質のための機械設備などの密閉化、局所排気装置の設置などの衛生工学的対策…選択肢（１）、（２）

3　作業手順の改善、立入禁止などの管理的対策…選択肢（５）

4　化学物質などの有害性に応じた有効な保護具の使用…選択肢（４）
したがって、（３）が正解となる。

問14　化学物質による健康障害
正解（３）

（１）×　一酸化炭素は、赤血球中のヘモグロビンと結合しやすい。そのため、一酸化炭素を吸入すると血液の酸素運搬能力が下がり、一酸化炭素中毒が起きる。しかし、貧血や溶血などがみられるわけではない。

（２）×　弗化水素による急性中毒では呼吸困難、気管支肺炎、肺水腫などがみられ、慢性中毒では骨硬化症や斑状歯などがみられる。

（３）○　シアン化水素による中毒症状としては、頭痛、めまい、過呼吸、頻脈、けいれん、意識障害などが挙げられる。

（４）×　塩化ビニルによる慢性中毒では、肝血管肉腫、指端骨溶解などがみられる。ちなみに、慢性気管支炎や歯牙酸蝕症などを引き起こすのは、二酸化硫黄である。

（５）×　塩素による中毒では、咽頭痛等の粘膜刺激症状や肺水腫などがみられる。ちなみに、再生不良性貧血、溶血などの造血機能の障害を引き起こすのは、ベンゼンである。

問15　騒音による健康障害
正解（５）

（１）○　騒音計の周波数補正特性は、人が感じる音の大きさに近い音量が測定できるように設定されたもので、Ａ特性で補正した値を使用する。また、その単位はデシベル

(dB）で表される。

（2）○　**騒音性難聴**は、蝸牛内の有毛細胞の変性によって起こる。そして、**初期**には**気付かない**ことが多く、また、**不可逆的な**難聴であるという特徴がある。

（3）○　騒音は聴覚だけでなく、不快感や神経的疲労を生じ自律神経系や内分泌系へも影響を与えるため、**交感神経の活動の亢進**や**副腎皮質ホルモンの分泌の増加**が認められることがある。

（4）○　騒音性難聴では、一般に、会話音域より**高い音域**（4,000Hz付近）から聴力低下が始まる。

（5）×　等価騒音レベルは、測定時間内における変動騒音エネルギーによる**総ばく露量を時間平均**したものである。変動する騒音に対する人間の生理・心理的反応とよく対応するため、作業環境における騒音の大きさを表すのに広く用いられる。

問16　金属などによる健康障害
正解（3）

（1）○　ベリリウムは極めて毒性の高い物質であり、**皮膚炎や深刻な慢性肺疾患**を引き起こし、発がん性もある。

（2）○　マンガンは大脳基底核を変性させ、歩行困難や筋の硬直、震えなど**パーキンソン病**と似た症状を起こさせる。

（3）×　**クロム**は強い酸化力を有しており、代表的な中毒症状としては、

肺がん、上気道がん、鼻中隔穿孔などが挙げられる。

（4）○　**カドミウム**の急性中毒では**上気道炎・肺炎・肺水腫**、慢性中毒では**腎機能障害・骨軟化症**がみられる。

（5）○　**金属水銀**の蒸気を吸入すると**脳に障害**を及ぼし、感情不安定・判断力の低下など**精神障害**や指先の震えなどの症状がみられる。

問17　レーザー光線
正解（1）

（1）×　レーザー光線は、おおむね180nmから1mmまでの波長域にある。

（2）○　レーザー光線は、**単一波長で位相のそろった**指向性の強い人工光線である。

（3）○　レーザー光線はその強い**指向性**や**集束性**から、高密度のエネルギーとして切断、開孔、溶接等各種材料の加工に、また均質な電磁波として計測、通信、情報処理等に、さらに医療等にも利用されている。

（4）○　レーザー光線は、出力パワーによってクラス分類されている。そのうち、出力パワーが最も弱い**クラス1**又は**クラス2**のレーザー光線は、**可視光**のレーザーポインタとして使用されている。

（5）○　レーザー光線にさらされるおそれのある業務は、**クラス分け**に応じた労働衛生上の**対策**を講じる必要がある（「レーザー光線によ

る障害防止対策要綱」)。

問18 作業環境による健康障害
正解（4）

（1）× 潜水業務における減圧症（ベンズ）は、浮上による減圧に伴い、過飽和状態の血液中の「窒素」が気泡化して起こる。血流をブロックすることにより、皮膚のかゆみ、関節痛、神経麻痺などの症状が発生する。

（2）× 熱けいれんは重度の筋肉のけいれんであり、激しい運動等により体内の水分と塩分が失われた際に、水分のみを補給することで体内の塩分濃度が低下することにより発生する。本選択肢は「熱失神」の説明である。

（3）× レイノー現象などの末梢循環障害や手指のしびれ感などの末梢神経障害は、局所振動障害に分類される。

（4）○ 低体温症とは、深部体温が35度を下回る状態を指す。体は体温を常に上げるように代謝反応が生じているが、それを上回る速度で体温が低下することにより低体温症が引き起こされる。低体温症を発症すると、意識の消失や筋の硬直、筋肉の震えといった症状がみられる。

（5）× マイクロ波は、赤外線より波長が長い電磁波で、照射部位の組織を加熱する作用があり、電子レンジ等に用いられている。

問19 局所排気装置等
正解（2）

（1）× 有害物質を取り扱う装置を構造上又は作業上の理由で完全に密閉できない場合は、装置内の圧力を外気圧よりわずかに低くする。

（2）○ 給気量が不足すると排気効果が低下して事故を引き起こす可能性があるので、排気量に見合った給気経路を確保することが重要である。

（3）× 有害物質を発散する作業工程では、密閉化や自動化を局所排気装置などの設置より優先して検討する。

（4）× 局所排気装置を設ける場合、ダクトが太すぎると搬送速度が不足し、細すぎると圧力損失が増大することを考慮して、ダクト径を決める。

（5）× 排風機は、一般に、空気清浄装置の後方（清浄後の空気が通る位置）に設ける。つまり、空気清浄装置は、排風機の前方に設置することとなる。

問20 生物学的モニタリング指標
正解（2）

（1）× トルエンの生物学的モニタリング指標として用いられる尿中の代謝物は、馬尿酸である。

（2）○ キシレンの生物学的モニタリング指標として用いられる尿中の代謝物は、メチル馬尿酸である。

（3）× スチレンの生物学的モニタリング指標として用いられる尿中の

代謝物は、マンデル酸及びフェニルグリオキシル酸の総量である。

(4) × *N,N*－ジメチルホルムアミドの生物学的モニタリング指標として用いられる尿中の代謝物は、N－メチルホルムアミドである。

(5) × 鉛の生物学的モニタリング指標として用いられる尿中の代謝物は、デルターアミノレブリン酸である。

━━ 関係法令 ━━
(有害業務に係るもの以外のもの)

問21 産業医
正解（2）

(1) ○ 事業者は、常時50人以上の労働者を使用する事業場においては、産業医を選任しなければならない（安衛令5条）。

(2) × 常時3,000人を超える労働者を使用する事業場にあっては、2人以上の産業医を選任することとされている（安衛則13条1項4号）。

(3) ○ 重量物の取扱い等重激な業務に常時500人以上の労働者を従事させる事業場にあっては、その事業場に専属の産業医を選任することとされている（安衛則13条1項3号ト）。

(4) ○ 産業医は、少なくとも毎月1回（産業医が、事業者から、毎月1回以上、所定の掲げる情報の提供を受けている場合であって、事業者の同意を得ているときは、少なくとも2か月に1回）作業場等を巡視し、作業方法又は衛生状態に有害のおそれがあるときは、直ちに、労働者の健康障害を防止するため必要な措置を講じなければならない（安衛則15条）。

(5) ○ 産業医は、衛生教育に関することであって、医学に関する専門的知識を必要とする事項について、総括安全衛生管理者に対して勧告することができる（安衛則14条1項、3項）。

問22 衛生委員会
正解（4）

（1）○ 衛生委員会の議長を除く委員の半数については、事業場に労働者の過半数で組織する労働組合があるときにおいてはその労働組合、事業場に労働者の過半数で組織する労働組合がないときは、労働者の過半数を代表する者の推薦に基づき指名しなければならない（安衛法18条4項、17条4項）。

（2）○ 衛生委員会の議長は、原則として、総括安全衛生管理者又はその事業を統括管理するもの若しくはこれに準ずる者のうちから、事業者が指名した者がなるものとされている（安衛法18条4項、17条3項）。

（3）○ 当該事業場の衛生管理者に選任されている者であれば、当該事業場に専属でない労働衛生コンサルタントであっても、衛生委員会の委員としての適格をもつ（安衛法18条2項）。

（4）× 事業者は、当該事業場の労働者で、作業環境測定を実施している作業環境測定士であるものを衛生委員会の委員として指名することができる（安衛法18条3項）。当該事業場の労働者ではない作業環境測定士を、衛生委員会の委員として指名することはできない。

（5）○ 衛生委員会の付議事項には、長時間にわたる労働による労働者の健康障害の防止を図るための対策の樹立に関することが含まれる（安衛法18条1項4号、安衛則22条9号）。

問23 健康診断
正解（4）

（1）○ 医師による健康診断を受けた後、3か月を経過しない者を雇い入れる場合において、その者が当該健康診断の結果を証明する書面を提出したときは、当該健康診断の項目に相当する雇入時の健康診断の項目については、省略することができる（安衛則43条1項）。

（2）○ 事業者は、常時使用する労働者を雇い入れるときは、当該労働者に対し、聴力（1,000Hz及び4,000Hzの音に係る聴力）について医師による健康診断を行わなければならない（安衛則43条3号）。

（3）○ 深夜業を含む業務に常時従事する労働者に対しては、6か月以内ごとに1回、定期に、健康診断を行わなければならないが、胸部エックス線検査については、1年以内ごとに1回でよい（安衛則45条1項）。

（4）× 事業者は、定期健康診断を受けた労働者に対し、遅滞なく、当該健康診断の結果を通知しなければならない（安衛則51条の4）。

（5）○ 事業者は、定期健康診断の結果に基づき、健康診断個人票を作成して、これを5年間保存しなければならない（安衛則51条）。

問24　衛生基準
正解（1）

（1）○　事業者は、常時50人以上又は常時女性30人以上の労働者を使用するときは、労働者が臥床することのできる**休養室又は休養所**を、**男性用**と**女性用**に区別して設けなければならない（安衛則618条）。本選択肢における事業場は、常時使用されている労働者が45人で、うち女性が10人であるため、労働者が臥床することのできる休養室又は休養所を、男性用と女性用に区別して設ける必要はない。

（2）×　事業者は、労働者を常時就業させる屋内作業場の**気積**を、設備の占める容積及び床面から4mを超える高さにある空間を除き、労働者1人について、**10m³以上**としなければならないが（安衛則600条）、本選択肢では、設備の占める容積及び床面から4mを超える高さにある空間を除いた労働者1人当たりの気積が9m³（450m³÷50人）となっているので、衛生基準に違反している。

（3）×　事業者は、日常行う清掃のほか、**大掃除**を、6か月以内ごとに1回、定期に、統一的に行わなければならないので、衛生基準に違反している（安衛則619条1号）。

（4）×　事業者は、事業場に附属する**食堂**の床面積は、食事の際の**1人**について、1m²以上としなければならないので、衛生基準に違反し

ている（安衛則630条2号）。

（5）×　直接外気に向かって開放することのできる**窓**の面積が、常時、**床面積の1/20以上**であれば、換気設備を設けなくてもよい（安衛則601条1項）。本問の場合、窓の面積が床面積の1/25なので、衛生基準に違反している。

問25　ストレスチェック
正解（1）

（1）○　ストレスチェックを受ける労働者について**解雇、昇進又は異動**に関して直接の権限を持つ**監督的地位**にある者は、ストレスチェックの実施の事務に従事しては**ならない**（安衛則52条の10第2項）。

（2）×　検査を受けた**労働者**に対し、当該検査を行った医師等から、遅滞なく、当該検査の結果が通知されるようにしなければならない（安衛則52条の12）。衛生管理者に通知する必要はない。

（3）×　法令上、面接指導を行う医師として、当該事業場の**産業医**を指名しなければならない旨は規定されて**いない**（安衛法66条の10第3項等参照）。

（4）×　事業者は、面接指導の結果に基づき、当該面接指導の結果の記録を作成して、これを**5年間保存**しなければならない（安衛則52条の18第1項）。しかし、面接指導の結果を健康診断個人票に記載する必要は**ない**。

（5）×　事業者は、面接指導の結果に

基づき、当該労働者の健康を保持するために必要な措置について、面接指導が行われた後、**遅滞なく**医師の意見を聴かなければならない（安衛法 66 条の 10 第 5 項、安衛則 52 条の 19）。

問 26　妊産婦の就業制限
正解（2）

（1）◯　時間外・休日労働に関する労使協定を締結し、これを所轄労働基準監督署長に届け出ている場合であっても、**妊産婦が請求した場合**には、**管理監督者等**の場合を除き、**時間外・休日労働**をさせてはならない（労基法 66 条 2 項）。

（2）✕　**フレックスタイム制**を採用している場合には、清算期間を平均し 1 週間当たりの労働時間が 40 時間を超えない範囲において、1 日 **8 時間**又は 1 週 **40 時間**を超えて労働させることができる（労基法 32 条の 3、同 32 条）。

（3）◯　使用者は、**妊産婦**が請求した場合においては、**深夜業**をさせてはならない（労基法 66 条 3 項）。

（4）◯　使用者は、妊娠中の女性が請求した場合においては、他の**軽易な業務**に転換させなければならない（労基法 65 条 3 項）。

（5）◯　使用者は、原則として、産後 8 週間を経過しない女性を就業させてはならない（労基法 65 条 2 項）。

問 27　年次有給休暇
正解（2）

本問のように、いわゆるフルタイム勤務ではない労働者の場合、与えなければならない有給休暇の日数は、下表に掲げるものとなる。

本問における労働者は、週所定労働日数が 4 日で、雇入れの日から起算して 5 年 6 か月継続勤務しているので、（2）の 13 日が正解となる（労基則 24 条の 3 第 3 項）。

問 27 の表

週所定労働日数	1 年間の所定労働日数	雇入れの日から起算した継続勤務期間						
		6 か月	1 年 6 か月	2 年 6 か月	3 年 6 か月	4 年 6 か月	5 年 6 か月	6 年 6 か月以上
4 日	169 日〜216 日	7 日	8 日	9 日	10 日	12 日	13 日	15 日
3 日	121 日〜168 日	5 日	6 日	6 日	8 日	9 日	10 日	11 日
2 日	73 日〜120 日	3 日	4 日	4 日	5 日	6 日	6 日	7 日
1 日	48 日〜72 日	1 日	2 日	2 日	2 日	3 日	3 日	3 日

労働衛生
（有害業務に係るもの以外のもの）

問28　健康診断の検査項目
正解（3）

（1）○　HDLコレステロールは、善玉コレステロールとも呼ばれ、基準値である「40mg/dl」よりも大幅に低値であることは、動脈硬化の危険因子となる。

（2）○　γ－GTPは、正常な肝細胞に含まれており、肝臓の解毒作用に関係する酵素である。肝細胞が障害を受けると血液中に流れ出し、特にアルコールの摂取で高値を示す特徴がある。なお、一般的に、女性は男性より低値を示す傾向がある。

（3）×　ヘモグロビンA1cは、総ヘモグロビン量における糖化ヘモグロビン量を表す値であり、過去1～2か月前の血糖値を反映している。貧血の有無を調べるために利用されるのは、ヘモグロビン濃度などである。

（4）○　尿素窒素（BUN）は、腎臓から排泄される老廃物の一種であり、血液中の値が高くなる場合は、腎臓の機能の低下が考えられる。

（5）○　血清トリグリセライド（中性脂肪）は、食後に値が上昇する脂質で、内臓脂肪が蓄積している者において、空腹時にも高値が持続することはLDLコレステロールの増加、ひいては動脈硬化の危険因子となりうる。

問29　受動喫煙防止対策
正解（5）

A　○　「職場における受動喫煙防止のためのガイドライン」によると、「第一種施設」とは、多数の者が利用する施設のうち、学校、病院、児童福祉施設その他の受動喫煙により健康を損なうおそれが高い者が主として利用する施設として法令に規定するもの並びに国及び地方公共団体の行政機関の庁舎をいい、「原則敷地内禁煙」とされている。

B　○　同ガイドラインによると、「第二種施設」とは、多数の者が利用する施設のうち、第一種施設及び喫煙目的施設以外の施設（一般の事務所や工場、飲食店等も含まれる。）をいい、「原則屋内禁煙」とされている。

C　×　同ガイドラインによると、「第二種施設」において、特定の時間を禁煙とする時間分煙は認められていない。

D　×　同ガイドラインによると、喫煙専用室は、専ら喫煙をする用途で使用されるものであることから、喫煙専用室内で飲食等を行うことは認められないとされている。

よって、誤っているものの組合せはC、Dであり（5）が正解となる。

問30　労働衛生管理統計
正解（1）

（1）×　生体から得られたある指標が正規分布である場合、そのばらつ

きの程度は、**分散及び標準偏差**によって表される。

(2)○ **分散**とは「データがどの程度平均値の周りにばらついているか」を表す指標である。平均値が同じであっても**分散**が異なっていれば、異なった特徴をもつ集団であると評価される。

(3)○ 健康管理統計において、ある時点での検査につき異常がみられた者を有所見者という。また、有所見者の割合を有所見率といい、このように、ある特定時点における特定集団のデータを**静態データ**という。

(4)○ 値を正確に数えることができるものを**計数データ**といい、値を正確に数えることができず連続的なもの(測定器に表示の限界がなければ、小数点以下に無数の数字が表示されうるもの)を、**計量データ**という。健康診断においては、対象人数、受診者数などのデータは**計数データ**に当たり、身長、体重などのデータは**計量データ**に当たる。

(5)○ 相関関係とは、「片方の値が変化すれば、もう片方も同じように変化する関係」のことであり、因果関係とは、「片方の変化が、もう片方に変化を与える関係」のことである。これらを踏まえると、ある事象と健康事象との間に、統計上、相関関係が認められても、それらの変化が偶然の一致である可能性を排除できないため、因果

関係がないこともある。

問31 腰痛予防対策
正解(3)

「職場における腰痛予防対策指針」によると、配置前の健康診断の項目は、以下の通りである。①**既往歴及び業務歴の調査**、②**自覚症状の有無の検査**、③**脊柱の検査**、④**神経学的検査**、⑤**脊柱機能検査**。

よって、適切でないものは(3)の**負荷心電図検査**である。

問32 脳血管障害・虚血性心疾患
正解(2)

(1)○ 虚血性の脳血管障害である脳梗塞は、脳血管**自体**の動脈硬化性病変による「**脳血栓症**」と、心臓や動脈壁(脳血管以外)の血栓が剥がれて脳血管を閉塞する「**脳塞栓症**」に分類される。ちなみに、脳梗塞全体の約3分の2が「**脳血栓症**」とされている。

(2)× **くも膜下出血**は、通常、脳動脈瘤が破れた**直後**に、激しい頭痛で発症する。

(3)○ 心臓の筋肉に血液を送る**冠動脈**が狭くなったり、塞がったりして心筋が酸素不足に陥る状態を**虚血性心疾患**と呼ぶ。

(4)○ **心筋梗塞**は前胸部の激しい痛みが**長時間持続**し顔面は蒼白になり、冷汗が出る。不可逆的な心筋壊死が起こるので安静によって改善することはない。

(5)○ 運動負荷心電図検査は、運動

中や仕事中に**虚血性心疾患である**狭心症・心筋梗塞の症状の疑いが見られる場合、心筋の虚血（酸素が十分供給されない）異常の有無や、不整脈症状、胸痛がある場合に行われる検査である。

問33　食中毒
正解（1）

（1）○　感染型食中毒は、食物に付着している細菌そのものの感染によって起こる。代表的なものとして**サルモネラ菌、腸炎ビブリオ菌**によるものがある。

（2）×　赤身魚などに含まれるヒスチジンが細菌により分解されて生成される**ヒスタミン**は、調理時の加熱等では分解され**ない**。

（3）×　エンテロトキシンは、黄色ブドウ球菌などが産生する毒素である。テトロドトキシンは、フグ毒の主成分で、手足のしびれや呼吸麻痺を起こす。

（4）×　**カンピロバクター**は、**家畜や野生動物**を宿主とする細菌で、腹痛や下痢を起こす。

（5）×　ボツリヌス菌の芽胞は熱に強いため、死滅させるには、120℃で4分以上の加熱が必要とされている。

問34　BMI
正解（2）

BMIの計算式は、**体重（kg）÷{身長（m）}^{2}**である。

よって、本問の場合、BMI ＝ 80 ÷

1.75^2 ＝ 26.122…となり、（2）が最も近い値となる。

―――――　労働生理　―――――

問35　血液
正解（4）

（1）○　血液は、血漿成分（液体）と有形成分（固体）から成っている。また、血液容積の約55％を血漿成分が、約45％を赤血球や白血球、血小板などの有形成分が占めている。

（2）○　血漿中の蛋白質の約60％が**アルブミン**である。アルブミンは血液を正常に循環させる浸透圧の維持と、体内のいろいろな物質と結合して血液による運搬に関わる。

（3）○　**好中球**は、白血球の約60％を占め、異物を認識し、体内に侵入してきた細菌などを貪食する。

（4）×　リンパ球は、血小板ではなく**白血球**の成分でその約30％を占めている。そのうち、皮膚、脾臓、リンパ節、胸腺などに存在するTリンパ球は抗原を認識して活性化し、免疫反応を起こす。また、Bリンパ球は抗体産生に携わっている。

（5）○　血液が損傷部位から血管外に出ると止血作用が働き、これに関与しているのが血小板と有形成分の赤血球を除く血漿中のフィブリノーゲンをはじめとする凝固因子である。凝固はフィブリノーゲン

（線維素原）が蛋白質分解酵素トロンビンによって分解され、不溶性のフィブリン（線維素）に変化して網目状になる現象である。

問36　心臓の働きと血液循環
正解（1）

血液循環には、肺を通る肺循環と、肺以外の体中をめぐる体循環とがある。大動脈・肺静脈には酸素に富む動脈血が、大静脈・肺動脈には二酸化炭素を多く含んだ静脈血が流れている。

体循環：左心室→大動脈→全身の器官・組織の毛細血管→大静脈→右心房

肺循環：右心室→肺動脈→肺の毛細血管→肺静脈→左心房

（1）×　心拍数は、右心房に存在する洞結節からの電気刺激によってコントロールされている。

（2）○　脈拍とは、心臓の筋肉が一定のリズムで収縮すること（心臓の拍動）により、動脈に伝わる周期的な運動のことをいう。脈拍は、皮膚に近い部分にある橈骨動脈で測定することが多い。

（3）○　心臓自体は、大動脈の起始部から出る冠動脈によって酸素や栄養分の供給を受けている。そのため、冠動脈疾患が起こると、心筋への血液供給が遮断されることとなる。

（4）○　本問冒頭の解説を参照。体内

では肺循環と体循環が交互に繰り返されている。

（5）○　本問冒頭の解説を参照。

問37　呼吸
正解（5）

（1）○　肺自体には運動能力がないので、呼吸運動は横隔膜や肋間筋などの呼吸筋の協調運動によって胸郭内容積を周期的に増減し、肺を伸縮させることにより行われる。

（2）○　外肋間筋と横隔膜が同時に収縮し、胸郭内容積を広げて、その内圧を低くすることで肺へ流れ込む空気を吸気という。

（3）○　呼吸は酸素と二酸化炭素のガス交換である。肺では、肺胞へ空気を出し入れし血液中の二酸化炭素と空気中の酸素を交換している。これを外呼吸と呼ぶ。なお、細胞組織において行われるガス交換は内呼吸と呼ぶ。

（4）○　呼吸中枢は主として動脈血の二酸化炭素分圧によって調節されている。血液中に二酸化炭素が増加してくると、呼吸中枢は刺激されて、呼吸が速く深くなる。

（5）×　呼吸中枢は延髄の網様体にあり、ここからの刺激により呼吸に関与する筋肉が支配されている。

問38　消化酵素
正解（1）

炭水化物（糖質）を分解する消化酵素には、マルターゼやアミラーゼが挙げられる。また、脂質を分解する消化

酵素には、リパーゼが挙げられる。そして、蛋白質を分解する消化酵素には、トリプシンやペプシンが挙げられる。よって、正しい組合せは（1）となる。

問39　肝臓
正解（3）

　肝臓は、コレステロールの合成、尿素の合成、胆汁の生成、グリコーゲンの合成や分解等様々な機能を有する臓器である。ヘモグロビンを合成するのは骨髄である。

　したがって、（3）が誤り。

問40　代謝
正解（5）

（1）×　代謝において、細胞に取り入れられた体脂肪やグリコーゲンなどが分解されてエネルギーを発生し、ATPが合成されることを異化という。

（2）×　代謝において、体内に摂取された栄養素が、種々の化学反応によって、ATPに蓄えられたエネルギーを用いて、細胞を構成する蛋白質などの生体に必要な物質に合成されることを同化という。

（3）×　基礎代謝は、心臓の拍動、呼吸運動、体温保持などに必要な代謝で、基礎代謝量は、覚醒した状態で絶対安静を保っているときの測定値で表される。

（4）×　エネルギー代謝率は、（活動時の代謝量）÷（基礎代謝量）で表される。

（5）○　エネルギー代謝率の値は、体

格、性別などの個人差による影響は少なく、同じ作業であれば、ほぼ同じ値となるので、作業の強度をよく表すことができる。しかし、精神的作業や静的筋作業のように、エネルギーを消費しない作業の強度を表す指標としては用いることができない。

問41　筋肉
正解（5）

（1）×　筋肉は、横紋筋と平滑筋の2つに大別される。大部分の横紋筋は意志によって動かすことができる筋肉（随意筋）であり、平滑筋は意志によって動かすことができない筋肉（不随意筋）である。しかし、横紋筋の一種である心筋は、例外的に、意志によって動かすことができない。よって、誤り。

（2）×　筋肉も神経も酸素不足で疲労するが、筋肉の方が疲労しやすい。

（3）×　荷物を持ち上げたり、屈伸運動を行うときは、筋肉の張力と負荷が釣り合いながら短縮したり伸張したりする状態である。これを等張性収縮という。等尺性収縮は筋肉がその長さを変えずに筋力を発生させている状態をいう。手で荷物を同じ位置で持ち続けたり、鉄棒にぶら下がった状態で生じる。

（4）×　負荷のかかる運動を行うと、筋線維に微細な損傷が発生するが適度な休息及び栄養補給で筋線維が修復される。このとき筋線維が

肥大し、運動前より大きな力を発揮できるようになる。これを筋肉の**活動性肥大**という。筋線維の数が増えるのではなく、筋線維の太さが変わる。

(5)○ 刺激に対して意識とは無関係に起こる定型的な反応を**反射**といい、四肢の皮膚に熱いものが触れたときなどに、その肢を体幹に近づけるような反射は屈曲反射と呼ばれる。なお、屈曲反射は、危害から逃れるための反射なので「逃避反射」とも呼ばれている。

問42 聴覚障害
正解（4）

(1)○ **騒音性難聴**は、音を神経に伝達する内耳の聴覚器官の**有毛細胞**の変性によって起こる。慢性的に、激しい騒音にさらされるような環境下で起こりやすい。

(2)○ **耳介**で集められた音は、外耳道を通って鼓膜に伝わる。鼓膜に音が当たって振動すると、その振動が耳小骨で増幅されて**内耳**へと伝えられる。

(3)○ 内耳は聴覚をつかさどる蝸牛と、平衡感覚をつかさどる前庭・半規管で形成されている。蝸牛にはリンパ液が入っていて、耳小骨の振動でリンパ液が揺れ、その揺れを感覚細胞（有毛細胞）が捉えて電気信号に変え、蝸牛神経に伝えている。前庭と半規管の役割については、**(4)**の解説を参照。

(4)× 前庭は体の傾きの方向や大きさを感じ、半規管は体の回転の方向や**速度**を感じる。本選択肢は、これらの説明が逆になっている。

(5)○ 中耳の鼓膜の奥には**鼓室**があり、鼓室は耳管で咽頭とつながっている。鼓膜の内外が同じ圧でないと、鼓膜がうまく振動しないため、鼓室の内圧は外気圧と等しく保たれている。

問43 ストレス
正解（1）

(1)× 外部からの刺激である**ストレッサー**は、ストレス反応が**過大**である場合や**持続的**である場合には、自律神経系と内分泌系を介して、心身の活動を抑圧する。

(2)○ ストレスに伴う心身の反応には、ノルアドレナリン、アドレナリンなどの**カテコールアミン**や**副腎皮質ホルモン**が深く関与している。なお、カテコールアミンの測定は尿検査で、副腎皮質ホルモンの測定は血液検査等で行うことができる。

(3)○ **昇進、転勤、配置替え**など、本人にとって必ずしもマイナスとはいえない事象であっても、それらがストレスの原因となることがある。

(4)○ 職場環境における**騒音**、気温、湿度、**悪臭**などがストレスの原因となることがある。具体的には、騒音にさらされ続けることで自律神経のバランスが崩れること等である。

(5) ○　ストレスにより、高血圧症、狭心症、十二指腸潰瘍などの疾患が生じることがある。例えば、十二指腸潰瘍の場合、ストレスによる血管収縮等が原因となることが知られている。

問44　ホルモンと内分泌器官
正解（4）

(1) ○　ガストリン：胃から分泌され、強い胃酸分泌刺激作用を持つ。

(2) ○　アルドステロン：鉱質コルチコイドとも呼ばれる副腎皮質ホルモンである。体液中の塩類（ナトリウムとカリウム）のバランスを調節する。

(3) ○　パラソルモン：副甲状腺から分泌され血液中のカルシウム濃度を調節する副甲状腺ホルモンである。

(4) ×　コルチゾール：糖質コルチコイドとも呼ばれる副腎皮質ホルモンである。蛋白質を糖に変換（脱アミノ基）して、血糖量の上昇や抗炎症作用、免疫抑制効果がある。内分泌器官は、膵臓ではなく副腎皮質なので誤り。

(5) ○　副腎皮質刺激ホルモン：コルチコトロピンとも呼ばれ、下垂体前葉から分泌されるホルモンである。副腎皮質を活性化し、糖質コルチコイドなどの副腎皮質ホルモンの分泌を促進する働きがある。

令和4年
7月～12月実施分
解答・解説
問題は p.49 ～ p.78

―――― 関係法令 ――――
（有害業務に係るもの）

問1　衛生管理体制
正解（5）
（1）× 深夜業を含む業務や強烈な騒音を発する場所における業務に常時500人以上の労働者を従事させる事業場では、その事業場に**専属の産業医**を選任しなければならないが（安衛則13条1項3号チ・ヌ）、本問の場合これらの業務にそれぞれ400人と30人の労働者が従事しているにとどまるため、専属の産業医を選任する必要はない。

（2）× 常時800人の労働者を使用する製造業の事業場における**衛生管理者の法定選任数は3人**であるので（安衛則7条1項4号）、選任している衛生管理者数の点で違反はなく、誤り。

（3）× 衛生管理者数は3人であり、そのうちの1人である**労働衛生コンサルタントは専属でなくてもよい**ので（安衛則7条1項2号）、違反はなく、誤り。

（4）× 常時500人を超える労働者を使用する事業場で、坑内労働又は労基則18条1号、3号から5号まで若しくは9号に掲げる業務に常時30人以上の労働者を従事させるものにあっては、衛生管理者のうち1人を、衛生工学衛生管理者免許を受けた者のうちから選任することとされている（安衛則7条1項6号）。しかし、本問における「強烈な騒音を発する場所における業務」は労基則18条8号に規定されているものであるため、衛生工学衛生管理者免許を受けた者のうちから選任した衛生管理者がいなくても法令違反には当たらない。

（5）○ 常時500人を超える労働者を使用する事業場で、**強烈な騒音を発する場所における業務**（労基則18条8号）に常時30人以上の労働者を従事させる事業場では、衛生管理者のうち少なくとも1人を**専任**の衛生管理者にしなければならないので（安衛則7条1項5号ロ）、法令に違反している。

問2　作業主任者
正解（5）
A × 水深10m以上の場所における潜水の作業は、法令上、作業主任者を選任しなければならない作業に該当**しない**。

B × セメント製造工程においてセメントを**袋詰め**する作業は、法令上、作業主任者を選任しなければならない作業に該当**しない**。

C ○ 製造工程において**硫酸**を用いて行う洗浄の作業は、法令上、作

業主任者を選任しなければならない作業である（安衛法14条、安衛令6条18号、別表第三3号8）。

D ○ 石炭を入れてあるホッパーの内部における作業は、法令上、作業主任者を選任しなければならない作業である（安衛法14条、安衛令6条21号、別表第六5号）。

よって、法令上、作業主任者の選任が義務付けられているものの組合せは（5）である。

問3 特別の安全衛生教育
正解（3）

（1）○ 石綿等が使用されている建築物の解体等の作業（石綿則4条1項）に係る業務は、当該業務に関する安全又は衛生のための特別の教育を行わなければならない業務である（安衛則36条37号）。

（2）○ 高圧室内作業に係る業務は、当該業務に関する安全又は衛生のための特別の教育を行わなければならない業務である（安衛則36条24号の2）。

（3）× 有機溶剤等を用いて行う接着の業務は、当該業務に関する安全又は衛生のための特別の教育を行わなければならない業務には該当しない。

（4）○ 廃棄物の焼却施設において焼却灰を取り扱う業務は、当該業務に関する安全又は衛生のための特別の教育を行わなければならない業務である（安衛則36条36号）。

（5）○ エックス線装置による透過写真の撮影の業務は、当該業務に関する安全又は衛生のための特別の教育を行わなければならない業務である（安衛則36条28号）。

問4 定期自主検査
正解（5）

（1）× 塩化水素は特定化学物質第三類のため、これを使用する作業場所に局所排気装置を設けていても当該装置に対して定期自主検査を実施する義務はない。

（2）× 金属のアーク溶接作業は粉じん作業に当たるので（粉じん則2条1項1号、別表第一20号の2）、当該作業を行う屋内作業場については、当該作業に係る粉じんを減少させるため全体換気装置による換気等の実施義務が規定されているが（粉じん則5条）、全体換気装置は定期自主検査の実施対象として規定されていない（安衛令15条1項9号）。

（3）× エタノールは、法令で規定されている「特定化学物質」や「有機溶剤」には該当しないため（特化則2条、有機則1条参照）、これを使用する作業場所に局所排気装置を設けていても当該装置に対して定期自主検査を実施する義務はない。

（4）× アンモニアは特定化学物質第三類のため、これを使用する作業場所にプッシュプル型換気装置を設けていても当該装置に対して定期自主検査を実施する義務はな

い。

（5）〇　トルエンは第二種有機溶剤の
ため（有機則１条１項４号イ、安
衛令別表第六の二第 37 号）、これ
を含有する塗料を用いて塗装する
作業場所に局所排気装置を設けた
場合、定期自主検査を実施する義
務が課される（安衛法 45 条１項、
安衛令 15 条１項９号）。

問５　有機溶剤中毒予防規則
正解（４）

（1）〇　事業者は、屋内作業場等にお
いて、第二種有機溶剤等に係る有
機溶剤業務に労働者を従事させる
ときは、当該有機溶剤業務を行う
作業場所に局所排気装置等を設け
なければならないが（有機則５条）、
局所排気装置が、囲い式フードの
場合には、フードの開口面におけ
る最小風速が「0.4m/s」の制御風
速を出し得る能力を有するもので
なければならない（有機則 16 条１
項）。

（2）〇　第二種有機溶剤等の区分につ
いては、黄色で色分けしなければ
ならない（有機則 25 条２項）。

（3）〇　事業者は、屋内作業場等にお
いて有機溶剤業務に労働者を従事
させるときは、有機溶剤により生
ずるおそれのある疾病の種類及び
その症状、有機溶剤等の取扱い上
の注意事項、有機溶剤による中毒
が発生したときの応急処置等を、
見やすい場所に掲示しなければな
らない（有機則 24 条）。

（4）×　事業者は、屋内作業場におい
て第二種有機溶剤等を取り扱う業
務に常時従事する労働者に対し、
雇入れの際、当該業務への配置替
えの際及びその後６か月以内ごと
に１回、定期に、特定の項目につ
いて医師による健康診断を行わな
ければならない（有機則 29 条２項、
安衛令 22 条１項６号）。また、事
業者は、その結果に基づき、有機
溶剤等健康診断個人票を作成し、
これを５年間保存しなければなら
ない（有機則 30 条）。

（5）〇　事業者は、労働者が有機溶剤
により著しく汚染され、又はこれ
を多量に吸入したときは、速やか
に、当該労働者に医師による診察
又は処置を受けさせなければなら
ない（有機則 30 条の４）。

問６　酸素欠乏危険作業
正解（２）

（1）〇　酸素欠乏とは、空気中の酸素
の濃度が 18 パーセント未満であ
る状態をいうとされている（酸欠
則２条１号）。

（2）×　海水が滞留したことのあるピッ
トの内部における作業は、第二
種酸素欠乏危険作業に該当する
（安衛令別表第六３号の３、酸欠則２
条７号、８号）。そして、事業者は、
酸素欠乏危険作業については、第
二種酸素欠乏危険作業にあっては
酸素欠乏・硫化水素危険作業主任
者技能講習を修了した者のうちか
ら、酸素欠乏危険作業主任者を選

任しなければならない（酸欠則11条1項）。

（3）〇　事業者は、第一種酸素欠乏危険作業を行う作業場については、その日の作業を開始する前に、当該作業場における空気中の酸素の濃度を測定しなければならない（酸欠則3条1項）。

（4）〇　事業者は、酸素又は硫化水素の濃度が法定の基準を満たすようにするため、酸素欠乏危険作業を行う場所の換気を行うときは、純酸素を使用してはならない（酸欠則5条1項、2項、3項）。

（5）〇　事業者は、し尿を入れたことのあるポンプを修理する場合で、これを分解する作業に労働者を従事させるときは、硫化水素中毒の防止について必要な知識を有する者のうちから指揮者を選任し、その者に当該作業を指揮させなければならない（酸欠則25条の2第2号）。

問7　じん肺法
正解（5）

（1）〇　じん肺管理区分の管理一は、じん肺健康診断の結果、じん肺の所見がないと認められるものをいうとされている（じん肺法4条2項）。

（2）〇　じん肺管理区分の管理二は、じん肺健康診断の結果、エックス線写真の像が第一型で、じん肺による著しい肺機能の障害がないと認められるものをいうとされている。

（3）〇　事業者は、常時粉じん作業に従事する労働者で、じん肺管理区分が管理二又は管理三であるものに対して、1年以内ごとに1回、定期的に、じん肺健康診断を行わなければならない（じん肺法8条1項2号）。

（4）〇　都道府県労働局長は、法令の規定により、エックス線写真及びじん肺健康診断の結果を証明する書面その他厚生労働省令で定める書面が提出されたときは、これらを基礎として、地方じん肺診査医の診断又は審査により、当該労働者についてじん肺管理区分の決定をするものとする（じん肺法13条2項）。

（5）×　じん肺管理区分が管理四と決定された者及び合併症にかかっていると認められる者は、療養を要するものとする（じん肺法23条）。

問8　衛生基準全般
正解（1）

（1）×　事業者は、硫化水素濃度が10ppmを超える場所に関係者以外の者が立ち入ることについて、禁止する旨を見やすい箇所に表示することその他の方法により禁止するとともに、表示以外の方法により禁止したときは、当該場所が立入禁止である旨を見やすい箇所に表示しなければならない（安衛則585条1項4号）。

（2）〇　事業者は、強烈な騒音を発する屋内作業場においては、その伝

ぱを防ぐため、隔壁を設ける等必要な措置を講じなければならない（安衛則584条）。

（3）○ 事業者は、屋内作業場に**多量の熱**を放散する**溶融炉**等があるときは、加熱された空気を直接屋外に排出し、又はその放射するふく射熱から労働者を**保護する**措置を講じなければならない（安衛則608条）。

（4）○ 事業者は、**病原体**により汚染された排気、排液又は廃棄物については、**消毒、殺菌**等適切な処理をした後に、**排出し、又は廃棄し**なければならない（安衛則581条）。

（5）○ 事業者は、著しく**暑熱、寒冷**又は**多湿**の作業場、有害なガス、蒸気又は粉じんを発散する作業場その他有害な作業場においては、作業場**外**に**休憩**の設備を設けなければならない。ただし、坑内等特殊な作業場でこれによることができないやむを得ない事由があるときは、この限りでない（安衛則614条）。

問9 作業環境測定
正解（1）

（1）× 事業者は、鉛ライニングの業務を行う屋内作業場について、**1年以内ごとに1回**、定期に、空気中における鉛の濃度を測定しなければならない（安衛法65条1項、安衛令21条8号、別表第四7号、鉛則52条1項）。

（2）○ 事業者は、**動力**により駆動さ

れる**ハンマー**を用いる金属の鍛造又は成型の業務を行う屋内作業場について、6か月以内ごとに1回、定期に、等価騒音レベルを測定しなければならない（安衛則588条3号、590条1項）。

（3）○ 第二種有機溶剤等を用いて**塗装**の作業を行う屋内作業場については、**6か月以内ごとに1回**、定期に、空気中における有機溶剤の濃度を測定しなければならない（安衛法65条1項、安衛令21条10号、別表第六の二、有機則28条1項・2項）。

（4）○ 事業者は、**通気設備**が設けられている坑内の作業場について、**半月以内ごとに1回**、定期に、当該作業場における通気量を測定しなければならない（安衛法65条1項、安衛令21条4号、安衛則589条3号、603条1項）。

（5）○ 事業者は、**溶融ガラスからガラス製品**を成型する業務を行う屋内作業場について、**半月以内ごとに1回**、定期に、当該屋内作業場における気温、湿度及びふく射熱を測定しなければならない（安衛法65条1項、安衛令21条2号、安衛則607条1項、587条8号）。

問10 就業制限
正解（4）

（1）○ 使用者は、満18歳に満たない者を、**多量の低温物体**を取り扱う業務及び著しく寒冷な場所における業務に就かせてはならない（労

基法 62 条 1 項、年少則 8 条 37 号）。

（2）〇 使用者は、妊娠中の女性を、異常気圧下における業務に就かせてはならない（労基法 64 条の 3 第 1 項、女性則 2 条 1 項 23 号）。

（3）〇 使用者は、満 18 歳以上で産後 8 週間を経過したが 1 年を経過しない女性が、当該業務に従事しない旨を使用者に申し出た場合、当該女性を著しく暑熱な場所における業務に就かせてはならない（労基法 64 条の 3 第 1 項、女性則 2 条 1 項 20 号、2 項）。

（4）× 使用者は、満 18 歳以上で産後 8 週間を経過したが 1 年を経過しない女性を、さく岩機、鋲打機等身体に著しい振動を与える機械器具を用いて行う業務に就かせてはならない（労基法 64 条の 3 第 1 項、女性則 2 条 1 項 24 号、2 項）。

（5）〇 使用者は、満 18 歳以上で産後 8 週間を経過したが 1 年を経過しない女性が、当該業務に従事しない旨を使用者に申し出た場合、当該女性を、多量の低温物体を取り扱う業務に就かせてはならない（労基法 64 条の 3 第 1 項、女性則 2 条 1 項 21 号、2 項）。なお、申し出がなかった場合には、当該業務に従事させることができる。

━━━━ 労働衛生 ━━━━
（有害業務に係るもの）

問 11　化学物質等リスク低減措置
正解（5）

化学物質等による疾病のリスクの低減措置を検討する場合、以下に掲げる優先順位でリスク低減措置の内容を検討することとなる。

1　危険性または有害性のより低い物質への代替、化学反応のプロセスなどの運転条件の変更、取り扱う化学物質などの形状の変更など、またはこれらの併用によるリスクの低減…選択肢（5）

2　化学物質のための機械設備などの防爆構造化、安全装置の二重化などの工学的対策または化学物質のための機械設備などの密閉化、局所排気装置の設置などの衛生工学的対策…選択肢（1）、（2）

3　作業手順の改善、立入禁止などの管理的対策…選択肢（3）

4　化学物質などの有害性に応じた有効な保護具の使用…選択肢（4）
したがって、（5）が正解となる。

問 12　化学物質の一般的性質
正解（3）

（1）× 塩化ビニル…ガス：プラスチック材料の一種で、原油の精製によって作り出される。熱を加えると形を自由に加工することができる。

（2）× ジクロロベンジジン…粉じん：純粋なものは常温で白色の固

体なので、空気中では**粉じんとして存在する**（注：法令名称はジクロルベンジジン）。

(3)◯ アクリロニトリル…蒸気：無色透明で特有の刺激臭をもつ。引火性及び毒性が強い。

(4)× エチレンオキシド…ガス：無色の気体で、特有の臭気を有する。また、医療機器等の滅菌に用いられる。

(5)× 二酸化マンガン…粉じん：灰黒色の粉末で、酸化剤や乾電池等として利用されている。

問13 潜水作業、高圧室内作業における減圧による健康障害
正解（2）

選択肢のうち、潜水作業、高圧室内作業などの作業における高圧の影響又は高圧環境下から常圧に戻る際の減圧の影響により、**直接に発症する可能性のある健康障害は、酸素中毒、炭酸ガス（二酸化炭素）中毒、窒素酔い、減圧症**である。

一方、**一酸化炭素中毒**は、酸素の供給が不十分な場合における**不完全燃焼**が原因であり、本問のような場合においては、直接に発症しない。よって、(2)が正解となる。

問14 有機溶剤
正解（4）

(1)× 有機溶剤の多くは、揮発性が高く、その蒸気は空気より重い。

(2)× 有機溶剤は脂溶性が高いため、脂肪の多い脳などに入りやすい。

(3)× ノルマルヘキサンによる障害として顕著なものには、**末梢神経障害**がある。

(4)◯ 体内に二硫化炭素が蓄積されると、動脈硬化の進行や、精神障害の発生を引き起こすことがある。

(5)× **N, N–ジメチルホルムアミド**による障害として顕著なものには、頭痛や肝機能障害等がある。

問15 騒音による健康障害
正解（3）

(1)◯ 人が聴くことができる音の周波数を可聴領域といい、同領域はおよそ 20 〜 20,000Hz とされている。

(2)◯ 音圧レベルとは、その音の音圧が基準音圧（20×10^{-6}Pa ＝ 20μPa）の何倍かという値の対数を取って 20 倍した値のことである。また、その単位は**デシベル(dB)**で表される。

(3)× 等価騒音レベルは、測定時間内における変動騒音エネルギーによる総ばく露量を時間平均したものである。変動する騒音に対する人間の生理・心理的反応とよく対応するため、作業環境における騒音の大きさを表すのに広く用いられる。

(4)◯ 騒音性難聴では、一般に、会話音域より高い音域（4,000Hz 付近）から聴力低下が始まる。

(5)◯ 騒音性難聴は、蝸牛内の有毛

細胞の変性によって起こる。蝸牛は、前庭や半規管とともに、**内耳に存在する**。

問16　有害因子等による健康障害
正解（1）

(1) ○　レイノー現象は、振動工具などによる**末梢循環障害**で、血流の悪化による皮膚の色調変化がみられる。また、冬期に発生しやすい。

(2) ×　けい肺は、**結晶シリカ粉じん**による肺の線維増殖性変化で、けい肺結節という線維性の結節が形成される。

(3) ×　金属熱は金属ヒュームを吸入することによって数時間後に悪寒、発熱、関節痛などが現れる症状をいう。高温により体温調節機能が障害を受けたために起こるのではない。

(4) ×　電離放射線による障害には、「**確率的影響**」と「**確定的影響**」がある。前者は、発生する確率が、被ばくした放射線量とともに**増える**という特徴があり、造血器障害（白血病など）が該当する。一方、後者は、放射線量の一定の値（しきい値）を超える被ばくをしなければ発生しないが、しきい値を超えて高線量を受けると、現れる障害の程度が**重くなる**という特徴があり、**中枢神経系障害**などが該当する。本選択肢は、確率的影響の特徴を確定的影響の特徴としている点が誤り。

(5) ×　熱けいれんは重度の筋肉のけいれんであり、激しい運動等により体内の水分と塩分が失われた際に、**水分のみを補給することで体内の塩分濃度が低下することにより発生する**。そのため、熱けいれんを起こした際は、塩分の補給も重要となる。なお、本選択肢は「**熱失神**」の説明である。

問17　化学物質による健康障害
正解（2）

(1) ×　塩素による中毒では、咽頭痛等の**粘膜刺激症状**や肺水腫がみられる。ちなみに、再生不良性貧血、溶血などの造血機能の障害を引き起こすのは、ベンゼンである。

(2) ○　シアン化水素による中毒症状としては、頭痛、めまい、過呼吸、頻脈、呼吸困難、けいれん、意識障害などが挙げられる。

(3) ×　弗化水素による急性中毒では呼吸困難、気管支肺炎、肺水腫などがみられ、慢性中毒では**骨硬化症や斑状歯**などがみられる。

(4) ×　酢酸メチルによる慢性中毒では、眼の刺激や皮膚のひび割れ等がみられる。

(5) ×　二酸化窒素による慢性中毒では、慢性気管支炎、肺気腫、不眠などの症状がみられる。

問18　労働衛生保護具
正解（3）

(1) ○　ガス又は蒸気状の有害物質が粉じん等と混在している作業環境中では、粉じん等を捕集する防じ

ん機能を有する防毒マスクを選択することとされている。

(2) ◯　吸収缶は対象のガスによって色が定められており、有機ガス用は「黒」、一酸化炭素用は「赤」となっている。

(3) ×　ボンベに充てんされた清浄空気を作業者に供給する自給式呼吸器は、**空気呼吸器**である。送気マスクは、離れた場所からホースを通じて清浄な空気を供給する**呼吸用保護具**である。

(4) ◯　遮光保護具は光の波長ごとに遮光能力を規定し、**遮光度番号**が決められている。アーク溶接・切断や、ガス溶接・切断、高炉・転炉・平炉などの高熱作業等、作業の種類に応じて適切な遮光度番号のものを使用する。

(5) ◯　聴覚保護具は作業の性質や騒音の周波数、大きさなどで選択される。正しく装着すれば**耳栓**だけでも騒音を遮音できるが、十分な遮音性能が得られない場合は**イヤーマフ**との**併用**で効果を上げることができる。

問19　特殊健康診断
正解（5）

　特殊健康診断において有害物の体内摂取量を把握する検査として、生物学的モニタリングがあり、**スチレン**については、尿中の**マンデル酸及びフェニルグリオキシル酸**の総量を測定し、鉛については、尿中の**デルタアミノレブリン酸**の量を測定する。

したがって、正しい組み合わせは（5）である。

問20　局所排気装置
正解（3）

(1) ×　ダクトの圧力損失は、その断面積を小さくするほど増大する。

(2) ×　フード開口部の周囲にフランジを設けると、吸引範囲は狭くなるが、**少ない排風量で効果をあげる**ことができる。

(3) ◯　キャノピ型フードは、発生源からの熱による上昇気流を利用して捕捉するもので、**レシーバ式フード**に分類される。なお、このタイプのフードは吸引力が弱いので、有機溶剤にはあまり向かない。

(4) ×　スロット型フードは、発生源からの飛散速度を利用して捕捉するもので、**外付け式フード**に分類される。

(5) ×　空気清浄装置を付設する局所排気装置を設置する場合、排風機は、一般に、空気清浄装置の**後方**（清浄後の空気が通る位置）に設ける。

問21　総括安全衛生管理者
正解（3）

　本問に挙げられている業種のうち、林業、清掃業、建設業、運送業は、常時使用する労働者数が100人以上の事業場において、総括安全衛生管理者の選任が義務付けられている（安衛令2条1号）。一方、燃料小売業は、常時使用する労働者数が300人以上の事業場において、総括安全衛生管理者の選任が義務付けられている（安衛令2条2号）。したがって、（3）が正解となる。

問22　衛生委員会
正解（4）

（1）×　衛生委員会の議長は、総括安全衛生管理者又はその事業を統括管理するもの若しくはこれに準ずる者のうちから、事業者が指名した者がなるものとされている（安衛法18条4項、17条3項）。

（2）×　法令上このような規定は置かれていないため、事業場に専属でない産業医も衛生委員会の委員として指名することができる（安衛法18条2項参照）。

（3）×　当該事業場の衛生管理者に選任されている者であれば、当該事業場に専属でない労働衛生コンサルタントであっても、衛生委員会の委員としての適格をもつ（安衛法18条2項）。

（4）○　事業者は、当該事業場の労働

者で、作業環境測定を実施している作業環境測定士であるものを衛生委員会の委員として指名することができる（安衛法18条3項）。

（5）×　衛生委員会は、毎月1回以上開催するようにし（安衛則23条1項）、事業者は、衛生委員会における議事で重要なものに係る記録を作成して、3年間保存しなければならない（安衛則23条4項）。

問23　健康診断
正解（4）

（1）○　深夜業を含む業務に常時従事する労働者に対しては、6か月以内ごとに1回、定期に、健康診断を行わなければならないが、胸部エックス線検査については、1年以内ごとに1回でよい（安衛則45条1項）。

（2）○　事業者は、常時使用する労働者を雇い入れるときは、当該労働者に対し、聴力（1,000Hz及び4,000Hzの音に係る聴力）について医師による健康診断を行わなければならない（安衛則43条3号）。

（3）○　医師による健康診断を受けた後、3か月を経過しない者を雇い入れる場合において、その者が当該健康診断の結果を証明する書面を提出したときは、当該健康診断の項目に相当する雇入時の健康診断の項目については、省略することができる（安衛則43条1項）。

（4）×　事業者は、定期健康診断を受けた労働者に対し、遅滞なく、当

該健康診断の結果を通知しなければならない（安衛則51条の4）。

(5) ○ 事業者は、定期健康診断の結果に基づき、**健康診断個人票を作成して、これを5年間保存しなければならない**（安衛則51条）。

問24 医師による面接指導
正解（1）

(1) ○ 面接指導の対象となる労働者の要件は、原則として、休憩時間を除き1週間当たり40時間を超えて労働させた場合におけるその超えた時間が1か月当たり80時間を超え、かつ、疲労の蓄積が認められる者であることとする（安衛則52条の2第1項）。

(2) × 事業者は、面接指導を実施するため、**タイムカードによる記録**等の客観的な方法その他の適切な方法により、労働者の**労働時間の状況を把握**しなければならない（安衛法66条の8の3、安衛則52条の7の3第1項）。「監督または管理の地位にある者を除き」とは規定されていない。

(3) × 法令上このような規定は置かれていないため、事業場の産業医でなくても、面接指導を行う医師として事業者が**指定することができる**（安衛法66条の8参照）。

(4) × 事業者は、面接指導の対象となる労働者の要件に該当する労働者から面接指導を受ける旨の申出があったときは、**遅滞なく、面接指導を行わなければならない**（安

衛則52条の3第3項、安衛法66条の8）。

(5) × 事業者は、面接指導の結果に基づき、当該面接指導の結果の記録を作成して、これを5年間保存しなければならない（安衛則52条の18第1項）。

問25 ストレスチェック
正解（1）

ストレスチェックについて、医師及び保健師以外の検査の実施者として法令に定められているのは、「検査を行うために必要な知識についての研修であって厚生労働大臣が定めるものを修了した**歯科医師、看護師、精神保健福祉士又は公認心理師**」（安衛則52条の10第1項3号）である。よって、（1）が正解となる。

問26 労働時間
正解（4）

(1) × 本選択肢は労基法36条に規定されているものであるが、労基法上、本選択肢以外にも、例えば同法32条の2第1項において、「**就業規則その他これに準ずるものにより**」1か月以内の一定の期間を平均し1週間当たりの労働時間が同法32条1項の労働時間を超えない定めをしたときは、1日8時間を超えて労働させることができる。よって、本選択肢は誤り。

(2) × 使用者は、労働時間が6時間を超える場合においては少なくとも45分、8時間を超える場合に

おいては少なくとも１時間の休憩時間を労働時間の途中に与えなければならない（労基法34条１項）。

(3) × 機密の事務を取り扱う労働者については、所轄労働基準監督署長の許可を受けなくても労働時間、休憩及び休日に関する規定は適用されない（労基法41条２号）。

(4) ○ フレックスタイム制の清算期間は、３か月以内の期間に限られる（労基法32条の３第１項２号）。

(5) × 満18歳未満の者については、原則として、時間外・休日労働をさせることはできない（労基法60条１項）。

問27　年次有給休暇
正解（4）

本問のように、いわゆるフルタイム勤務ではない労働者の場合、与えなければならない有給休暇の日数は、下表に掲げるものとなる。

本問における労働者は、週所定労働日数が４日で、雇入れの日から起算して４年６か月継続勤務しているので、（4）の12日が正解となる（労基則24

条の３第３項）。

──── **労働衛生** ────
（有害業務に係るもの以外のもの）

問28　メンタルヘルスケア
正解（4）

A ○ 「労働者の心の健康の保持増進のための指針」4によると、メンタルヘルスケアは、中長期的視点に立って、継続的かつ計画的に行われるようにすることが重要であり、また、その推進に当たっては、事業者が労働者の意見を聴きつつ事業場の実態に則した取組を行うことが必要である。このため、事業者は、衛生委員会等において十分調査審議を行い、心の健康づくり計画を策定することが必要である。また、心の健康づくり計画は、各事業場における労働安全衛生に関する計画の中に位置付けることが望ましいとされている。

B × 同指針3によると、衛生委員会の付議事項として「労働者の精神的健康の保持増進を図るための

問27の表

週所定労働日数	１年間の所定労働日数	雇入れの日から起算した継続勤務期間						
		６か月	１年６か月	２年６か月	３年６か月	４年６か月	５年６か月	６年６か月以上
４日	169日〜216日	７日	８日	９日	10日	12日	13日	15日
３日	121日〜168日	５日	６日	６日	８日	９日	10日	11日
２日	73日〜120日	３日	４日	４日	５日	６日	６日	７日
１日	48日〜72日	１日	２日	２日	２日	３日	３日	３日

対策の樹立に関すること」が規定されており、心の健康づくり計画の策定はもとより、その実施体制の整備等の具体的な実施方策や個人情報の保護に関する規程等の策定等に当たっては、**衛生委員会**等において十分調査審議を行うことが必要であるとされている。

C × 同指針２・５によると、「**セルフケア**」、「**ラインによるケア**」、「**事業場内産業保健スタッフ等によるケア**」及び「**事業場外資源によるケア**」の４つのメンタルヘルスケアが継続的かつ計画的に行われるようにすることが重要であるとされている。

D ○ 同指針５−１（セルフケア）によると、心の健康づくりを推進するためには、労働者自身がストレスに気づき、これに**対処する**ための知識、方法を身につけ、それを**実施する**ことが重要である。ストレスに気づくためには、労働者がストレス要因に対するストレス反応や心の健康について**理解する**とともに、自らのストレスや心の健康状態について正しく**認識**できるようにする必要があるとされている。

よって、誤っているものの組合せは（４）となる。

問29 受動喫煙防止対策
正解（２）

（１）○ 「職場における受動喫煙防止のためのガイドライン」によると、喫煙専用室を設置する場合、出入口において、室外から室内に流入する空気の気流が、0.2m/s 以上であることが必要であるとされている。

（２）× 同ガイドラインには、このような規定は置かれていない。

（３）○ 喫煙専用室を設置する場合、たばこの煙が室内から室外に流出しないよう、**壁、天井**等によって区画されていることが必要であるとされている。

（４）○ 喫煙専用室を設置する場合、たばこの煙が**屋外又は外部**の場所に**排気**されていることが必要であるとされている。

（５）○ 喫煙専用室を設置する場合、出入口の見やすい箇所に必要事項を記載した**標識**を掲示することが必要であるとされている。

問30 労働衛生管理統計
正解（１）

（１）× 生体から得られたある指標が正規分布である場合、そのばらつきの程度は、**分散及び標準偏差**によって表される。

（２）○ 分散とは「データがどの程度平均値の周りにばらついているか」を表す指標である。そのため、集団を比較する際、平均値が同じであっても分散が異なっていれば、**異なった特徴をもつ集団**であると評価される。

（３）○ 健康管理統計において、ある時点での検査につき異常がみられ

た者を有所見者という。また、有所見者の割合を**有所見率**といい、このように、ある特定時点における特定集団のデータを**静態データ**という。

(4) ○ 相関関係とは、「片方の値が変化すれば、もう片方も同じように変化する関係」のことであり、**因果関係**とは、「片方の変化が、もう片方に変化を与える関係」のことである。これらを踏まえると、ある事象と健康事象との間に、統計上、相関関係が認められても、それらの変化が偶然の一致である可能性を排除できないため、因果関係がないこともある。

(5) ○ 値を正確に数えることができるものを**計数データ**といい、値を正確に数えることができず連続的なもの（測定器に表示の限界がなければ、小数点以下に無数の数字が表示されうるもの）を**計量データ**という。対象人数、受診者数などのデータは、値を正確に数えることができる（例：10人）ため、計数データに当たり、身長、体重などのデータは、値を正確に数えることができないため、計量データに当たる。

問31　脳血管障害・虚血性心疾患
正解（2）

(1) ○ 出血性の脳血管障害は、脳表面のくも膜下腔に出血するくも膜下出血、脳実質内に出血する脳出血などに分類される。なお、虚血

性の脳血管障害としては、一過性脳虚血発作、**脳梗塞**などが挙げられる。

(2) × 虚血性の脳血管障害である脳梗塞は、脳血管自体の動脈硬化性病変による**脳血栓症**と、心臓や動脈壁の血栓が剥がれて脳血管を閉塞する**脳塞栓症**に分類される。

(3) ○ 高血圧性脳症は、急激な**血圧上昇**により脳が膨張する病気である。発症は稀だが、症状によっては、**頭痛**、けいれん、意識障害などを引き起こす可能性があり、重い後遺障害が残ることもある。

(4) ○ 虚血性心疾患は、冠動脈の閉塞等により血流障害を起こす病気である。虚血性心疾患は、心筋の一部分に可逆的虚血が起こる**狭心症**と、**不可逆的な心筋壊死が起こる心筋梗塞**とに大別される。

(5) ○ 運動負荷心電図検査は、運動中や仕事中に虚血性心疾患である狭心症・心筋梗塞の症状の疑いがある場合、不整脈症状、胸痛がある場合等に行われる検査である。

問32　食中毒
正解（3）

(1) ○ **黄色ブドウ球菌**による食中毒は、食品中で増殖した時に生じる毒素（エンテロトキシン）により発症する。

(2) ○ **サルモネラ菌**による食中毒は、食物に付着している細菌そのものの感染によって起こる**感染型食中毒**であり、鶏卵が原因となる

ことがある。

（3）× 腸炎ビブリオは熱に**弱い**ため、通常の加熱調理で死滅する。

（4）○ **ボツリヌス菌**は、缶詰、真空包装食品等で増殖する**毒素型**の細菌で、ボツリヌストキシンという**神経毒**を産生し、主に神経症状を呈し致死率が高い。

（5）○ ノロウイルスの失活化には、**煮沸消毒**や**塩素系**の**消毒剤**等が有効である。

問33 感染症
正解（4）

（1）○ 人間の抵抗力が低下した場合は、通常、多くの人には影響を及ぼさない病原体が病気を発症させることがあり、これを**日和見感染**という。日和見感染症の代表例として、トキソプラズマ症などが挙げられる。

（2）○ 感染が成立しても症状が出ない状態を**不顕性感染**という。なお、症状が現れた状態を顕性感染という。

（3）○ 感染が成立し、症状が現れるまでの人を**キャリア**（無症状病原体保有者）といい、感染したことに気付かずに病原体をばらまく感染源になることがある。そのため、感染症対策としてはキャリアへの対応が重要となる。

（4）× 感染源の人が咳やくしゃみをして、唾液などに混じった病原体が飛散することにより感染することを**飛沫感染**といい、インフルエンザや普通感冒の代表的な感染経路である。空気感染とは、飛散して乾燥した病原体（飛沫核）を吸い込むことにより感染することである。

（5）○ インフルエンザウイルスにはA型、B型及びC型の三つの型があるが、流行の原因となるのは、主として、A型及びB型である。なお、A型とB型は12月～3月が主な感染時期であるが、C型の主な感染時期は1月～6月である。

問34 健康保持増進対策
正解（5）

（1）○ 「事業場における労働者の健康保持増進のための指針」3によると、健康保持増進対策の推進に当たっては、事業者が労働者等の**意見**を聴きつつ事業場の実態に即した取組を行うため、労使、産業医、衛生管理者等で構成される**衛生委員会**等を活用して諸項目に取り組むとともに、各項目の内容について関係者に**周知**することが必要であるとされている。

（2）○ 同指針2によると、労働者の健康の保持増進のための具体的措置としては、運動指導、**メンタルヘルスケア**、**栄養指導**、口腔保健指導、保健指導等があり、各事業場の実態に即して措置を実施していくことが必要であるとされている。

（3）○ 同指針2-①によると、健康保持増進措置は、主に生活習慣上

の課題を有する労働者の健康状態の改善を目指すために**個々の労働者**に対して実施するものと、事業場全体の健康状態の改善や健康保持増進に係る取組の活性化等、生活習慣上の課題の有無に関わらず労働者を**集団**として捉えて実施するものがある。事業者はそれぞれの措置の特徴を理解したうえで、これらの措置を効果的に**組み合わせて**健康保持増進対策に取り組むことが望ましいとされている。

（4）〇　同指針3（3）によると、事業者は、事業場における労働者の健康の保持増進に関する課題等を把握し、健康保持増進対策を推進するスタッフ等の専門的な知見も踏まえ、健康保持増進措置を検討するものとする。なお、課題の把握に当たっては、労働者の健康状態等が把握できる**客観的**な数値等を活用することが望ましいとされている。

（5）×　同指針4（2）によると、健康測定とは、健康指導を行うために実施される調査、測定等のことをいい、疾病の**早期発見**に重点をおいた健康診断を活用しつつ、追加で生活状況調査や医学的検査等を実施するものであるとされている。

━━━━━ **労働生理** ━━━━━

問35　呼吸
正解（3）
（1）×　肺自体には運動能力がないので、呼吸運動は**横隔膜**や**肋間筋**などの呼吸筋の協調運動によって胸郭内容積を周期的に増減し、**肺**を伸縮させることにより行われる。

（2）×　呼吸は酸素と二酸化炭素のガス交換である。肺では、肺胞へ空気を出し入れし血液中の二酸化炭素と空気中の酸素を交換している。これを**外呼吸**と呼ぶ。そして細胞組織において行われるガス交換を**内呼吸**と呼ぶ。

（3）〇　通常、成人の呼吸数は1分間に16～20回であるが、食事、入浴、発熱などによって**増加**する。

（4）×　チェーンストークス呼吸とは、**大きな呼吸**と10～20秒程度の無呼吸の周期を繰り返す呼吸のことである。中枢神経系が障害され、呼吸中枢の感受性が低下した場合や脳の低酸素状態の際にみられる。

（5）×　呼吸中枢は主として動脈血の**二酸化炭素分圧**によって調節されている。血液中に二酸化炭素が増加してくると、呼吸中枢は刺激されて、呼吸は**深く**なり、呼吸数は増加する。

問36　心臓の働きと血液循環
正解（1）
　血液循環には、肺を通る**肺循環**と、

肺以外の体中をめぐる**体循環**とがある。大動脈・大静脈には酸素に富む**動脈血**が、大静脈・肺動脈には二酸化炭素を多く含んだ**静脈血**が流れている。

> **体循環**：左心室→大動脈→全身の器官・組織の毛細血管→大静脈→右心房

> **肺循環**：右心室→肺動脈→肺の毛細血管→肺静脈→左心房

(1)× 　自律神経のうち、交感神経は心筋に作用して心拍数と心拍出量を増大させ、副交感神経は心拍数を下げる。しかし、心臓が規則正しく収縮・拡張を繰り返すための電気刺激の**発生**と**伝導**を行っているのは**特殊心筋**（洞房結節、房室結節、房室束、右脚・左脚、プルキンエ線維）であり、刺激伝導系といわれる。自律神経中枢で発生した刺激によるものではない。

(2)○ 　本問冒頭の解説を参照。体内では**肺循環**と**体循環**が交互に繰り返されている。

(3)○ 　本問冒頭の解説を参照。なお、**動脈血**は明るい赤色をしており、**静脈血**は赤黒い色をしている。

(4)○ 　脈拍とは、心臓の筋肉が一定のリズムで収縮すること（心臓の拍動）により、動脈に伝わる周期的な運動のことをいう。脈拍は、皮膚に近い部分にある橈骨動脈で測定することが多い。

(5)○ 　心臓自体は、大動脈の起始部

から出る**冠動脈**によって酸素や栄養分の供給を受けている。なお、冠動脈は左前下行枝、左回旋枝、右冠動脈等から構成されている。

問37　脳
正解（2）

(1)○ 　Aは大脳皮質の**前頭葉**で、一次運動野と呼ばれる。**運動機能中枢**や、**運動性言語中枢**及び**精神機能中枢**がある。

(2)× 　Bは脳梁で、両大脳半球間の**情報伝達**を行う交連線維の束である。小脳は、問題の図のCとDの間にある。

(3)○ 　Cは大脳皮質の**後頭葉**で、一次視覚野とも呼ばれ、**視覚中枢**がある。

(4)○ 　Dは延髄で、呼吸運動、循環器官・消化器官の働きなど、**生命維持**に重要な機能の中枢がある。そのため、延髄に障害が起こると生命が危機にさらされるおそれがある。

(5)○ 　Eは間脳の視床下部で、**自律神経系**の中枢がある。また、間脳の視床下部には、大脳皮質全域の調整の中枢もある。

問38　消化酵素
正解（1）

炭水化物（糖質）を分解する消化酵素には、**マルターゼ**や**アミラーゼ**が挙げられる。また、脂質を分解する消化酵素には、**リパーゼ**が挙げられる。そして、蛋白質を分解する消化酵素には、

トリプシンやペプシンが挙げられる。よって、正しい組合せは（1）となる。

問39　腎臓・泌尿器系
正解（5）

（1）○　血液中の蛋白質や血球は大きいため、**糸球体**からボウマン嚢へは通れず、血液から**蛋白質と血球**を除いた血漿成分が濾し出されることで**原尿**ができる。

（2）○　原尿中の水分、電解質、栄養素などの成分は尿細管において血液中に**再吸収**された後、生成された尿は、腎盂を経て膀胱にたまり体外に排泄される。

（3）○　尿の生成・排出は、体内の水分量やナトリウムなどの**電解質濃度**を調節するとともに生命活動に不要な物質を排泄する。水に溶ける**水溶性物質**は腎臓によって尿中に排泄され、水に溶けにくい**脂溶性物質**は、肝臓で分解、抱合など化学変化を受け、水溶性の代謝物となって尿や胆汁中に排泄される。

（4）○　尿の約95％は**水分**、残りの約5％は**固形物**で、その成分から**健康状態**を判断できるため、健康診断では尿検査が広く行われる。検査において、尿中に蛋白質や糖が含まれていることが判明すると、病気が疑われる。

（5）×　血液中の尿素窒素（BUN）の値が高くなる場合は、腎臓の機能の低下が考えられる。

問40　血液
正解（2）

（1）○　血液は、**血漿成分**（液体）と**有形成分**（固体）から成っている。また、血液容積の約55％を血漿成分が、約45％を**赤血球や白血球、血小板**などの有形成分が占めている。

（2）×　血漿中の蛋白質のうち、**アルブミン**は血液浸透圧の維持に関与し、グロブリンは免疫物質の抗体を含む。

（3）○　ヘマトクリットは血液中に占める**赤血球**の相対的容積であり、男性で約45％、女性で約40％である。貧血になるとその値が減少する。

（4）○　血液が損傷部位から血管外に出ると止血作用が働き、これに関与しているのが血小板と有形成分の赤血球を除く血漿中のフィブリノーゲンをはじめとする凝固因子である。凝固はフィブリノーゲン（線維素原）が蛋白質分解酵素トロンビンによって分解され、不溶性のフィブリン（線維素）に変化して網目状になる現象である。

（5）○　ABO式血液型は、赤血球と血清両方の検査を行い、A型、B型、O型、AB型を決める。赤血球では、A型にはA抗原（凝集原A）、B型にはB抗原（凝集原B）がある。AB型にはA・B両抗原があるが、O型にはA・B抗原のどちらもない。血清には、赤血球と反応する抗体があり、A型にはB抗原と反

応する**抗B抗体**（凝集素β）、B型にはA抗原と反応する**抗A抗体**（凝集素α）がある。O型には抗A・抗Bの両抗体があるが、AB型には抗A・抗B抗体のどちらもない。

問41 感覚・感覚器
正解（3）

（1）○　眼軸が短すぎるため、平行光線が網膜の**後方**で像を結ぶものが**遠視**である。遠視では、近くのものも、遠くのものも見えにくいといった症状が出ることに加え、常時ピントを合わせる必要性があるため、目が疲れやすくなる。

（2）○　化学感覚とは、化学物質が刺激になって生じる**嗅覚**と**味覚**の総称である。嗅覚は気体の状態の化学物質を受容したときに生じる感覚なので、遠隔化学感覚とも呼ばれる。一方、味覚は液体または水溶状態にある化学物質に接触したときに生じる感覚なので、接触化学感覚とも呼ばれる。

（3）×　温度感覚とは、温度刺激の受容によって起こる感覚をいい、**温覚**と**冷覚**の2種に区別される。このうち、皮膚や粘膜などの当該局所の温度より高い温度刺激に対して感じるものを温覚といい、同じく低い温度に対して感じるものを冷覚という。温度感覚を感じる場所は外表上に、温点、冷点として点状に分布しているが、その分布密度は、冷点のほうが温点より2

～10倍も**大きい**。

（4）○　深部感覚とは、位置覚、運動覚、抵抗覚、重量覚により、**身体の各部分の位置**、**運動の状態**、身体に加わる抵抗、重量を感知する感覚である。なお、内臓の動きや炎症などを感じて、内臓痛を認識する感覚は内臓痛覚である。

（5）○　鼓室は、耳管によって咽頭に通じており、その内圧は外気圧と**等しく**保たれている。なお、慢性中耳炎等により、鼓室に異常がみられる場合がある。

問42 免疫
正解（5）

（1）○　**抗原**とは、免疫に関係する細胞によって異物として認識される物質のことである。なお、抗原を体内から除去する物質が**抗体**である。

（2）○　抗原となる物質には、**蛋白質**、**糖質**、毒素などがある。

（3）○　抗原に対する免疫が、逆に、人体の組織や細胞に傷害を与えてしまうことを**アレルギー**といい、反応の種類によって即発性や遅発性に分けることができる。また、主なアレルギー性疾患としては、気管支ぜんそく、アトピー性皮膚炎などがある。

（4）○　免疫の機能が失われたり低下したりすることを**免疫不全**といい、免疫不全になると、感染症にかかりやすくなったり、がんに罹患しやすくなったりする。なお、

免疫不全の発症原因としては、薬や病気などが挙げられる。

(5) × 免疫には、リンパ球が産生する抗体によって病原体を攻撃する**体液性免疫**と、リンパ球などが直接に病原体などを取り込んで排除する**細胞性免疫**の二つがある。

問43 筋肉

正解（5）

(1) × 筋肉は、**横紋筋**と**平滑筋**の2つに大別される。大部分の横紋筋は意志によって動かすことができる筋肉（随意筋）であり、平滑筋は意志によって動かすことができない筋肉（不随意筋）である。しかし、横紋筋の一種である**心筋**は、例外的に、意志によって動かすことができない。よって、誤り。

(2) × 筋肉も神経も酸素不足で疲労するが、筋肉の方が疲労し**やすい**。

(3) × 荷物を持ち上げたり、屈伸運動を行うときは、筋肉の張力と負荷が釣り合いながら短縮したり伸張したりする状態である。これを**等張性収縮**という。**等尺性収縮**は筋肉がその長さを変えずに筋力を発生させている状態をいう。手で荷物を同じ位置で持ち続けたり、鉄棒にぶら下がったりした状態で生じる。

(4) × 負荷のかかる運動を行うと、筋線維に微細な損傷が発生するが適度の休息及び栄養補給で筋線維が修復される。このとき筋線維が肥大し、運動前より大きな力を発揮できるようになる。これを筋肉の**活動性肥大**という。筋線維の**数**が増えるのではなく、筋線維の**太**さが変わる。

(5) ○ 筋肉自体が収縮して出す**最大筋力**は、筋肉の単位断面積当たりの平均値でみると、性差又は年齢差がほとんど**ない**。なお、最大筋力は、1回で持ち上げることの出来る最大重量によって測定する。

問44 睡眠

正解（5）

(1) ○ 睡眠にはレム睡眠とノンレム睡眠がある。これらのうち、入眠の直後には**ノンレム睡眠**が生じ、これが不十分な時には、日中に眠気を催しやすい。

(2) ○ 同一器官に分布していても、交感神経系と副交感神経系の作用はほぼ正反対で、バランスをとって細胞の働きを調節している。日中は交感神経系が優位になり、心拍数や血圧を上げ、消化管の働きを抑えて身体を活動モードにする。睡眠中は**副交感神経系**が優位になり、血圧低下、心拍数減少、消化管の働きを活発にし、身体を**休息**モードに切り替える。

(3) ○ 睡眠と覚醒のリズムは、体内時計により約1日の周期に調節されており、体内時計の周期を外界の24時間周期に適切に同調させることができないために生じる睡眠の障害を、**概日リズム睡眠障害**という。いわゆる「時差ぼけ」や

頻繁な交代勤務等が、同障害の発症原因となりうる。

(4) 〇 就寝直前の過食は**肥満**、**不眠**等の原因となるため、夕食は就寝の2〜3時間前に済ませておくとよいとされている。

(5) × 夜間に分泌が上昇するホルモンで、睡眠と覚醒のリズムの調節に関与しているのは、**メラトニン**である。ちなみに、セクレチンは、十二指腸から分泌される消化管ホルモンである。

— 関係法令 —
（有害業務に係るもの）

問1 衛生管理体制
正解 （2）

（1）〇　常時600人の労働者を使用する製造業の事業場における衛生管理者の法定選任数は3人である（安衛則7条1項4号）。

（2）×　常時500人を超える労働者を使用する事業場で、坑内労働等一定の業務に常時30人以上の労働者を従事させるものは、衛生管理者のうち1人を、**衛生工学衛生管理者免許**を受けた者のうちから選任することとされる（安衛則7条1項6号）。本問の場合、法令所定の業務に常時30人以上の労働者を従事させるわけではないので、衛生管理者のうち1人を、衛生工学衛生管理者免許を受けた者のうちから選任する必要はない。

（3）〇　常時500人を超える労働者を使用する事業場で、**多量の低温物体を取り扱う業務**に常時30人以上の労働者を従事させるものは、衛生管理者のうち少なくとも1人を**専任**の衛生管理者とすることとされる（安衛則7条1項5号ロ）。

（4）〇　常時1,000人以上の労働者を使用する事業場または多量の低温物体を取り扱う業務等一定の業務に常時500人以上の労働者を従事させる事業場にあっては、その事業場に**専属**の産業医を選任する必要がある（安衛則13条1項3号ロ）。本問における事業場は、上記いずれの条件も満たしていないので、専属でないものを産業医として選任することができる。

（5）〇　特定化学物質のうち**第三類物質**を製造する作業においては、**特定化学物質作業主任者**を選任しなければならない（安衛法14条、安衛則16条1項、安衛令6条18号）。

問2 製造の許可
正解 （2）

（1）のオルト - トリジン（安衛法56条1項、安衛令17条、別表第三1号4）、（3）のジアニシジン（安衛法56条1項、安衛令17条、別表第三1号5）、（4）のベリリウム（安衛法56条1項、安衛令17条、別表第三1号6）、（5）のアルファ - ナフチルアミン（安衛法56条1項、安衛令17条、別表第三1号2）は、製造しようとするとき、厚生労働大臣の許可を必要とするものに該当するが、（2）のエチレンオキシド（安衛法57条1項、同57条の2第1項、安衛令18条、同18条の2、別表第九）は、名称を表示・通知すべきものであり、許可を必要とするものには該当しない。

問3　作業環境測定

正解　（3）

(1)○ 　事業者は、非密封の放射性物質を取り扱う作業室において、その空気中の**放射性物質の濃度**を1か月以内ごとに1回、定期に、放射線測定器を用いて測定しなければならない（安衛法65条1項、安衛令21条6号、電離則53条2号、55条）。

(2)○ 　事業者は、チッパーによりチップする業務を行い**著しい騒音**を発する屋内作業場について、6か月以内ごとに1回、定期に、**等価騒音レベル**を測定しなければならない（安衛法65条1項、安衛令21条3号、安衛則588条7号、590条1項）。

(3)× 　事業者は、通気設備が設けられている坑内の作業場について、半月以内ごとに1回、定期に、当該作業場における**通気量**を測定しなければならない（安衛法65条1項、安衛令21条4号、安衛則589条3号、603条1項）。

(4)○ 　鉛蓄電池を製造する工程において鉛等を切断する業務を行う屋内作業場については、**1年以内ごとに1回**、定期に、空気中における**鉛の濃度**を測定しなければならない（安衛法65条1項、鉛則52条1項、安衛令21条8号、別表第四3号）。

(5)○ 　**第二種有機溶剤等**を用いて洗浄の作業を行う屋内作業場については、6か月以内ごとに1回、定期に、空気中における有機溶剤の濃度を測定しなければならない（安衛法65条1項、安衛令21条10号、別表第六の二、有機則28条1項・2項）。

問4　特別の安全衛生教育

正解　（4）

(1)○ 　石綿等が使用されている建築物の**解体**等の作業（石綿則4条1項）に係る業務は、当該業務に関する安全又は衛生のための特別の教育を行わなければならない業務である（安衛則36条37号）。

(2)○ 　潜水作業者への**送気の調節**を行うためのバルブ又はコックを操作する業務は、当該業務に関する安全又は衛生のための特別の教育を行わなければならない業務である（安衛則36条23号）。

(3)○ 　廃棄物の焼却施設において**焼却灰**を取り扱う業務は、当該業務に関する安全又は衛生のための特別の教育を行わなければならない業務である（安衛則36条36号）。

(4)× 　特定化学物質の**第二類物質**を取り扱う作業に係る業務は、当該業務に関する安全又は衛生のための特別の教育を行わなければならない業務には該当しない。

(5)○ 　エックス線装置による透過写真の**撮影**の業務は、当該業務に関する安全又は衛生のための特別の教育を行わなければならない業務である（安衛則36条28号）。

問5　譲渡の制限等
正解　（5）

　譲渡の制限等の対象となる機械等については、安衛法別表第二及び安衛令13条に定められている（安衛法42条、安衛令13条）。

（1）×　聴覚保護具は安衛法別表第二及び安衛令13条のいずれにも該当しない。

（2）×　防振手袋は安衛法別表第二及び安衛令13条のいずれにも該当しない。

（3）×　化学防護服は安衛法別表第二及び安衛令13条のいずれにも該当しない。

（4）×　放射線装置室は安衛法別表第二及び安衛令13条のいずれにも該当しない。

（5）○　排気量40cm³以上の内燃機関を内蔵するチェーンソーは該当する（安衛令13条3項29号）。

問6　石綿障害予防規則
正解　（5）

（1）○　石綿等を取り扱う屋内作業場については、6か月以内ごとに1回、定期に、石綿の空気中における濃度を測定するとともに、測定結果等の記録を40年間保存しなければならない（安衛令21条7号、石綿則36条1項・2項）。

（2）○　石綿等の粉じんが発散する屋内作業場については、局所排気装置等を設けなければならない（石綿則12条1項、21条1号）。局所排気装置については、原則として1年以内ごとに1回、定期に、自主検査を行うとともに（石綿則21条1号、22条1号）、検査の結果等の記録を3年間保存しなければならない（石綿則23条）。

（3）○　事業者は、石綿等の取扱いに伴い石綿の粉じんを発散する場所における業務に常時従事する労働者に対し、雇入れ又は当該業務への配置替えの際及びその後6か月以内ごとに1回、定期に、特別の項目について医師による健康診断を行い、その結果に基づき、石綿健康診断個人票を作成し、これを当該労働者が当該事業場において常時当該業務に従事しないこととなった日から40年間保存しなければならない（石綿則40条1項、41条）。

（4）○　事業者は、石綿等の取扱いに伴い石綿の粉じんを発散する場所において、常時作業に従事する労働者については、1か月を超えない期間ごとに従事した作業の概要及び当該作業に従事した期間等の事項を記録し、これを当該労働者が当該事業場において常時当該作業に従事しないこととなった日から40年間保存しなければならない（石綿則35条）。

（5）×　石綿等を取り扱う事業者が事業を廃止しようとするときは、石綿関係記録等報告書に、石綿等に係る作業の記録、石綿の空気中における濃度測定の記録及び石綿健康診断個人票又はこれらの写しを

添えて、所轄労働基準監督署長に提出するものとする（石綿則49条）。

問7　じん肺
正解　（5）

（1）○　都道府県労働局長は、じん肺健康診断の結果を証明する書面が提出されたときは、地方じん肺診査医の診断又は審査により、当該労働者についてじん肺管理区分の決定をするものとする（じん肺法13条2項）。

（2）○　事業者は、常時粉じん作業に従事する労働者で、じん肺管理区分が管理一であるものに対して、3年以内ごとに1回、定期的に、じん肺健康診断を行わなければならない（じん肺法8条1項1号）。

（3）○　事業者は、常時粉じん作業に従事する労働者で、じん肺管理区分が管理二又は管理三であるものに対して、1年以内ごとに1回、定期的に、じん肺健康診断を行わなければならない（じん肺法8条1項2号）。

（4）○　じん肺管理区分が管理四と決定された者は、療養を要するものとする（じん肺法23条）。

（5）×　事業者は、じん肺健康診断に係る記録及びエックス線写真を7年間保存しなければならない（じん肺法17条2項）。

問8　酸素欠乏症等防止規則
正解　（3）

（1）○　事業者は、汚水を入れたことのあるポンプを修理する場合で、これを分解する作業に労働者を従事させるときは、硫化水素中毒の防止について必要な知識を有する者のうちから指揮者を選任し、作業を指揮させなければならない（酸欠則25条の2第2号）。

（2）○　事業者は、酒類を入れたことのある醸造槽の内部における清掃作業の業務に労働者を就かせるときは、酸素欠乏危険作業に係る特別の教育を行わなければならない（酸欠則12条1項）。

（3）×　事業者は、爆発、酸化等を防止するため、酸素欠乏危険作業を行う場所の換気を行うことができない場合には、空気呼吸器、酸素呼吸器又は送気マスクを備え、労働者に使用させなければならない（酸欠則5条の2第1項）。

（4）○　事業者は、酸素欠乏危険作業に労働者を従事させるときは、常時作業の状況を監視し、異常があったときに直ちにその旨を酸素欠乏危険作業主任者及びその他の関係者に通報する者を置く等異常を早期に把握するために必要な措置を講じなければならない（酸欠則13条）。

（5）○　事業者は、第一鉄塩類を含有している地層に接する地下室の内部における作業に労働者を従事させるときは、酸素欠乏の空気が漏

出するおそれのある箇所を**閉そく**し、酸素欠乏の空気を直接外部へ**放出**することができる設備を設ける等酸素欠乏の空気の流入を防止するための措置を講じなければならない（酸欠則25条、安衛令別表第六1号ロ）。

問9　有機溶剤中毒予防規則
正解　（3）

（1）◯　事業者は、空気清浄装置を設けていない局所排気装置の排気口で、厚生労働大臣が定める濃度以上の有機溶剤を排出するものの高さを屋根から1.5m以上とすればよいので（有機則15条の2第2項）、本肢の措置は、有機則に違反していない。

（2）◯　定期に、有機溶剤の濃度を測定する必要があるのは、**第一種有機溶剤又は第二種有機溶剤**を用いて業務を行う屋内作業場なので（有機則28条2項）、本肢の措置は、有機則に違反していない。

（3）×　第二種有機溶剤等が付着している物の乾燥の業務を行うときで、外付け式フードの局所排気装置を設ける場合、その制御風速は、**側方吸引型・下方吸引型**では「0.5m/s」、**上方吸引型**では「1.0m/s」を出し得る能力を有する必要があるので（有機則16条1項）、本肢の措置は、有機則に違反している。

（4）◯　有機溶剤を用いて行う**試験又は研究**の業務に労働者を従事させるときは、有機溶剤作業主任者を

選任する必要はないので（有機則19条1項）、本肢の措置は、有機則に違反していない。

（5）◯　事業者は、有機溶剤等を入れてあった**空容器**で有機溶剤の蒸気が発散するおそれのあるものについては、当該容器を**密閉**するか、又は当該容器を屋外の一定の場所に**集積**しておけばよいので（有機則36条）、本肢の措置は、有機則に違反していない。

問10　年少者及び女性労働者の危険有害業務の就労制限
正解　（2）

（1）◯　異常気圧下における業務は、満18歳に満たない者を就かせてはならない業務に該当する（労基法62条2項、年少則8条38号）。

（2）×　20kgの重量物を断続的に取り扱う業務は、満18歳に満たない者を就かせてはならない業務に**該当しない**（労基法62条1項、年少則7条参照）。また、満16歳以上18歳未満の女性は25kg以上の重量物を断続的に取り扱う業務に就かせてはならないが（女性則3条、2条1項1号）、20kgの重量物であれば、法令には違反しない。

（3）◯　多量の高熱物体を取り扱う業務は、満18歳に満たない者を就かせてはならない業務に該当する（労基法62条2項、年少則8条36号）。

（4）◯　著しく寒冷な場所における業

務は、満18歳に満たない者を就かせてはならない業務に該当する（労基法62条2項、年少則8条37号）。

（5）○　土石、獣毛等のじんあい又は**粉末**を著しく飛散する場所における業務は、満18歳に満たない者を就かせてはならない業務に該当する（労基法62条2項、年少則8条34号）。

労働衛生
（有害業務に係るもの）

問11　化学物質の一般的性質
正解　（3）

（1）×　塩化ビニル…**ガス**：プラスチック材料の一種で、原油の精製によって作り出される。熱を加えると形を自由に加工することができる。

（2）×　ジクロロベンジジン…**粉じん**：純粋なものは常温で白色の固体なので、空気中では粉じんとして存在する（注：法令名称はジクロルベンジジン）。

（3）○　アクリロニトリル…**蒸気**：無色透明で特有の刺激臭をもつ。引火性及び毒性が強い。

（4）×　硫化水素…**ガス**：無色の有毒ガスであり、腐卵臭がある。空気中では淡青色の炎をあげて燃える。

（5）×　アンモニア…**ガス**：特有の臭いを持つ無色の気体で、刺激性と腐食性がある。常温で圧縮するこ

とで液化する。

問12　リスクの見積り
正解　（2）

厚生労働省の「化学物質等による危険性又は有害性等の調査等に関する指針」において、リスクの見積り方法が示されている。その1つが、①**発生可能性**及び②**重篤度**を考慮する方法であり、具体的には、以下の（ア）～（エ）に掲げるようなものである。

（ア）①及び②を相対的に尺度化し、それらを**縦軸**と**横軸**とし、あらかじめ①及び②に応じてリスクが割り付けられた表を使用してリスクを見積もる方法

（イ）①及び②を一定の尺度によりそれぞれ数値化し、それらを**加算**又は**乗算**等してリスクを見積もる方法

（ウ）①及び②を段階的に**分岐**していくことによりリスクを見積もる方法

（エ）ILOの化学物質リスク簡易評価法（**コントロール・バンディング**）等を用いてリスクを見積もる方法

また、他には、当該業務に従事する労働者が化学物質等（リスクアセスメント対象物）にさらされる程度（**ばく露の程度**）及び当該化学物質等（リスクアセスメント対象物）の**有害性**の程度を考慮する方法があり、具体的には、以下の（オ）に掲げるようなものである。

（オ）対象の化学物質等（リスクアセスメント対象物）への労働者のばく露の程度及び当該化学物質等による有害性を相対的に尺度化し、それらを**縦軸**と**横軸**とし、あらかじめばく露の程度

及び有害性の程度に応じてリスクが割り付けられた表を使用してリスクを見積もる方法

(1) ○　解説（ア）を参照。この方法は**マトリクス法**と呼ばれている。

(2) ×　解説を参照。「取り扱う化学物質等の年間の取扱量及び作業時間」ではなく、「**発生可能性及び重篤度**」である。

(3) ○　解説（ウ）を参照。この方法は「**枝分かれ図**」を用いた方法である。

(4) ○　解説（エ）を参照。

(5) ○　解説（オ）を参照。この方法は「**尺度化した表**」を用いる方法である。

なお、令和6年4月1日に改正指針が施行され、政令で定める通知対象物を「リスクアセスメント対象物」とする等の変更があるが、リスクの見積り方法に変更は無い。

問13　粉じんによる健康障害
正解　（1）

(1) ×　じん肺は、粉じんを吸入することによって肺に生じた**線維増殖性変化**を主体とする疾病である。進行すると呼吸困難などの症状がでる。

(2) ○　じん肺は**肺結核**、**気管支炎**、**続発性気胸**、**肺がん**などの合併症を引き起こしやすい。

(3) ○　アルミニウムやその化合物を原因とするじん肺を**アルミニウム肺**という。

(4) ○　**溶接工肺**は、溶接作業によっ

て生じる酸化鉄ヒュームを吸入することによって発生する職業性健康障害で、じん肺の一種である。

(5) ○　炭素を含む粉じんを吸入すると、じん肺を起こすことがある。

問14　電離放射線
正解　（3）

(1) ○　電離放射線には、**電磁波**（ガンマ線、エックス線など）と**粒子線**（陽子線、速中性子線、重粒子線など）がある。

(2) ○　放射線には、**自然放射線**と**人工放射線**があり、ガンマ線は自然放射線に、エックス線は人工放射線にそれぞれ分類される。また、ガンマ線やエックス線が電磁波であることについては、（1）の解説で記したとおりである。

(3) ×　紫外線の波長は $10 \sim 400\mathrm{nm}$ 程度であるのに対し、エックス線の波長は $1\mathrm{pm} \sim 10\mathrm{nm}$ 程度であるため、エックス線の波長は紫外線の波長より**短い**。

(4) ○　電離放射線の被ばくによる身体的影響のうち、白内障やがん、白血病は**晩発障害**に分類される。また、白内障は、被ばく後、10年以上経過してから発症することもある。

(5) ○　陽子の数は同じで、中性子の数が異なっている元素のことを**同位元素**（アイソトープ）という。また、同位元素の中で、陽子の数と中性子の数の兼ね合いから原子核が不安定になるものは、外にエ

ネルギーを放出して安定になろうとする。この時、外に出てくるものが放射線であり、同位元素のなかで放射線を出すものを特に**放射性同位元素**（ラジオアイソトープ）という。

問 15　有害要因による健康障害
正解　（1）

（1）○　凍瘡はいわゆる「しもやけ」のことであり、寒冷による**血行障害**が原因で、炎症や浮腫が起こる。

（2）×　電離放射線による障害には、「**確率的影響**」と「**確定的影響**」がある。前者は、発生する確率が、被ばくした放射線量と**ともに増える**という特徴があり、造血器障害（白血病など）が該当する。一方、後者は、放射線量の一定の値（**しきい値**）を超える被ばくをしなければ発生しないが、しきい値を超えて高線量を受けると、現れる障害の程度が重くなるという特徴があり、中枢神経系障害などが該当する。本選択肢は、確率的影響の特徴を確定的影響の特徴としている点が誤り。

（3）×　金属熱は金属ヒュームを吸入することによって数時間後に悪寒、発熱、関節痛などが現れる症状をいう。高温により体温調節機能が障害を受けたために起こるのではない。

（4）×　窒素ガスで置換したタンク内の空気など、ほとんど無酸素状態の空気を吸入すると、意識は**数秒**以内に消失し、この状態が3〜5分以上継続すると、仮に自己心拍が再開しても脳障害を生じることとなる。

（5）×　潜水業務における**減圧症**（ベンズ）は、浮上による減圧に伴い、過飽和状態の血液中の「**窒素**」が気泡化して起こる。血流をブロックすることにより、皮膚のかゆみ、関節痛、神経麻痺などの症状が発生する。

問 16　化学物質による健康障害
正解　（4）

（1）○　一酸化炭素は、赤血球中のヘモグロビンと結合しやすい。そのため、一酸化炭素を吸入すると血液の酸素運搬能力が下がり、一酸化炭素中毒が起きる。

（2）○　シアン化水素による中毒症状としては、頭痛、めまい、**過呼吸**、頻脈、けいれん、意識障害などが挙げられる。

（3）○　硫化水素中毒は脳神経細胞障害を起こし、**意識消失**や**呼吸麻痺**がみられる。

（4）×　塩化ビニルによる慢性中毒では、**肝血管肉腫**、指端骨溶解などがみられる。ちなみに、慢性気管支炎や歯牙酸蝕症などを引き起こすのは、**二酸化硫黄**である。

（5）○　弗化水素による急性中毒では**呼吸困難**、気管支肺炎、肺水腫などがみられ、慢性中毒では**骨硬化症**や斑状歯などがみられる。

問17　労働衛生保護具
正解　（3）

(1) × 　保護めがねは、紫外線などの**有害光線**による眼の障害に加え、**飛散粒子、薬品の飛沫**などによる障害を防ぐ目的で使用するものである。

(2) × 　保護クリームは、皮膚の露出部に塗布して、作業中に有害な物質が直接皮膚に付着しないようにする目的で使用するものであるが、有害性の強い化学物質を直接素手で取り扱うときには、必ず使用するというわけではない。

(3) ○ 　**防じんマスク**の機能や性能は用途によって異なるので、作業の際は目的に合ったものを選択し、高濃度の粉じんのばく露のおそれがあるときは、できるだけ粉じんの捕集効率が高く、かつ、排気弁の動的漏れ率が**低い**ものを選ぶことが重要である。

(4) × 　防じんマスクや防毒マスクなどの、ろ過式の呼吸用保護具は、ガスの種類、濃度及び酸素濃度によって使用限度がある。多種類の対象ガスに有効なものはないので、2種類以上の有毒ガスが混在している場合やガスの種類が不明の場合は、**送気マスクや自給式呼吸器**など給気式のものを用いる。

(5) × 　エアラインマスクは、**ホース**を通じ、装着者に新鮮な空気を供給するための呼吸保護具であり、**送気マスク**とも呼ばれているものである。

問18　金属による健康障害
正解　（3）

(1) ○ 　金属水銀の蒸気を吸入すると脳に障害を及ぼし、感情不安定・判断力の低下など精神障害や指先の震えなどの症状がみられる。

(2) ○ 　**鉛中毒**では、まず貧血がよく起こる。末梢神経障害としては手足のしびれ、こむらがえり、関節痛、筋肉痛などがある。特徴的なのは**鉛疝痛**といわれる腹痛である。

(3) × 　マンガンは大脳基底核を変性させ、歩行困難や筋の硬直、震えなど**パーキンソン病**と似た症状を起こさせる。

(4) ○ 　**カドミウム**の急性中毒では**上気道炎・肺炎・肺水腫**、慢性中毒では**腎機能障害・骨軟化症**がみられる。

(5) ○ 　**砒素中毒**の症状は多岐にわたるが、代表的なものには、多臓器不全のほか、角化症、黒皮症などの**皮膚障害、鼻中隔穿孔**などがある。

問19　局所排気装置
正解　（2）

(1) × 　ダクトの圧力損失は、その断面積を**小さく**するほど増大する。「大きく」ではない。

(2) ○ 　フード開口部の周囲に**フランジ**を設けると、吸引範囲は狭くなるが、**少ない排風量で効果をあげる**ことができる。

(3) × 　ドラフトチェンバ型フード

は、小窓のある作業面以外が囲まれているもので、**囲い式フード**に分類される。

(4)× スロット型フードは、発生源からの飛散速度を利用して捕捉するもので、**外付け式フード**に分類される。

(5)× 空気清浄装置を付設する局所排気装置を設置する場合、排風機は、一般に、空気清浄装置の後方（清浄後の空気が通る位置）に設ける。

問20 特殊健康診断
正解（1）

特殊健康診断において有害物の体内摂取量を把握する検査として、生物学的モニタリングがあり、ノルマルヘキサンについては、尿中の［A 2,5-ヘキサンジオン］の量を測定し、［B 鉛］については、［C 尿］中のデルタアミノレブリン酸の量を測定する。

したがって、正しい組合せは（1）である。

──── 関係法令 ────
（有害業務に係るもの以外のもの）

問21 総括安全衛生管理者
正解（1）

(1)× 総括安全衛生管理者は、当該事業場においてその事業の実施を**統括管理**する者をもって充てなければならない（安衛法10条2項）。「これに準ずる者」は含まれていないので誤り。

(2)○ 都道府県労働局長は、労働災

害を防止するため必要があると認めるときは、総括安全衛生管理者の業務の執行について事業者に勧告することができる（安衛法10条3項）。

(3)○ 総括安全衛生管理者の選任は、総括安全衛生管理者を選任すべき事由が発生した日から14日以内に行わなければならない（安衛則2条1項）。

(4)○ 事業者は、総括安全衛生管理者を選任したときは、**遅滞なく**、選任報告書を、所轄労働基準監督署長に提出しなければならない（安衛則2条2項）。

(5)○ **危険性**又は**有害性**等の調査及びその結果に基づき講ずる措置に関することは、総括安全衛生管理者が統括管理する業務のうちの一つである（安衛則3条の2第2号）。

問22 産業医
正解（4）

(1)○ 常時50人以上の労働者を使用する事業場においては、厚生労働大臣の指定する者（法人に限る。）が行う産業医研修の修了者等、所定の要件を備えた医師を産業医として選任しなければならない（安衛法13条1項・2項、安衛令5条、安衛則14条2項）。しかし、事業場においてその事業の実施を**統括管理**する者は、産業医として選任することが**できない**（安衛則13条1項2号ハ）。

(2)○ 産業医は、少なくとも毎月1

回（産業医が、事業者から、**毎月1回以上、所定の掲げる情報の提供を受けている**場合であって、事業者の同意を得ているときは、少なくとも**2か月に1回**）作業場等を巡視し、作業方法又は衛生状態に有害のおそれがあるときは、直ちに、労働者の健康障害を防止するため必要な措置を講じなければならない（安衛則15条）。

（3）○　事業者は、産業医が辞任したとき又は産業医を解任したときは、**遅滞なく**、その旨及びその理由を衛生委員会又は安全衛生委員会に報告しなければならない（安衛則13条4項）。

（4）×　このような規定は置かれて**いない**。なお、事業者は、総括安全衛生管理者が旅行、疾病、事故その他やむを得ない事由によって職務を行うことができないときは、**代理**を選任しなければならない（安衛則3条）ことに注意。

（5）○　事業者が産業医に付与すべき権限には、安衛則14条1項各号に掲げる事項（労働者の健康管理等）を実施するために必要な情報を労働者から**収集**することが含まれている（安衛則14条の4第2項2号）。

問23　定期健康診断
正解　（1）
定期健康診断項目のうち、厚生労働大臣が定める基準に基づき、医師が必要でないと認めるときは省略すること

ができる項目については、安衛則44条2項に規定が置かれている。本問の選択肢のうち、腹囲の検査、胸部エックス線検査、心電図検査、血中脂質検査については省略できるが、**自覚症状の有無の検査**については省略**できない**。

したがって、（1）が正解となる。

問24　面接指導
正解　（2）
（1）×　面接指導の対象となる労働者の要件は、原則として、休憩時間を除き1週間当たり40時間を超えて労働させた場合におけるその超えた時間が1か月当たり80時間を超え、かつ、疲労の蓄積が認められる者であることとする（安衛則52条の2第1項）。

（2）○　事業者は、面接指導を実施するため、**タイムカードによる記録**等の客観的な方法その他の適切な方法により、労働者の労働時間の状況を把握しなければならない（安衛法66条の8の3、安衛則52条の7の3第1項）。

（3）×　事業者は、面接指導の結果に基づき、当該面接指導の結果の記録を作成して、これを**5年間保存**しなければならない（安衛則52条の18第1項）。しかし、面接指導の結果を健康診断個人票に記載する必要は**ない**。

（4）×　事業者は、面接指導の結果に基づき、当該労働者の健康を保持するために必要な措置について、面接指導が行われた後、**遅滞なく**

医師の意見を聴かなければならない（安衛法66条の10第5項、安衛則52条の19）。

(5) × 事業者は、面接指導の結果に基づき、当該面接指導の結果の記録を作成して、これを**5年間保存**しなければならない（安衛則52条の18第1項）。

問25 事務室の点検・清掃
正解 （1）

(1) × 中央管理方式の**空気調和設備**を設けた建築物内の**事務室**については、空気中の一酸化炭素及び二酸化炭素の含有率を、**2か月以内**ごとに1回、定期に、測定しなければならない（事務所則7条1項1号）。6か月以内ごとに1回とする記述は誤り。

(2) ○ 事務室の**建築**、大規模の**修繕**又は大規模の**模様替**を行ったときは、その事務室の使用開始後の**所定の時期**（最初に到来する6月1日から9月30日までの間）に1回、ホルムアルデヒドの濃度を測定しなければならない（事務所則7条の2）。

(3) ○ 事務室で使用している**燃焼器具**については、発熱量が著しく少ないものを除き、**毎日**、異常の有無を点検しなければならない（事務所則6条2項）。

(4) ○ 機械による**換気**のための設備については、**2か月以内**ごとに1回、定期に、異常の有無を点検する必要がある（事務所則9条）。

(5) ○ 空気調和設備内に設けられた**排水受け**については、原則として、**1か月以内**ごとに1回、定期に、その汚れ及び閉塞の状況を点検し、必要に応じ、その清掃等を行わなければならない（事務所則9条の2第4号）。

問26 妊産婦の就業制限
正解 （4）

(1) ○ 時間外・休日労働に関する労使協定を締結し、これを所轄労働基準監督署長に届け出ている場合であっても、**妊産婦**が請求した場合には、**管理監督者等**の場合を除き、時間外・休日労働をさせては**ならない**（労基法66条2項）。

(2) ○ 1か月単位の変形労働時間制を採用している場合であっても、**妊産婦**が請求した場合には、**管理監督者等**の場合を除き、1週間及び1日それぞれの法定労働時間を超えて労働させては**ならない**（労基法66条1項）。

(3) ○ 1年単位の変形労働時間制を採用している場合であっても、**妊産婦**が**請求**した場合には、**管理監督者等**の場合を除き、1週間及び1日それぞれの法定労働時間を超えて労働させては**ならない**（労基法66条1項）。

(4) × 使用者は、妊娠中の女性が請求した場合においては、他の**軽易**な業務に転換させなければならない（労基法65条3項）。**管理監督者**の場合であってもこの規定は適

用されるので、本選択肢は誤り。

（5）○　使用者は、生理日の就業が著しく困難な女性が休暇を請求したときは、その者を生理日に就業させてはならない（労基法68条）。

問27　年次有給休暇
正解　（2）

本問のように、いわゆるフルタイム勤務ではない労働者の場合、与えなければならない有給休暇の日数は、下表に掲げるものとなる。

本問における労働者は、週所定労働日数が4日で、雇入れの日から起算して3年6か月継続勤務しているので、（2）の10日が正解となる（労基則24条の3第3項）。

労働衛生
（有害業務に係るもの以外のもの）

問28　受動喫煙防止対策
正解　（3）

（1）○　「職場における受動喫煙防止のためのガイドライン」によると、喫煙専用室を設置する場合、出入口において、室外から室内に流入する空気の気流が、0.2m/s以上であることが必要である。

（2）○　喫煙専用室を設置する場合、たばこの煙が室内から室外に流出しないよう、壁、天井等によって区画されていることが必要であるとされている。

（3）×　同ガイドラインには、このような規定は置かれていない。

（4）○　喫煙専用室を設置する場合、たばこの煙が屋外又は外部の場所に排気されていることが必要であるとされている。

（5）○　喫煙専用室を設置する場合、出入口の見やすい箇所に必要事項を記載した標識を掲示することが必要であるとされている。

問29　快適な職場環境
正解　（2）

通達「事業者が講ずべき快適な職場環境の形成のための措置に関する指針」第3においては、快適な職場環境の形成のための措置の実施に関し、考慮すべき事項として、継続的かつ計画的な

問27の表

週所定労働日数	1年間の所定労働日数	雇入れの日から起算した継続勤務期間						
		6か月	1年6か月	2年6か月	3年6か月	4年6か月	5年6か月	6年6か月以上
4日	169日〜216日	7日	8日	9日	10日	12日	13日	15日
3日	121日〜168日	5日	6日	6日	8日	9日	10日	11日
2日	73日〜120日	3日	4日	4日	5日	6日	6日	7日
1日	48日〜72日	1日	2日	2日	2日	3日	3日	3日

取組、労働者の意見の反映、個人差への配慮、潤いへの配慮の４つが規定されているが、**快適な職場環境の基準値の達成は規定されていない**。

したがって、（２）が正解となる。

問30　腰痛予防対策
正解　（３）

（１）×　**腰部保護ベルト**は、個人により効果が異なるため、一律に使用するのではなく、**個人毎に効果を確認してから使用の適否を判断すること**とされている。

（２）×　満18歳以上の**男子**労働者が人力のみにより取り扱う物の重量は、体重のおおむね40％以下となるように努めることとされている。

（３）○　満18歳以上の**女子**労働者が人力のみにより取り扱う物の重量は、男性が取り扱うことのできる重量の60％位までとすることとされている。

（４）×　重量物取扱い作業、介護・看護作業等腰部に**著しい負担**のかかる作業に常時従事する労働者に対しては、当該作業に配置する際及びその後**6か月以内ごとに１回**、定期に、医師による腰痛の健康診断を実施することとされている。

（５）×　立ち作業を行う場合、床面が硬い場合は、立っているだけでも腰部への衝撃が大きいので、**クッション性のある作業靴やマット**を利用して、衝撃を緩和することとされている。

問31　虚血性心疾患
正解　（１）

（１）×　心臓の筋肉に血液を送る**冠動脈**が狭くなったり、塞がったりして心筋が酸素不足に陥る状態を**虚血性心疾患**と呼ぶ。門脈ではなく冠動脈である。

（２）○　虚血性心疾患は、心臓の筋肉に血液を送る冠動脈が**狭くなった**り、**塞がった**りして心筋が酸素不足に陥る状態で、高血圧症や、喫煙、脂質異常症が発症の危険因子となる。

（３）○　虚血性心疾患は、心筋の一部分に可逆的虚血が起こる**狭心症**と、不可逆的な心筋壊死が起こる**心筋梗塞**とに大別される。

（４）○　心筋梗塞は前胸部の**激しい痛**みが**長時間持続**し顔面は蒼白になり、冷汗が出る。不可逆的な心筋壊死が起こるので安静によって改善することはない。

（５）○　**狭心症**は、心筋の虚血（酸素が十分供給されない）異常で血流が一時的に悪くなるもので、前胸部の痛みや胸がつまる感じが**数分～十数分**持続するが、**安静**により症状は**改善**することが多い。

問32　メタボリックシンドローム
正解　（２）

日本では、内臓脂肪の蓄積があり、かつ、血中脂質（中性脂肪、HDLコレステロール）、[A 血圧]、[B 空腹時血糖]の三つのうち[C 二つ以上]が基準値から外れている場合にメタボリッ

クシンドロームと診断される。

したがって、（2）が正解となる。

問33　労働衛生管理統計
正解　（4）

（1）○　**相関関係**とは、「片方の値が変化すれば、もう片方も同じように変化する関係」のことであり、**因果関係**とは、「片方の変化が、もう片方に変化を与える関係」のことである。これらを踏まえると、ある事象と健康事象との間に、統計上、相関関係が認められても、それらの変化が偶然の一致である可能性を排除できないため、因果関係がないこともある。

（2）○　**分散**とは「データがどの程度平均値の周りにばらついているか」を表す指標である。平均値が同じであっても分散が異なっていれば、異なった特徴をもつ集団であると評価される。

（3）○　健康管理統計において、ある**時点**（例：検査時）における有所見者の割合を**有所見率**といい、特定の**期間**において有所見とされた人の割合を**発生率**という。つまり、前者は**ストック**、後者は**フロー**を表す概念であるといえる。

（4）×　生体から得られたある指標が正規分布である場合、そのばらつきの程度は、**分散及び標準偏差**によって表される。

（5）○　**静態データ**とは、ある特定時点の特定集団に関するデータであり、**動態データ**とは、ある**期間**の集団に関するデータである。前者の代表例は国勢調査であり、後者の代表例は毎月勤労統計調査である。

問34　食中毒
正解　（5）

（1）○　**毒素型食中毒**は、食物に付着した細菌により産生された毒素により起こる。代表的なものとして**ボツリヌス菌、黄色ブドウ球菌**によるものがある。

（2）○　**感染型食中毒**は、食物に付着している細菌そのものの感染によって起こる。代表的なものとして**サルモネラ菌、腸炎ビブリオ菌**によるものがある。

（3）○　**O-157**は、腸管出血性大腸菌の一種で、主に加熱不足の食肉などから摂取され、潜伏期間は**3〜5日**である。発症すると、**腹痛**や出血を伴う水溶性の**下痢**などを引き起こす。

（4）○　**ノロウイルス**に感染すると、嘔吐、下痢、発熱などの症状を引き起こすこととなる。なお、ノロウイルスによる食中毒は、**冬季**に集団食中毒として発生することが多く、潜伏期間は、**1〜2日間**である。

（5）×　腸炎ビブリオ菌は病原性好塩菌ともいわれており、海産の**魚介類**に発生し、塩分2〜5%でよく発育する。熱に**弱い**ため、通常の加熱調理で死滅する。

労働生理

問35 呼吸
正解 （3）

(1)× 肺自体には運動能力がないので、呼吸運動は横隔膜や肋間筋などの**呼吸筋**の**協調運動**によって胸郭内容積を周期的に増減し、肺を伸縮させることにより行われる。

(2)× 呼吸は酸素と二酸化炭素のガス交換である。肺では、肺胞へ空気を出し入れし血液中の二酸化炭素と空気中の酸素を交換している。これを**外呼吸**と呼ぶ。そして細胞組織において行われるガス交換を**内呼吸**と呼ぶ。

(3)○ 通常、成人の呼吸数は1分間に16〜20回であるが、食事、入浴、発熱などによって**増加**する。

(4)× **チェーンストークス呼吸**とは、**大きな呼吸**と10〜20秒程度の**無呼吸**の周期を繰り返す呼吸のことである。中枢神経系が障害され、呼吸中枢の感受性が低下した場合や脳の低酸素状態の際にみられることとなる。

(5)× 呼吸中枢は主として動脈血の**二酸化炭素分圧**によって調節されている。血液中に二酸化炭素が増加してくると、呼吸中枢は刺激されて、呼吸は深くなり、呼吸数は**増加**する。

問36 心臓の働きと血液循環
正解 （1）

血液循環には、肺を通る**肺循環**と、肺以外の体中をめぐる**体循環**とがある。**大動脈・肺静脈**には酸素に富む**動脈血**が、**大静脈・肺動脈**には二酸化炭素を多く含んだ**静脈血**が流れている。

> **体循環**：左心室→大動脈→全身の器官・組織の毛細血管→大静脈→右心房

> **肺循環**：右心室→肺動脈→肺の毛細血管→肺静脈→左心房

(1)× 自律神経のうち、交感神経は心筋に作用して心拍数と心拍出量を増大させ、副交感神経は心拍数を下げる。しかし、心臓が規則正しく収縮・拡張を繰り返すための電気刺激の発生と伝導を行っているのは**特殊心筋**（洞房結節、房室結節、房室束、右脚・左脚、プルキンエ線維）であり、刺激伝導系といわれる。自律神経中枢で発生した刺激によるものではない。

(2)○ 本問冒頭の解説を参照。体内では**肺循環**と**体循環**が交互に繰り返されている。

(3)○ 本問冒頭の解説を参照。なお、**動脈血**は明るい赤色、**静脈血**は暗い赤色をしている。

(4)○ **脈拍**とは、心臓の筋肉が一定のリズムで収縮すること（心臓の拍動）により、動脈に伝わる周期的な運動のことをいう。脈拍は、皮膚に近い部分にある橈骨動脈で測定することが多い。

(5)○ 筋肉は、**横紋筋**と**平滑筋**の2

つに大別される。大部分の横紋筋（骨格筋など）は意志によって動かすことができる筋肉（随意筋）であり、平滑筋は意志によって動かすことができない筋肉（不随意筋）である。しかし、横紋筋の一種である心筋は、例外的に、意志によって動かすことができない。

問37　体温調節
正解　（5）

（1）×　体温調節中枢は、間脳の視床下部にあり、産熱と放熱のバランスを維持し体温を一定に保つように機能している。

（2）×　高温にさらされ、体温が正常以上に上昇すると、皮膚の血管が拡張し血流量を増やし発汗を促して、放熱量を増やす。また体内の代謝活動を抑制し、熱の産生量を減らす。「内臓の血流量」ではなく「皮膚の血流量」、「代謝活動が亢進」ではなく「代謝活動が抑制」である。

（3）×　外部環境が変化しても生命を維持するために、体温調節をはじめ身体内部の状態を一定に保つ仕組みを恒常性（ホメオスタシス）という。自律神経による神経性調節とホルモンなどによる体液性調節により維持されている。

（4）×　発汗では、汗が蒸発する時の気化熱で体温を下げている。水の気化熱は1ml（1g）につき約0.58kcal、人体の比熱（体重1kgを1℃高めるのに要する熱量）は

約0.83kcalとされる。

体温調節で体温を下げる時は、体重70kgの人は70 × 0.83 ＝ 58.1kcalとなり、これは水が100ml（100g）蒸発するのにほぼ等しい熱量となり、汗100gをかくと体温が1℃上昇するのを防ぐ（下げる）ことになる。

（5）○　放熱は物理的な過程で行われ、蒸発には発汗と、皮膚や呼気から水分が失われる不感蒸泄がある。

問38　ホルモンと内分泌器官
正解　（4）

（1）○　ガストリン：胃から分泌され、強い胃酸分泌刺激作用を持つ。

（2）○　アルドステロン：鉱質コルチコイドとも呼ばれる副腎皮質ホルモンである。体液中の塩類（ナトリウムとカリウム）のバランスを調節する。

（3）○　パラソルモン：副甲状腺から分泌され血液中のカルシウム濃度を調節する副甲状腺ホルモンである。

（4）×　コルチゾール：糖質コルチコイドとも呼ばれる副腎皮質ホルモンである。蛋白質を糖に変換（脱アミノ基）して、血糖量の上昇や抗炎症作用、免疫抑制効果がある。内分泌器官は、膵臓ではなく副腎皮質なので誤り。

（5）○　副腎皮質刺激ホルモン：コルチコトロピンとも呼ばれ、下垂体前葉から分泌されるホルモンであ

る。副腎皮質を活性化し、糖質コルチコイドなどの副腎皮質ホルモンの分泌を促進する働きがある。

問39 腎臓・尿
正解 （3）

（1）×　血液中の**血球及び蛋白質**以外の成分は、**糸球体からボウマン囊**に濾し出され原尿になる。尿細管ではなく「**糸球体**」である。

（2）×　一般に血中の**蛋白質**と**血球**は濾し出されない。

（3）○　血中の**グルコース**は、一旦、糸球体からボウマン囊に濾し出され原尿となる。

（4）×　原尿中の水分、電解質、グルコースなどの成分は**尿細管**において血液中に**再吸収**される。ボウマン囊ではなく「**尿細管**」である。

（5）×　原尿中に濾し出された水分の大部分は**尿細管**から**再吸収**され、残りが尿として排出される。

問40 聴覚器官
正解 （4）

（1）○　耳は、**聴覚と平衡感覚**をつかさどる器官で、**外耳、中耳、内耳**の３つの部位からできている。

（2）○　**耳介**で集められた音は、外耳道を通って**鼓膜**に伝わる。鼓膜に音が当たって振動すると、その振動が耳小骨で増幅されて**内耳**へと伝えられる。

（3）○　内耳は聴覚をつかさどる**蝸牛**と、平衡感覚をつかさどる**前庭・半規管**で形成されている。蝸牛に

はリンパ液が入っていて、耳小骨の振動でリンパ液が揺れ、その揺れを感覚細胞（有毛細胞）が捉えて電気信号に変え、蝸牛神経に伝えている。前庭と半規管の役割については、（4）の解説を参照。

（4）×　**半規管**は体の回転の方向や**速度**を感じ、**前庭**は体の傾きの方向や**大きさ**を感じる。本選択肢は、これらの説明が逆になっている。

（5）○　中耳の鼓膜の奥には**鼓室**があり、鼓室は耳管で咽頭とつながっている。鼓膜の内外が同じ圧でないと、鼓膜がうまく振動しないため、鼓室の内圧は外気圧と**等しく**保たれている。

問41 神経系
正解 （5）

（1）○　神経細胞は、1個の細胞体、1本の軸索、複数の樹状突起から成り、**ニューロン**ともいわれる。軸索は神経細胞本体からの信号を他のニューロンに伝える出力用の線維、樹状突起は他のニューロンからの信号を受け取る部分である。

（2）○　中枢神経系の神経組織のうち、神経細胞の細胞体が存在している部位のことを**灰白質**という。これに対し、神経細胞体がなく、有髄神経線維ばかりの部位を**白質**という。**脊髄**では、**中心部**が灰白質であり、その**外側**が白質である。

（3）○　白質、灰白質の説明については上記（2）の解説を参照。大脳

では、**内側**の髄質が白質であり、**外側**の皮質が灰白質である。

(4) ○ 体性神経は感覚神経と運動神経に分かれ、自律神経に対して感覚と運動に関与する。**感覚神経**は感覚器に生じた興奮（情報）を**中枢**に伝達し、**運動神経**は中枢に起きた**興奮**を**末梢**に伝える（命令）役割を果たす。

(5) × 同一器官に分布していても、交感神経系と副交感神経系の作用はほぼ正反対で、バランスをとって細胞の働きを調節している。日中は**交感神経系**が優位になり、心拍数や血圧を**上げ**、消化管の働きを抑えて身体を活動モードにする。睡眠中は副交感神経系が優位になり、血圧低下、心拍数減少、消化管の働きを活発にし、身体を休息モードに切り替える。

問 42　血液
正解　（4）
(1) ○ 血液は、血漿成分（液体）と有形成分（固体）から成っている。また、血液容積の約 55 ％を**血漿**成分が、約 45 ％を**赤血球**や**白血球**、**血小板**などの有形成分が占めている。

(2) ○ 血漿中の蛋白質の約 60 ％が**アルブミン**である。アルブミンは血液を正常に循環させる浸透圧の維持と、体内のいろいろな物質と結合して血液による運搬に関わる。

(3) ○ **好中球**は、白血球の約 60 ％を占め、異物を認識し、体内に侵入してきた細菌などを貪食する。

(4) × リンパ球は、血小板ではなく**白血球**の成分でその約 30 ％を占めている。そのうち、皮膚、脾臓、リンパ節、胸腺などに存在する T リンパ球は抗原を認識して活性化し、免疫反応を起こす。また、B リンパ球は抗体産生に携わっている。

(5) ○ 血液が損傷部位から血管外に出ると止血作用が働き、これに関与しているのが血小板と有形成分

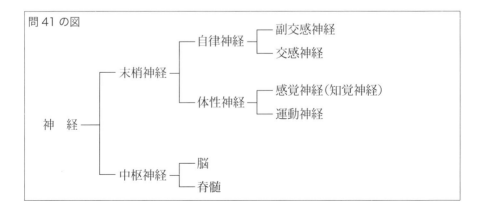

問 41 の図

神経
├─ 末梢神経
│　├─ 自律神経
│　│　├─ 副交感神経
│　│　└─ 交感神経
│　└─ 体性神経
│　　　├─ 感覚神経（知覚神経）
│　　　└─ 運動神経
└─ 中枢神経
　　├─ 脳
　　└─ 脊髄

の赤血球を除く血漿中のフィブリノーゲンをはじめとする凝固因子である。凝固はフィブリノーゲン（線維素原）が蛋白質分解酵素トロンビンによって分解され、不溶性のフィブリン（線維素）に変化して網目状になる現象である。

問43　肝臓
正解　（3）

肝臓は、コレステロールの合成、尿素の合成、胆汁の生成、血液凝固物質や血液凝固阻止物質の合成等様々な機能を有する臓器である。なお、肝臓には、上記以外にも、ビリルビンをグルクロン酸と結合させる働きがあるが、ビリルビンを分解する働きはない。

したがって、（3）が誤り。

問44　脂肪・脂質
正解　（2）

（1）○　胆汁は、肝臓（肝細胞）でつくられるアルカリ性の液体で、脂肪を乳化し消化吸収を助ける働きを担っているが、消化酵素は含んでいない。

（2）×　脂肪は、膵臓から分泌される消化酵素であるリパーゼにより脂肪酸とグリセリンに分解され、小腸の絨毛から吸収される。

（3）○　問43の解説にもあるように、肝臓は様々な機能を有する臓器である。過剰な蛋白質及び糖質を中性脂肪に変換することも、肝臓が有する機能の一つである。

（4）○　人体の細胞膜（神経組織の構成成分）はリン脂質、コレステロール、蛋白質等からできている。

（5）○　ATP（アデノシン三リン酸）とは、生体がエネルギーを使うために必要となる物質である。脂質は、糖質や蛋白質に比べて多くのATPを産生することができるので、エネルギー源として優れている。

関係法令
（有害業務に係るもの）

問1 衛生管理体制
正解 （4）

（1）○ 医療業の事業場では、第一種衛生管理者免許若しくは衛生工学衛生管理者免許を有する者、医師、歯科医師又は労働衛生コンサルタントのうちから衛生管理者を選任することができる（安衛則7条1項3号イ、10条）。

（2）○ 事業者は、その事業場に専属の衛生管理者を選任することとされている。ただし、2人以上の衛生管理者を選任する場合において、当該衛生管理者の中に**労働衛生コンサルタント**がいるときは、そのうち1人については、**専属でなくてもよい**とされている（安衛則7条1項2号、10条3号）。

（3）○ 深夜業を含む業務に常時500人以上の労働者を従事させる事業場にあっては、その事業場に専属の産業医を選任することとされている（安衛則13条1項3号ヌ）。

（4）× 常時500人を超える労働者を使用する事業場で、坑内労働又は労基則18条1号、3号から5号

まで若しくは9号に掲げる業務に常時30人以上の労働者を従事させるものにあっては、衛生管理者のうち1人を**衛生工学衛生管理者免許**を受けた者のうちから選任することとされている（安衛則7条1項6号）。本問に挙げられている「多量の低温物体を取り扱う業務」は、労基則18条2号に規定されているため、衛生管理者のうち1人を衛生工学衛生管理者免許を受けた者のうちから選任する必要はない。

（5）○ 常時3,000人を超える労働者を使用する事業場にあっては、2人以上の産業医を選任することとされている（安衛則13条1項4号）。

問2 作業主任者
正解 （3）

法令上、作業主任者の選任が義務付けられているのは、Aの「乾性油を入れてあるタンクの内部における作業」（安衛法14条、安衛令6条21号、別表第六5号）とDの「圧気工法により、大気圧を超える気圧下の作業室の内部において行う作業」（安衛令6条1号）である。

よって、法令上、作業主任者の選任が義務付けられているものの組合せは（3）である。

問3 譲渡の制限等
正解 （5）

譲渡の制限等の対象となる機械等については、安衛法別表第二及び安衛令13条に定められている（安衛法42条、

安衛令13条）。

（1）×　酸性ガス用防毒マスクは安衛法別表第二及び安衛令13条のいずれにも該当しない。

（2）×　防振手袋は安衛法別表第二及び安衛令13条のいずれにも該当しない。

（3）×　化学防護服は安衛法別表第二及び安衛令13条のいずれにも該当しない。

（4）×　放射線装置室は安衛法別表第二及び安衛令13条のいずれにも該当しない。

（5）○　排気量40cm³以上の内燃機関を内蔵する**チェーンソーは該当する**（安衛令13条3項29号）。

問4　製造の許可
正解　（1）

（2）のベンゾトリクロリド（安衛法56条1項、安衛令17条、別表第三1号7）、（3）のジアニシジン及びその塩（安衛法56条1項、安衛令17条、別表第三1号5）、（4）のベリリウム及びその化合物（安衛法56条1項、安衛令17条、別表第三1号6）、（5）のアルファ-ナフチルアミン及びその塩（安衛法56条1項、安衛令17条、別表第三1号2）は、製造しようとするとき、厚生労働大臣の許可を必要とするものに該当するが、（1）の**インジウム化合物**（安衛法57条1項、同57条の2第1項、安衛令18条、同18条の2、別表第九）は、名称を表示・通知すべきものであり、許可を必要とするものには該当**しない**。

問5　石綿障害予防規則
正解　（5）

（1）○　石綿等を取り扱う屋内作業場については、**6か月以内ごとに1回**、定期に、石綿の空気中における濃度を測定するとともに、測定結果等の記録を**40年間**保存しなければならない（安衛令21条7号、石綿則36条）。

（2）○　石綿等の粉じんが発散する屋内作業場については、局所排気装置等を設けなければならない（石綿則12条1項）。局所排気装置については、原則として**1年以内ごとに1回**、定期に、**自主検査**を行うとともに（石綿則21条1号、22条1号）、検査の結果等の記録を**3年間**保存しなければならない（石綿則23条）。

（3）○　事業者は、石綿等の取扱いに伴い石綿の粉じんを発散する場所における業務に常時従事する労働者に対し、雇入れ又は当該業務への配置替えの際及びその後**6か月以内ごとに1回**、定期に、特別の項目について医師による健康診断を行い、その結果に基づき、石綿健康診断個人票を作成し、これを当該労働者が当該事業場において常時当該業務に従事しないこととなった日から**40年間**保存しなければならない（石綿則40条1項、41条）。

（4）○　事業者は、石綿等の取扱いに伴い石綿の粉じんを発散する場所において、常時作業に従事する労

働者については、1か月を超えない期間ごとに従事した作業の概要及び当該作業に従事した期間等の事項を記録し、これを当該労働者が当該事業場において常時当該作業に従事しないこととなった日から40年間保存しなければならない（石綿則35条）。

(5) × 石綿等を取り扱う事業者が事業を廃止しようとするときは、石綿関係記録等報告書に、石綿等に係る作業の記録、石綿の空気中における濃度測定の記録及び**石綿健康診断個人票**又はこれらの写しを添えて、所轄労働基準監督署長に提出するものとする（石綿則49条）。

問6 有機溶剤中毒予防規則
正解 （3）

(1) ○ 事業者は、空気清浄装置を設けていない局所排気装置の排気口で、厚生労働大臣が定める濃度以上の有機溶剤を排出するものの高さを屋根から1.5m以上とすればよいので(有機則15条の2第2項)、本肢の措置は、有機則に違反していない。

(2) ○ 定期に、有機溶剤の濃度を測定する必要があるのは、**第一種有機溶剤**又は**第二種有機溶剤**を用いて業務を行う屋内作業場なので(有機則28条2項)、本肢の措置は、有機則に違反していない。

(3) × 第二種有機溶剤等が付着している物の乾燥の業務を行うとき

で、**外付け式フードの局所排気装置**を設ける場合、その制御風速は、**側方吸引型・下方吸引型**では「0.5m/s」、**上方吸引型**では「1.0m/s」を出し得る能力を有する必要があるので（有機則16条1項）、本肢の措置は、有機則に違反している。

(4) ○ 有機溶剤を用いて行う**試験又は研究の業務**に労働者を従事させるときは、有機溶剤作業主任者を選任する必要はないので（有機則19条1項）、本肢の措置は、有機則に違反していない。

(5) ○ 事業者は、有機溶剤等を入れてあった**空容器**で有機溶剤の蒸気が発散するおそれのあるものについては、当該容器を**密閉**するか、又は当該容器を屋外の一定の場所に**集積**しておけばよいので（有機則36条）、本肢の措置は、有機則に違反していない。

問7 労働安全衛生規則
正解 （3）

(1) ○ 事業者は、坑内における気温を原則として**37度以下**としなければならない（安衛則611条）。

(2) ○ 事業者は、屋内作業場に多量の熱を放散する溶融炉等があるときは、加熱された空気を直接屋外に**排出**し、又はその放射するふく射熱から労働者を保護する措置を講じなければならない（安衛則608条）。

(3) × 事業者は、炭酸ガス濃度が

1.5％を超える場所には、関係者以外の者が立ち入ることを**禁止**し、かつ、その旨を見やすい箇所に**表示**しなければならない（安衛則585条1項4号）。

（4）○　事業者は、著しく暑熱又は多湿の作業場においては、坑内等特殊な作業場でやむを得ない事由がある場合を除き、**休憩の設備を作業場外**に設けなければならない（安衛則614条）。

（5）○　事業者は、廃棄物の焼却施設において焼却灰を取り扱う業務（設備の解体等に伴うものを除く。）を行う作業場について、**6か月以内ごとに1回**、定期に、当該作業場における空気中のダイオキシン類の濃度を測定しなければならない（安衛則592条の2第1項、36条34号、36条36号）。

問8　電離放射線の管理区域
正解　（4）

本問は、電離則3条1項及び2項の規定に関する問題である。

① 電離則3条1項によると、管理区域とは、外部放射線による実効線量と空気中の放射性物質による実効線量との合計が［**A 3か月**］間につき［**B 1.3mSv**］を超えるおそれのある区域又は放射性物質の表面密度が法令に定める表面汚染に関する限度の10分の1を超えるおそれのある区域をいう。

② 電離則3条2項によると、①の外部放射線による実効線量の算定は、［**C**

1cm］線量当量によって行うものとされている。

したがって、正しい組合せは（4）となる。

問9　健康診断の特別の項目
正解　（5）

（1）×　尿中のデルタアミノレブリン酸の量の検査は、**鉛業務**に常時従事する労働者に対して実施する健康診断の項目の一部である（鉛則53条1項6号）。

（2）×　尿中の**潜血**の有無の検査は、**一般健康診断**における尿検査の診断項目に含まれる（安衛則43条10号）。そのため、放射線業務に常時従事する労働者に対して、特別に当該検査を行うことは要求されていない（電離則56条1項）。

（3）×　尿中の**マンデル酸**の量の検査は、**スチレン**を製造し、又は取り扱う業務に常時従事する労働者に対して実施する健康診断の項目の一部である（特化則39条、別表第三（42）5号）。

（4）×　**石綿**は肺などに取り込まれるため、尿検査又は血液検査ではなく、**胸部エックス線直接撮影**による検査等を行う（石綿則40条1項4号）。

（5）○　**四肢の運動機能**の検査は、**潜水業務**に常時従事する労働者に対して実施する健康診断の項目の一部である（高圧則38条1項3号）。

問10　18歳未満の労働者の就労制限
正解　（2）

(1)○　病原体によって著しく汚染のおそれのある業務は、満18歳に満たない者を就かせてはならない業務に該当する(労基法62条2項、年少則8条41号)。

(2)×　超音波にさらされる業務は、満18歳に満たない者を就かせてはならない業務に該当しない。

(3)○　多量の高熱物体を取り扱う業務は、満18歳に満たない者を就かせてはならない業務に該当する(労基法62条2項、年少則8条36号)。

(4)○　著しく寒冷な場所における業務は、満18歳に満たない者を就かせてはならない業務に該当する(労基法62条2項、年少則8条37号)。

(5)○　強烈な騒音を発する場所における業務は、満18歳に満たない者を就かせてはならない業務に該当する(労基法62条2項、年少則8条40号)。

労働衛生
（有害業務に係るもの）

問11　化学物質等リスク低減措置
正解　（1）

　化学物質等による疾病のリスクの低減措置を検討する場合、以下に掲げる優先順位でリスク低減措置の内容を検討することとなる。

① 危険性または有害性のより低い物質への代替、化学反応のプロセスなどの運転条件の変更、取り扱う化学物質などの形状の変更など、またはこれらの併用によるリスクの低減（選択肢ア）

② 化学物質のための機械設備などの防爆構造化、安全装置の二重化などの工学的対策または化学物質のための機械設備などの密閉化、局所排気装置の設置などの衛生工学的対策（選択肢ウ）

③ 作業手順の改善、立入禁止などの管理的対策（選択肢イ）

④ 化学物質などの有害性に応じた有効な保護具の使用（選択肢エ）

したがって、（1）が正解となる。

問12　作業環境測定の結果の評価
正解　（3）

(1)×　A測定における測定点の高さの範囲は、床上50cm以上150cm以下である。

(2)×　有害物質に関する作業環境の状態を単位作業場所の作業環境測定結果から評価するための指標として設定されたものは、管理濃度である。

(3)○　A測定の第二評価値は、単位作業場所における気中有害物質の算術平均濃度の推定値である。

(4)×　A測定の第二評価値とB測定値がいずれも管理濃度に満たない単位作業場所は第二管理区分である。

(5)×　A測定においては、得られた測定値を用いて求めた第一評価値

及び第二評価値を、また、B測定においてはその測定値そのものを評価に用いる。

問13　一酸化炭素
正解　（3）

（1）○　一酸化炭素は、不完全燃焼状態で炭素化合物が燃焼する際に発生し、**無色・無臭**で、その存在が感知しにくい気体である。そのため、吸入しても気が付かないことが多い。

（2）○　一酸化炭素は、エンジンの排気ガス、たばこの煙などに含まれる。そのため、一酸化炭素中毒を防ぐには、地下室やトンネル内等の十分な換気ができない場所でこれらを使用しないことが重要である。

（3）×　一酸化炭素中毒は、血液中の**ヘモグロビン**と一酸化炭素が強く結合し、体内の各組織が酸素欠乏状態を起こすことにより発生する。

（4）○　換気が不十分であること等の理由により、炭素を含有する物が**不完全燃焼**した際に発生する。

（5）○　一酸化炭素中毒は、軽度の頭痛、吐き気等からはじまり、その後、昏倒、致命傷に至ることもある。また、後遺症として、**健忘やパーキンソン症状**がみられることもある。

問14　有機溶剤
正解　（4）

（1）×　有機溶剤の多くは、揮発性が高く、その蒸気は空気より**重い**。

（2）×　有機溶剤は脂溶性が高いため、脂肪の多い脳などに**入りやすい**。

（3）×　メタノールを飲んだり、高濃度の蒸気を吸い込むと、**頭痛、めまい、悪心・嘔吐**や、視神経の障害による視力低下・失明が起こる。網膜細動脈瘤を伴う脳血管障害は**二硫化炭素**である。

（4）○　テトラクロロエチレンのばく露の生物学的モニタリングの指標としての尿中代謝物は、**トリクロロ酢酸又は総三塩化物**である。

（5）×　二硫化炭素による中毒では、（3）に挙げたもの以外に、頭痛やめまい、**意識喪失、角膜反射消失、呼吸困難**などがみられる。

問15　粉じんによる健康障害
正解　（2）

（1）○　じん肺は、粉じんを吸入することによって肺に生じた**線維増殖性変化**を主体とする疾病である。進行すると呼吸困難などの症状がでる。

（2）×　**遊離けい酸**は、じん肺の一種である**珪肺（けいはい）**を引き起こす物質である。胸膜肥厚や胸膜中皮腫を引き起こすのは**アスベスト**である。

（3）○　じん肺は**肺結核、気管支炎、続発性気胸、原発性肺がん**などの合併症を引き起こしやすい。

令和3年7月～12月実施分

(4) ○ 溶接工肺は、溶接作業によって生じる酸化鉄ヒュームを吸入することによって発生する職業性健康障害で、じん肺の一種である。

(5) ○ アルミニウムやその化合物を原因とするじん肺をアルミニウム肺という。

問16 有害要因による健康障害
正解 （2）

(1) × レイノー現象などの末梢循環障害や手指のしびれ感などの末梢神経障害は、**局所振動障害**に分類される。なお、腰椎などの脊柱障害は**全身振動障害**に分類される。

(2) ○ **減圧症**は、圧力が急速に減少することにより、血液または組織に溶解していた窒素が血管内で気泡を形成することで生じる。典型的な症状としては、関節痛や神経麻痺などが挙げられる。

(3) × **凍瘡**はいわゆる「しもやけ」で、寒冷による**血行障害**が原因で、炎症や浮腫が起こる。0℃以下の寒冷による皮膚組織の凍結壊死は**凍傷**である。

(4) × 電離放射線による障害には、「**確率的影響**」と「**確定的影響**」がある。前者は、発生する確率が、被ばくした放射線量とともに増えるという特徴があり、がんや白血病などが該当する。一方、後者は、放射線量の一定の値（しきい値）を超える被ばくをしなければ発生しないが、しきい値を超えて高線量を受けると、現れる障害の程度

が重くなるという特徴があり、**中枢神経系障害**などが該当する。

(5) × **金属熱**は**金属ヒューム**を吸入することによって数時間後に悪寒、発熱、関節痛などが現れる症状をいう。高温により体温調節機能が障害を受けたために起こるのではない。

問17 労働衛生対策の作業環境管理
正解 （2）

作業環境管理とは、作業環境中の有機溶剤や粉じんなど有害因子の状態を把握して、できる限り良好な状態で管理していくことである。

選択肢の中で、作業環境管理に該当するのは、**A**の「フード付近の気流の**風速測定**」と**E**の「塗装方法の**変更**」である。よって、（2）が正解となる。なお、**B**の「保護具の使用」と**D**の「作業場への立入制限」は**作業管理**に該当し、**C**の「配置転換」は健康管理に該当する。

問18 局所排気装置
正解 （4）

(1) × ダクトの圧力損失は、その断面積を小さくするほど増大する。「大きく」ではない。

(2) × フード開口部の周囲にフランジを設けると、吸引範囲は狭くなるが、**少ない排風量で効果をあげる**ことができる。「大きな排風量が必要」ではない。

(3) × スロット型フードは、発生源からの飛散速度を利用して捕捉す

るもので、**外付け式フード**に分類
される。

(4) ○ キャノピ型フードは、発生源
からの熱による上昇気流を利用し
て捕捉するもので、**レシーバ式フ
ード**に分類される。なお、このタ
イプのフードは吸引力が弱いの
で、有機溶剤にはあまり向かない。

(5) × 空気清浄装置を付設する局所
排気装置を設置する場合、排風機
は、一般に、空気清浄装置の**後方**
（清浄後の空気が通る位置）に設
ける。

問19 呼吸用保護具
正解 （2）

(1) × 防毒マスクの吸収缶の色は、
一酸化炭素用は**赤色**で、硫化水素
用は**黄色**である。

(2) ○ **防じん**機能を有する防毒マス
クにあっては、吸収缶のろ過材が
ある部分に**白線**を入れるものとさ
れている。

(3) × 防じんマスクは、ばく露時間
は短いが、命・健康に害がないと
きはヒュームに対して**有効**であ
る。

(4) × ろ過材に付着した粉じんが**飛
散**するのでやってはならない。

(5) × 隔離式防毒マスクは、直結式
防毒マスクよりも有害ガスの濃度
が高い大気中で使用することがで
きる。本選択肢は、「隔離式」と「直
結式」の説明が逆になっている。

問20 特殊健康診断
正解 （2）

(1) × 有害物質による健康障害は、
初期または軽度の場合には自覚症
状がない場合が多い。そのため、
発見には問診のみならず様々な検
査を行うことが必要となる。

(2) ○ 特殊健康診断における生物学
的モニタリングによる検査は、有
害物の体内摂取量や有害物による
健康影響の程度を把握するための
検査である。なお、特殊健康診断
においては有機溶剤8物質、金属
1物質についての**検査**が義務付け
られている。

(3) × 体内に取り込まれた鉛の生物
学的半減期は、**数か月間**と比較的
長めなので、鉛健康診断における
採尿及び採血の時期は、任意の時
期で良い。

(4) × 振動工具の取扱い業務に係る
健康診断において、振動障害の有
無を評価するためには、**冬季**にお
ける実施が適している。

(5) × 情報機器作業に係る健康診断
では、眼科学的検査などとともに、
上肢の運動機能の検査を行う。下
肢の運動機能の検査は**行わない**。

━━━ 関係法令 ━━━
（有害業務に係るもの以外のもの）

問21 衛生委員会
正解 （4）

(1) × 衛生委員会の議長は、総括安
全衛生管理者又はその事業を統括

管理するもの若しくはこれに準ずる者のうちから、事業者が指名した者がなるものとされている（安衛法18条4項、17条3項）。

（2）× 衛生委員会の議長を除く委員の半数については、当該事業場に労働者の過半数で組織する労働組合があるときにおいてはその労働組合、労働者の過半数で組織する労働組合がないときにおいては労働者の過半数を代表する者の推薦に基づき、**事業者が指名しなければならない**（安衛法18条4項、17条4項）。

（3）× 当該事業場の衛生管理者に選任されている者であれば、当該事業場に**専属でない**労働衛生コンサルタントであっても、衛生委員会の委員としての適格を**もつ**（安衛法18条2項）。

（4）○ 衛生委員会の付議事項には、労働者の**精神的健康**の保持増進を図るための対策の樹立に関することが**含まれる**（安衛法18条1項4号、安衛則22条10号）。

（5）× 衛生委員会は、毎月1回以上開催するようにし（安衛則23条1項）、事業者は、衛生委員会における議事で重要なものに係る記録を作成して、3年間保存しなければならない（安衛則23条4項）。

問22 総括安全衛生管理者・産業医
正解 （4）

（1）○ 総括安全衛生管理者は、当該事業場においてその事業の実施を統括管理する者をもって充てなければならない（安衛法10条2項）。

（2）○ **都道府県労働局長**は、労働災害を防止するため必要があると認めるときは、総括安全衛生管理者の業務の執行について事業者に**勧告**することができる（安衛法10条3項）。

（3）○ 事業者は、総括安全衛生管理者が旅行、疾病、事故その他やむを得ない事由によって職務を行うことができないときは、**代理者**を選任しなければならない（安衛則3条）。

（4）× 産業医は、少なくとも毎月1回（産業医が、事業者から毎月1回以上、①衛生管理者が行う**巡視の結果**又は②労働者の健康障害を防止し、又は労働者の健康を保持するために必要な情報であって、衛生委員会又は安全衛生委員会における**調査審議**を経て事業者が産業医に提供することとしたものを受けている場合であって、事業者の同意を得ているときは、少なくとも2か月に1回）作業場等を巡視しなければならない（安衛則15条）。衛生委員会を開催した都度作成する議事概要を提供されているだけでは、巡視の頻度を2か月に1回以上にすることはできないので誤り。

（5）○ 事業者は、産業医から労働者の健康管理等について勧告を受けたときは、当該勧告の内容及び当該勧告を踏まえて講じた措置の内

容（措置を講じない場合にあっては、その旨及びその理由）を記録し、これを3年間保存しなければならない（安衛則14条の3第2項）。

問23 一般健康診断
正解 （2）

（1）○ 医師による健康診断を受けた後、3か月を経過しない者を雇い入れる場合において、その者が当該健康診断の結果を証明する書面を提出したときは、当該健康診断の項目に相当する雇入時の健康診断の項目については、省略することができる（安衛則43条1項）。

（2）× 法令上、このような規定は置かれていない。

（3）○ 事業場において実施された健康診断の項目に異常の所見があると診断された労働者については、その結果に基づき、健康を保持するために必要な措置について、健康診断日から3か月以内に、医師の意見を聴かなければならない（安衛法66条の4、安衛則51条の2第1項1号）。

（4）○ 雇入時の健康診断の結果に基づき作成される健康診断個人票は、5年間保存しなければならない（安衛則51条）。

（5）○ 雇入時の健康診断においては、定期健康診断のような所轄労働基準監督署長への健康診断結果についての報告（安衛則52条）は必要ない。

問24 衛生基準
正解 （5）

（1）× 事業者は、日常行う清掃のほか、大掃除を、6か月以内ごとに1回、定期に、統一的に行わなければならないので、衛生基準に違反している（安衛則619条1号）。

（2）× 事業者は、常時50人以上又は常時女性30人以上の労働者を使用するときは、労働者が臥床することのできる休養室又は休養所を、男性用と女性用に区別して設けなければならないので、基準に違反している（安衛則618条）。

（3）× 事業者は、労働者を常時就業させる屋内作業場の気積を、設備の占める容積及び床面から4mを超える高さにある空間を除き、労働者1人について、$10m^3$以上としなければならないが（安衛則600条）、本選択肢では、設備の占める容積及び床面から4mを超える高さにある空間を除いた労働者1人当たりの気積が約$8.3m^3$（$500m^3 \div 60$人）となっているので、衛生基準に違反している。

（4）× 事業者は、事業場に附属する食堂の床面積は、食事の際の1人について、$1m^2$以上としなければならないので、衛生基準に違反している（安衛則630条2号）。

（5）○ 直接外気に向かって開放することのできる窓の面積が、常時、床面積の1/20以上であれば、換気設備を設けなくてもよい（安衛則601条1項）。本問の場合、窓

の面積が床面積の 1/15 なので、衛生基準に違反していない。

問 25　ストレスチェックと面接指導
正解　（3）

（1）×　常時 50 人以上の労働者を使用する事業場においては、1 年以内ごとに 1 回、定期に、ストレスチェックを行わなければならない（安衛法 66 条の 10 第 1 項、安衛則 52 条の 9、労働安全衛生法に基づくストレスチェック制度実施マニュアル）。

（2）×　検査を受けた**労働者**に対し、当該検査を行った医師等から、**遅滞なく**、当該検査の結果が通知されるようにしなければならない（安衛則 52 条の 12）。衛生管理者に通知する必要はない。

（3）○　労働者に対するストレスチェックの項目は、「職場における当該労働者の**心理的な負担の原因に関する項目**」「当該労働者の心理的な負担による**心身の自覚症状に関する項目**」「職場における**他の労働者による当該労働者への支援**

に関する項目」である（安衛則 52 条の 9 第 1 号～3 号）。

（4）×　検査の結果、心理的な負担の程度が高く面接指導を受ける**必要**があると当該検査を行った医師等が認めたものが面接指導を**希望する**旨を申し出たときは、医師による面接指導を行わなければならない（安衛法 66 条の 10 第 3 項、安衛則 52 条の 15）。心理的な負担の程度が高い労働者全員に対し、医師による面接指導を行う必要はない。

（5）×　事業者は、面接指導の結果に基づき、当該面接指導の結果の記録を作成して、これを **5 年間保存**しなければならない（安衛則 52 条の 18 第 1 項）。

問 26　年次有給休暇
正解　（2）

本問のように、いわゆるフルタイム勤務ではない労働者の場合、与えなければならない有給休暇の日数は、下表に掲げるものとなる。

本問における労働者は、週所定労働

問 26 の表

週所定労働日数	1 年間の所定労働日数	雇入れの日から起算した継続勤務期間						
		6 か月	1 年6 か月	2 年6 か月	3 年6 か月	4 年6 か月	5 年6 か月	6 年6 か月以上
4 日	169 日～216 日	7 日	8 日	9 日	10 日	12 日	13 日	15 日
3 日	121 日～168 日	5 日	6 日	6 日	8 日	9 日	10 日	11 日
2 日	73 日～120 日	3 日	4 日	4 日	5 日	6 日	6 日	7 日
1 日	48 日～72 日	1 日	2 日	2 日	2 日	3 日	3 日	3 日

日数が4日で、雇入れの日から起算して3年6か月継続勤務しているので、（2）の10日が正解となる（労基則24条の3第3項）。

問27 妊産婦の就業制限
正解 （4）

（1）○ 労基法上、妊産婦とは、妊娠中の女性及び産後1年を経過しない女性のことをいう（労基法64条の3第1項）。

（2）○ 使用者は、妊娠中の女性が請求した場合においては、他の**軽易**な業務に転換させなければならない（労基法65条3項）。

（3）○ 1年単位の変形労働時間制を採用している場合であっても、**妊産婦**が請求した場合には、管理監督者等の場合を除き、1週間及び1日それぞれの法定労働時間を超えて労働させては**ならない**（労基法66条1項）。

（4）× フレックスタイム制を採用している場合には、清算期間を平均し1週間当たりの労働時間が40時間を超えない範囲において、1日8時間又は1週40時間を超えて労働させることができる（労基法32条の3、同32条）。

（5）○ 使用者は、生理日の就業が著しく困難な女性が休暇を請求したときは、その者を生理日に就業させてはならない（労基法68条）。

━━━ 労働衛生 ━━━
（有害業務に係るもの以外のもの）

問28 受動喫煙防止対策
正解 （2）

（1）○ 「職場における受動喫煙防止のためのガイドライン」によると、喫煙専用室を設置する場合、出入口において、室外から室内に流入する空気の気流が、**0.2m/s以上**であることが必要であるとされている。

（2）× 同ガイドラインには、このような規定は置かれていない。

（3）○ 喫煙専用室を設置する場合、たばこの煙が室内から室外に流出しないよう、壁、天井等によって**区画**されていることが必要であるとされている。

（4）○ 喫煙専用室を設置する場合、たばこの煙が**屋外**又は**外部**の場所に排気されていることが必要であるとされている。

（5）○ 喫煙専用室を設置する場合、出入口の見やすい箇所に必要事項を記載した標識を掲示することが必要であるとされている。

問29 労働衛生管理統計
正解 （2）

（1）○ 値を正確に数えることができるものを**計数データ**といい、値を正確に数えることができず連続的なもの（測定器に表示の限界がなければ、小数点以下に無数の数字が表示されうるもの）を、計量デ

ータという。健康診断においては、対象人数、受診者数などのデータは計数データに当たり、身長、体重などのデータは計量データに当たる。

(2) ×　生体から得られたある指標が正規分布である場合、そのばらつきの程度は、**分散及び標準偏差**によって表される。

(3) ○　**分散**とは「データがどの程度平均値の周りにばらついているか」を表す指標である。平均値が同じであっても分散が異なっていれば、異なった特徴をもつ集団であると評価される。

(4) ○　**相関関係**とは、「片方の値が変化すれば、もう片方も同じように変化する関係」のことであり、**因果関係**とは、「片方の変化が、もう片方に変化を与える関係」のことである。これらを踏まえると、ある事象と健康事象との間に、統計上、相関関係が認められても、それらの変化が偶然の一致である可能性を排除できないため、因果関係がないこともある。

(5) ○　**静態データ**とは、ある特定時点の特定集団に関するデータであり、**動態データ**とは、ある**期間**の集団に関するデータである。前者の代表例は国勢調査であり、後者の代表例は毎月勤労統計調査である。

問 30　腰痛予防対策
正解　（3）

(1) ×　「職場における腰痛予防対策指針」によると、事業者は、腰痛の発生要因を排除又は低減できるよう、作業動作、作業姿勢、作業手順、作業時間等について、**作業標準**を策定することとされている。

(2) ×　満 18 歳以上の**男子**労働者が人力のみにより取り扱う物の重量は、体重のおおむね 40％以下となるように努めることとされている。

(3) ○　満 18 歳以上の**女子**労働者が人力のみにより取り扱う物の重量は、男性が取り扱うことのできる重量の 60％位までとすることとされている。

(4) ×　重量物取扱い作業、介護・看護作業等腰部に著しい負担のかかる作業に常時従事する労働者に対しては、当該作業に配置する際及びその後 6 か月以内ごとに 1 回、定期に、医師による腰痛の健康診断を実施することとされている。

(5) ×　腰部保護ベルトは、個人により効果が異なるため、一律に使用するのではなく、**個人毎**に効果を確認してから使用の適否を判断することとされている。

問 31　労働安全衛生マネジメントシステム
正解　（5）

(1) ○　「労働安全衛生マネジメント

システムに関する指針」2条によると、この指針は、労働安全衛生法の規定に基づき機械、設備、化学物質等による危険又は健康障害を防止するため事業者が講ずべき**具体的**な措置を定めるものでは**な**いとされている。

(2) ◯　同指針3条1号によると、労働安全衛生マネジメントシステムとは、事業場において、所定の事項を体系的かつ継続的に実施する安全衛生管理に係る一連の自主的活動に関する仕組みであって、生産管理等事業実施に係る管理と**一体**となって運用されるものをいうとされている。

(3) ◯　同指針5条によると、事業者は、事業場における安全衛生水準の向上を図るための安全衛生に関する基本的考え方を示すものとして、**安全衛生方針を表明**し、労働者及び関係請負人その他の関係者に**周知**させるものとするとされている。

(4) ◯　同指針11条及び12条によると、事業者は、安全衛生方針に基づき設定した安全衛生目標を達成するため、事業場における危険性又は有害性等の調査の結果等に基づき、一定の期間を限り、**安全衛生計画を作成**するものとする。

(5) ×　同指針においては、外部機関の**監査**を受ける義務は規定されていない。

問32　メタボリックシンドローム
正解　（1）

日本人のメタボリックシンドローム診断基準で、腹部肥満（内臓脂肪の蓄積）とされるのは、腹囲が男性では85cm以上、女性では90cm以上の場合であり、この基準は、男女とも**内臓脂肪面積**が100cm²以上に相当する。

よって、（1）が正解となる。

問33　食中毒
正解　（3）

(1) ×　毒素型食中毒は、食物に付着した細菌により産生された毒素により起こる。代表的なものとして**ボツリヌス菌、黄色ブドウ球菌**によるものがある。

(2) ×　感染型食中毒は、食物に付着している細菌そのものの感染によって起こる。代表的なものとして**サルモネラ菌、腸炎ビブリオ菌**によるものがある。

(3) ◯　O-157は、腸管出血性大腸菌の一種で、加熱不足の食肉などから摂取され、潜伏期間は3〜5日である。

(4) ×　ボツリヌス菌の芽胞は熱に強いため、死滅させるには、120℃で4分以上の加熱が必要とされている。

(5) ×　ノロウイルスの発生が多いのは冬季である。

問34　感染症
正解　（1）

(1) ×　人間の抵抗力が低下した場合

は、通常、多くの人には影響を及ぼさない病原体が病気を発症させることがあり、これを日和見感染という。

（2）○　感染が成立し、症状が現れるまでの人をキャリア（無症状病原体保有者）といい、感染したことに気付かずに病原体をばらまく感染源になることがある。なお、このように感染が成立しても症状が出ない状態を不顕性感染という。

（3）○　微生物を含む飛沫の水分が蒸発して、5μm以下の小粒子として長時間空気中に浮遊し、空調などを通じて感染することを空気感染という。なお、感染経路には他に、飛沫感染と接触感染がある。

（4）○　風しんは、発熱、発疹、リンパ節腫脹を特徴とするウイルス性発疹症で、免疫のない女性が妊娠初期に風しんにかかると、胎児に感染し出生児が先天性風しん症候群（CRS）となる危険性がある。こうした風しんを予防するためには、予防接種が有効である。

（5）○　インフルエンザウイルスにはA型、B型及びC型の三つの型があるが、流行の原因となるのは、主として、A型及びB型である。なお、A型とB型は12月〜3月が主な感染時期であるが、C型の主な感染時期は1月〜6月である。

━━━ 労働生理 ━━━

問35　呼吸
正解　（5）

（1）○　肺自体には運動能力がないので、呼吸運動は横隔膜や肋間筋などの呼吸筋の協調運動によって胸郭内容積を周期的に増減し、肺を伸縮させることにより行われる。

（2）○　外肋間筋と横隔膜が同時に収縮し、胸郭内容積を広げて、その内圧を低くすることで肺へ流れ込む空気を吸気という。

（3）○　呼吸は酸素と二酸化炭素のガス交換である。肺では、肺胞へ空気を出し入れし血液中の二酸化炭素と空気中の酸素を交換している。これを外呼吸と呼ぶ。なお、細胞組織において行われるガス交換は内呼吸と呼ぶ。

（4）○　呼吸数は、通常、1分間に16〜20回で、成人の安静時の1回呼吸量は、約500mLである。なお、呼吸数は食事、入浴、発熱等によって増加し、1回呼吸量は運動時に約1,000mLとなる。

（5）×　呼吸中枢は延髄の網様体にあり、ここからの刺激により呼吸に関与する筋肉が支配されている。

問36　心臓の働きと血液循環
正解　（1）

　血液循環には、肺を通る肺循環と、肺以外の体中をめぐる体循環とがある。大動脈・肺静脈には酸素に富む動脈血が、大静脈・肺動脈には二酸化炭素を

多く含んだ**静脈血**が流れている。

> **体循環**：左心室→大動脈→全身の器官・組織の毛細血管→大静脈→右心房

> **肺循環**：右心室→肺動脈→肺の毛細血管→肺静脈→左心房

（1）× 本問冒頭の解説を参照。大動脈には**動脈血**が流れており、肺動脈には**静脈血**が流れている。

（2）○ 本問冒頭の解説を参照。体内では**肺循環**と**体循環**が交互に繰り返されている。

（3）○ 筋肉は、**横紋筋**と**平滑筋**の2つに大別される。大部分の横紋筋（骨格筋など）は意志によって動かすことができる筋肉（随意筋）であり、平滑筋は意志によって動かすことができない筋肉（不随意筋）である。しかし、横紋筋の一種である**心筋**は、例外的に、意志によって動かすことができない。

（4）○ 心臓にある**特殊心筋**（洞房結節、房室結節、房室束、右脚・左脚、プルキンエ線維）で発生した刺激が、刺激伝導系を介して心筋に伝わることにより、心臓は規則正しく**収縮**と**拡張**を繰り返す。

（5）○ **動脈硬化**とは、血中のLDLコレステロールが過剰になることなどにより、血管が硬くなって柔軟性が失われている状態のことである。進行すると、血管の破裂、狭窄や血栓による閉塞などを招

き、脳出血、脳梗塞、心筋梗塞などを発症することにもつながる。

問37 体温調節
正解 （2）

（1）○ 寒冷にさらされ、体温が正常以下になると、皮膚の血管が**収縮**して血流量を**減らし**放熱量を**減らす**ので、皮膚温は下がる。また体内の代謝活動を高めて、熱の産生量を増やす。

（2）× 高温にさらされ、体温が正常以上に上昇すると、皮膚の血管が**拡張**し血流量を**増やし**発汗を促して、放熱量を**増やす**。また体内の代謝活動を抑制し、熱の産生量を**減らす**。「内臓の血流量」ではなく「皮膚の血流量」、「代謝活動が亢進」ではなく「代謝活動が抑制」である。

（3）○ 外部環境が変化しても生命を維持するために、体温調節をはじめ身体内部の状態を一定に保つ仕組みを**恒常性**（ホメオスタシス）という。自律神経による**神経性**調節とホルモンなどによる**体液性**調節により維持されている。

（4）○ 発汗では、汗が蒸発する時の気化熱で体温を下げている。水の気化熱は1ml（1g）につき約0.58kcal、人体の比熱（体重1kgを1℃高めるのに要する熱量）は約0.83kcalとされる。

体温調節で体温を下げる時は、体重70kgの人は $70 \times 0.83 = 58.1$ kcalとなり、これは水が

100ml（100g）蒸発するのにほぼ等しい熱量となり、汗100gをかくと体温が1℃上昇するのを防ぐ（下げる）ことになる。

（5）○　放熱は物理的な過程で行われ、蒸発には発汗と、皮膚や呼気から水分が失われる不感蒸泄がある。

問38　肝臓
正解　（3）

　肝臓は、有害物質の分解、グリコーゲンの貯蔵、血液凝固物質の合成、血液凝固阻止物質の合成等様々な機能を有する臓器である。なお、肝臓には、上記以外にも、ビリルビンをグルクロン酸と結合させる働きがあるが、ビリルビンを分解する働きはない。したがって、（3）が誤り。

問39　正常値の男女差
正解　（4）

　本問に挙げられているもののうち、赤血球数、ヘモグロビン濃度、ヘマトクリット値、基礎代謝量は、男性の方が女性よりも高い。一方、（4）の白血球数は、男女による差がないとされている。

問40　蛋白質
正解　（2）

（1）○　蛋白質は、20種類のアミノ酸が結合してできており、内臓、筋肉、皮膚など人体の臓器等を構成する主成分である。このうち、人間の体内で作り出すことができ

ない9種類のアミノ酸を必須アミノ酸といい、それ以外のものを非必須アミノ酸という。

（2）×　蛋白質は、膵臓から分泌される消化酵素であるトリプシンなどによりアミノ酸に分解され、小腸から吸収される。

（3）○　血液循環に入ったアミノ酸は、体内の各組織において蛋白質に再合成される。また、体内で不必要となった蛋白質は、分解されてアミノ酸になる。このように、蛋白質は合成と分解を繰り返して、体内で一定量に保たれている。

（4）○　免疫グロブリンであるγ-グロブリン以外の血漿蛋白質は肝臓で合成され、血中へ放出される。

（5）○　飢餓時には、肝臓などでアミノ酸などからブドウ糖を生成する糖新生が行われる。なお、糖新生はグルココルチコイドによって促進され、インスリンによって抑制される。

問41　視覚
正解　（5）

（1）○　明るいところでは光の量を減らすために瞳孔は狭まり、暗いところではより多くの光を取り入れるために瞳孔は広がる。

（2）○　眼軸が短過ぎるため、平行光線が網膜の後方で像を結ぶものが遠視である。遠視では、近くのものも、遠くのものも見えにくいといった症状が出ることに加え、常時ピントを合わせる必要性がある

ため、目が疲れやすくなる。

(3) ○ 角膜が歪んでいたり、表面に凹凸がある不正形のため、像が網膜上に正しく結ばないものを乱視という。

(4) ○ 網膜の視細胞のうち、杆状体は明暗を、錐状体は色を感じる。

(5) × 明るいところから急に暗いところに入ると、初めは見えにくいが徐々に見えやすくなることを暗順応という。

問42 ホルモンと内分泌器官
正解 （3）

(1) ○ コルチゾール：糖質コルチコイドとも呼ばれる副腎皮質ホルモンである。蛋白質を糖に変換（脱アミノ基）して、血糖量の「上昇」や抗炎症作用、免疫抑制効果がある。

(2) ○ アルドステロン：鉱質コルチコイドとも呼ばれる副腎皮質ホルモンである。体液中の塩類（ナトリウムとカリウム）のバランスを調節する。

(3) × メラトニン：脳の松果体から分泌される睡眠ホルモンともいわれ、概日リズム（体内時計による活動と睡眠の切り替わり）調節作用がある。ちなみに、副甲状腺から分泌され、体液中のカルシウムバランスの調節作用を有するのは副甲状腺ホルモンである。

(4) ○ インスリン：膵臓に存在するランゲルハンス島（膵島）のB細胞（β細胞）から分泌されるペプ

チドホルモンである。血糖値の恒常性維持に重要なホルモンで血糖量を減少させるため、糖尿病の治療にも用いられている。

(5) ○ アドレナリン：副腎髄質から分泌され、ストレス反応の中心的役割を果たし、心拍数を上げ、瞳孔を開き、血糖値を上げるなどの作用がある。

問43 代謝
正解 （5）

(1) × 代謝において、細胞に取り入れられた体脂肪やグリコーゲンなどが分解されてエネルギーを発生し、ATPが合成されることを異化という。

(2) × 代謝において、体内に摂取された栄養素が、種々の化学反応によって、ATPに蓄えられたエネルギーを用いて、細胞を構成する蛋白質などの生体に必要な物質に合成されることを同化という。

(3) × 基礎代謝は、心臓の拍動、呼吸運動、体温保持などに必要な代謝で、基礎代謝量は、覚醒した状態で絶対安静を保っているときの測定値で表される。

(4) × エネルギー代謝率は、（活動時の代謝量）÷（基礎代謝量）で表される。

(5) ○ エネルギー代謝率の値は、体格、性別などの個人差による影響は少なく、同じ作業であれば、ほぼ同じ値となるので、作業の強度をよく表すことができる。しかし、

静的筋作業のように、エネルギーを消費しない作業の強度を表す指標としては用いることができない。

問44 腎臓・泌尿器系
正解 （5）
（1）○　腎動脈から腎臓に流れ込む動脈血は、**腎小体**において、**糸球体**から**ボウマン嚢**へと濾し出される。血液中の蛋白質や血球は大きいため、糸球体からボウマン嚢へは通れず、血液から蛋白質と血球を除いた血漿成分が濾し出されることで**原尿**ができる。

（2）○　原尿中の水分、電解質、糖などの成分は**尿細管**において血液中に**再吸収**された後、生成された尿は、腎盂を経て膀胱にたまり体外に排泄される。

（3）○　尿は通常、**淡黄色**から**淡黄褐色**の液体で、固有の臭気を有し、**弱酸性**（pH6.0 ～ 6.5前後）である。

（4）○　尿の生成・排出は、体内の水分量やナトリウムなどの電解質濃度を調節するとともに生命活動に不要な物質を排泄する。水に溶ける水溶性物質は腎臓によって尿中に排泄され、水に溶けにくい脂溶性物質は、肝臓で分解、抱合など化学変化を受け、水溶性の代謝物となって尿や胆汁中に排泄される。

（5）×　血液中の尿素窒素（BUN）の値が高くなる場合は、腎臓の機能

の低下が考えられる。

—— 関係法令 ——
(有害業務に係るもの)

問1 衛生管理体制
正解 (4)

(1)○　常時500人を超える労働者を使用する事業場で、**多量の高熱物体を取り扱う業務**に常時30人以上の労働者を従事させる事業場にあっては、衛生管理者のうち少なくとも1人を**専任**の衛生管理者とすることとされている(安衛則7条1項5号ロ)。

(2)○　深夜業を含む業務に常時500人以上の労働者を従事させる事業場にあっては、その事業場に専属の産業医を選任することとされている(安衛則13条1項3号ヌ)。

(3)○　常時3,000人を超える労働者を使用する事業場にあっては、2人以上の産業医を選任することとされている(安衛則13条1項4号)。

(4)×　常時500人を超える労働者を使用する事業場で、坑内労働又は労基則18条1号、3号から5号まで若しくは9号に掲げる業務に常時30人以上の労働者を従事させるものにあっては、衛生管理者のうち1人を衛生工学衛生管理者免許を受けた者のうちから選任することとされている(安衛則7条1項6号)。本問に挙げられている「**多量の低温物体を取り扱う業務**」は、労基則18条2号に規定されているため、衛生管理者のうち1人を衛生工学衛生管理者免許を受けた者のうちから選任する必要は**ない**。

(5)○　事業者は、その事業場に専属の衛生管理者を選任することとされている。ただし、2人以上の衛生管理者を選任する場合において、当該衛生管理者の中に**労働衛生コンサルタント**がいるときは、そのうち1人については、専属で**なくてもよい**とされている(安衛則7条1項2号、10条3号)。

問2 定期自主検査
正解 (4)

(1)×　木工用丸のこ盤を使用する作業場所は特定粉じん発生源に当たらないので、局所排気装置を設けていても当該装置について定期自主検査を実施する義務は**ない**。

(2)×　塩酸は特定化学物質第三類のため、これを使用する作業場所に**局所排気装置**を設けていても当該装置について定期自主検査を実施する義務は**ない**。

(3)×　金属のアーク溶接作業は粉じん作業に当たるので(粉じん則2条1項1号、別表第一20号の2)、当該作業を行う屋内作業場については、当該作業に係る粉じんを減

少させるため**全体換気装置**による換気等の実施義務が規定されているが（粉じん則5条）、全体換気装置は定期自主検査の実施対象として規定されて**いない**（安衛令15条1項9号）。

(4) ◯　事業者は、特定化学設備及びその附属設備について、定期に**自主検査**を行わなければならない（安衛法45条1項、安衛令15条1項10号）。

(5) ×　アンモニアは特定化学物質第三類のため、これを使用する作業場所にプッシュプル型換気装置を設けていても当該装置に対して定期自主検査を実施する義務は**ない**。

問3　作業主任者
正解　（5）

A　×　水深10m以上の場所における潜水の作業は、法令上、作業主任者を選任しなければならない作業に該当**しない**。

B　×　セメント製造工程においてセメントを袋詰めする作業は、法令上、作業主任者を選任しなければならない作業に該当**しない**。

C　◯　製造工程において**硫酸**を用いて行う洗浄の作業は、法令上、**作業主任者を選任しなければならない作業である**（安衛法14条、安衛令6条18号、別表第三3号8）。

D　◯　石炭を入れてあるホッパーの内部における作業は、法令上、作業主任者を選任しなければならな

い作業である（安衛法14条、安衛令6条21号、別表第六5号）。

よって、法令上、作業主任者の選任が義務付けられているものの組合せは（5）である。

問4　製造の許可
正解　（3）

（1）のベンゾトリクロリド（安衛法56条1項、安衛令17条、別表第三1号7）、（2）のベリリウム及びその化合物（安衛法56条1項、安衛令17条、別表第三1号6）、（4）のジアニシジン及びその塩（安衛法56条1項、安衛令17条、別表第三1号5）、（5）のアルファ-ナフチルアミン及びその塩（安衛法56条1項、安衛令17条、別表第三1号2）は、製造しようとするとき、厚生労働大臣の許可を必要とするものに該当するが、（3）のオルト-フタロジニトリル（安衛法57条1項、同57条の2第1項、安衛令18条、同18条の2、別表第九）は、名称を表示・通知すべきものであり、許可を必要とするものには該当**しない**。

問5　譲渡の制限等
正解　（5）

譲渡の制限等の対象となる機械等については、安衛法別表第二及び安衛令13条に定められている（安衛法42条、安衛令13条）。

A　×　放射線測定器は安衛法別表第二及び安衛令13条のいずれにも該当**しない**。

B　×　防音保護具（聴覚保護具）は安衛法別表第二及び安衛令13条

のいずれにも該当**しない**。

C ○ ハロゲンガス用**防毒マスク**は該当する（安衛法別表第二9号）。

D ○ 電動ファン付き**呼吸用保護具**は該当する（安衛法別表第二16号）。

よって、法令上、譲渡の制限等の対象となる機械等の組合せは（5）である。

なお、令和5年10月1日施行の法改正により、従来の「防じん機能」を持つ電動ファン付き呼吸用保護具に加えて、「防毒機能」を持つ電動ファン付き呼吸用保護具も譲渡の制限等の対象となることとなったが、解答には影響がない。

問6 事業者の報告義務
正解 （2）

選択肢の中で、事業者がその結果を所轄労働基準監督署長に報告することが義務付けられているものは、（2）の定期に行う**特定化学物質健康診断**を行った場合である（特化則41条、39条）。それ以外のものについては、所轄労働基準監督署長に報告する必要はない。

問7 有機溶剤中毒予防規則
正解 （4）

（1）× 事業者は、屋内作業場等において、第二種有機溶剤等に係る有機溶剤業務に労働者を従事させるときは、当該有機溶剤業務を行う作業場所に局所排気装置等を設けなければならない（有機則5条）。局所排気装置が**外付け式フード**の場合には、当該フードにより有機

溶剤の蒸気を吸引しようとする範囲内における当該フードの開口面から最も離れた作業位置の風速が、**側方吸引型及び下方吸引型**のものにあっては「0.5m/s」、**上方吸引型**のものにあっては「1.0m/s」の制御風速を出し得る能力を有するものでなければならない（有機則16条1項）ので誤り。なお、局所排気装置が囲い式フードの場合には、フードの開口面における最小風速が「0.4m/s」の制御風速を出し得る能力を有するものでなければならない（有機則16条1項）。

（2）× 第二種有機溶剤等の区分については、**黄色**で色分けしなければならないので、誤り（有機則25条2項）。

（3）× 有機溶剤業務を行う屋内作業場における6か月以内ごとに1回の定期の作業環境測定は有機溶剤作業主任者の業務に含まれていないので、誤り（有機則19条の2）。

（4）○ 事業者は、屋内作業場等において、第二種有機溶剤等に係る有機溶剤業務に労働者を従事させるときは、作業場所に設けた**プッシュプル型換気装置**について、1年以内ごとに1回、定期に、特定の事項について**自主検査**を行わなければならないので、正しい（有機則20条、20条の2）。

（5）× 屋内作業場において第二種有機溶剤等を取り扱う業務に常時従事する労働者に対し、雇入れの際、

当該業務への配置替えの際及びその後6か月以内ごとに1回、定期に、特定の項目について医師による健康診断を行わなければならないので、誤り（有機則29条2項、安衛令22条1項6号）。

問8　特別の安全衛生教育
正解　（3）

(1) ○　石綿等が使用されている建築物の解体等の作業(石綿則4条1項)に係る業務は、当該業務に関する安全又は衛生のための特別の教育を行わなければならない業務である（安衛則36条37号）。

(2) ○　チェーンソーを用いて行う造材の業務は、当該業務に関する安全又は衛生のための特別の教育を行わなければならない業務である（安衛則36条8号）。

(3) ×　特定化学物質の第二類物質を取り扱う作業に係る業務は、当該業務に関する安全又は衛生のための特別の教育を行わなければならない業務には該当しない。

(4) ○　廃棄物の焼却施設において焼却灰を取り扱う業務は、当該業務に関する安全又は衛生のための特別の教育を行わなければならない業務である（安衛則36条36号）。

(5) ○　エックス線装置による透過写真の撮影の業務は、当該業務に関する安全又は衛生のための特別の教育を行わなければならない業務である（安衛則36条28号）。

問9　粉じん障害防止規則
正解　（3）

(1) ○　事業者は、屋内の特定粉じん発生源につき、その区分に応じて密閉する設備、局所排気装置、プッシュプル型換気装置若しくは湿潤な状態に保つための設備の設置又はこれらと同等以上の措置を講じなければならない（粉じん則4条）。

(2) ○　常時特定粉じん作業を行う屋内作業場については、6か月以内ごとに1回、定期に、空気中の粉じんの濃度の測定を行い、その測定結果等を記録して、これを7年間保存しなければならないので、正しい（粉じん則26条1項、8項）。

(3) ×　特定粉じん発生源に係る局所排気装置に、法令に基づき設ける除じん装置は、粉じんの種類がヒュームである場合には、ろ過除じん方式、電気除じん方式又はこれらと同等以上の性能を有する除じん方式によるものでなければならない（粉じん則13条1項）。

(4) ○　事業者は、特定粉じん作業以外の粉じん作業を行う屋内作業場については、当該粉じん作業に係る粉じんを減少させるため、全体換気装置による換気の実施又はこれと同等以上の措置を講じなければならない（粉じん則5条）。

(5) ○　粉じん作業を行う屋内の作業場所については、毎日1回以上、清掃を行わなければならない（粉じん則24条1項）。

問 10　女性労働者の就業制限
正解　（5）

　女性については、労働基準法に基づく危険有害業務の就業制限により次頁の表の左欄の年齢に応じ下表の重量以上の重量物を取り扱う業務に就かせてはならないとされている（女性則2条1項1号）。

年齢	重量（単位 kg）	
	断続作業の場合	継続作業の場合
満 16 歳未満	12	8
満 16 歳以上満 18 歳未満	25	15
満 18 歳以上	30	20

　よって、A には 12、B には 25、C には 20 が入るので、（5）が正解となる。

労働衛生
（有害業務に係るもの）

問 11　作業管理
正解　（2）

　作業管理とは、環境を汚染させない、あるいは有害要因のばく露や作業負荷を軽減させる作業方法の改善の他、作業姿勢の適正化や保護具の使用などが含まれる。

　選択肢の中で、作業管理に該当するものは、A の「振動ばく露時間の制限」と C の「耳栓や耳覆いの使用」である。

　よって、（2）が正解となる。B の「吸い込み気流の風速の測定」と D の「設備の密閉化」は作業環境管理、E の「配置転換」は健康管理に該当する。

問 12　化学物質の一般的性質
正解　（3）

（1）×　塩化ビニル…ガス：プラスチック材料の一種で、原油の精製によって作り出される。熱を加えると形を自由に加工することができる。

（2）×　ホルムアルデヒド…ガス：刺激臭のある無色の気体で水溶性がある。目や鼻を刺激し毒性が強い。

（3）○　二硫化炭素…蒸気：水より重く水に溶けない液体で、蒸気は空気より重いという性質がある。大気に触れると容易に気化しやすく、発火点が 90℃ と燃えやすい。燃焼すると亜硫酸ガスを発生する。

（4）×　二酸化硫黄…ガス：別名亜硫酸ガスともいい、火山や温泉地帯で発生するガス状物質。無色で刺激臭の強い気体。

（5）×　アンモニア…ガス：特有の臭いを持つ無色の気体で、刺激性と腐食性がある。常温で圧縮することで液化する。

問 13　有害因子による健康障害
正解　（4）

（1）×　電離放射線による障害には、「確率的影響」と「確定的影響」がある。前者は、発生する確率が、被ばくした放射線量とともに増えるという特徴があり、がんや白血病などが該当する。一方、後者は、放射線量の一定の値（しきい値）を超える被ばくをしなければ発生

しないが、しきい値を超えて高線量を受けると、現れる障害の程度が重くなるという特徴があり、**中枢神経系障害**などが該当する。

（2）× **金属熱**は金属ヒュームを吸入することによって数時間後に悪寒、発熱、関節痛などが現れる症状をいう。高温により体温調節機能が障害を受けたために起こるのではない。

（3）× 潜水業務における**減圧症**（ベンズ）は、浮上による減圧に伴い、過飽和状態の血液中の「**窒素**」が気泡化して起こる。血流をブロックすることにより、皮膚のかゆみ、関節痛、神経麻痺などの症状が発生する。

（4）○ **振動障害**とは、局所振動（工具・機械・装置などの振動）が主として手・腕を通して身体に伝達されることにより生じる障害のことであり、**末梢神経障害**（手のしびれなど）、**末梢循環障害**（レイノー現象など）、運動器障害の3つの障害から構成される。

（5）× **凍瘡**はいわゆる「**しもやけ**」で、寒冷による**血行障害**が原因で、炎症や浮腫が起こる。0℃以下の寒冷による皮膚組織の凍結壊死は**凍傷**である。

問14　金属による健康障害
正解　（4）

（1）○ **カドミウム**の急性中毒では上気道炎・肺炎・肺水腫、慢性中毒では**腎機能障害・骨軟化症**がみら

れる。

（2）○ **鉛中毒**では、まず貧血がよく起こる。末梢神経障害としては手足のしびれ、こむらがえり、関節痛、筋肉痛などがある。特徴的なのは**鉛疝痛**といわれる腹痛である。

（3）○ **マンガン**は大脳基底核を変性させ、歩行困難や筋の硬直、震えなど**パーキンソン病**と似た症状を起こさせる。

（4）× **ベリリウム**は極めて毒性の高い物質であり、深刻な慢性肺疾患を引き起こし発がん性もある。溶血性貧血は、貧血症状に加え、黄疸がみられることが特徴で、砒素、鉛等のばく露が原因となる。

（5）○ **金属水銀**の蒸気を吸入すると脳に障害を及ぼし、感情不安定・判断力の低下など精神障害や指先の震えなどの症状がみられる。

問15　リスクの見積り
正解　（2）

厚生労働省の「化学物質等による危険性又は有害性等の調査等に関する指針」において、リスクの見積り方法が示されている。その1つが、①発生可能性及び②重篤度を考慮する方法であり、具体的には、以下の（ア）～（エ）に掲げるようなものである。

（ア）①及び②を相対的に尺度化し、それらを縦軸と横軸とし、あらかじめ①及び②に応じてリスクが割り付けられた表を使用してリスクを見積もる方法

（イ）①及び②を一定の尺度によりそれぞれ数値化し、それらを**加算**又は**乗算**等してリスクを見積もる方法

（ウ）①及び②を段階的に**分岐**していくことによりリスクを見積もる方法

（エ）ILO の化学物質リスク簡易評価法（コントロール・バンディング）等を用いてリスクを見積もる方法

また、他には、当該業務に従事する労働者が化学物質等（リスクアセスメント対象物）にさらされる程度（ばく露の程度）及び当該化学物質等（リスクアセスメント対象物）の有害性の程度を考慮する方法があり、具体的には、以下の(オ)に掲げるようなものである。

（オ）対象の化学物質等（リスクアセスメント対象物）への労働者の**ばく露**の程度及び当該化学物質等による**有害性**を相対的に尺度化し、それらを**縦軸**と**横軸**とし、あらかじめばく露の程度及び有害性の程度に応じてリスクが割り付けられた表を使用してリスクを見積もる方法

（1）○　解説（ア）を参照。この方法は**マトリクス法**と呼ばれている。

（2）×　解説を参照。「取り扱う化学物質等の年間の取扱量及び作業時間」ではなく、「**発生可能性及び重篤度**」である。

（3）○　解説（ウ）を参照。この方法は「**枝分かれ図**」を用いた方法である。

（4）○　解説（エ）を参照。

（5）○　解説（オ）を参照。この方法は「**尺度化した表**」を用いる方法である。

なお、令和 6 年 4 月 1 日に改正指針が施行され、政令で定める通知対象物を「リスクアセスメント対象物」とする等の変更があるが、リスクの見積り方法に変更は無い。

問 16　騒音による健康障害
正解　（2）

（1）○　音圧レベルとは、その音の音圧が基準音圧（20×10^{-6}Pa ＝ 20μPa）の何倍かという値の対数を取って **20** 倍した値のことである。また、その単位は**デシベル(dB)**で表される。

（2）×　**等価騒音レベル**は、測定時間内における変動騒音エネルギーによる**総ばく露量を時間平均した**ものである。変動する騒音に対する人間の生理・心理的反応とよく対応するため、作業環境における騒音の大きさを表すのに広く用いられる。

（3）○　騒音計の周波数補正特性は、人が感じる音の大きさに近い音量が測定できるように設定されたもので、**A 特性**で補正した値を使用する。

（4）○　c^5dip とは、**4,000Hz** を中心とした V 字形の切れ込みを示すオージオグラム（聴力図）の型であり、騒音性難聴の**初期**にみられることが多い。なお、c^5 は、正確には 4186.01Hz である。

（5）○　騒音は聴覚だけでなく、不快感や神経的疲労を生じ自律神経系や内分泌系へも影響を与えるた

め、交感神経の活動の**亢進**や副腎皮質ホルモンの分泌の**増加**が認められることがある。

問17　電離放射線
正解　（3）

（1）○　電離放射線には、電磁波（ガンマ線、エックス線など）と粒子線（陽子線、速中性子線、重粒子線など）がある。

（2）○　放射線には、**自然放射線と人工放射線**があり、ガンマ線は**自然放射線**に、エックス線は**人工放射線**にそれぞれ分類される。また、ガンマ線やエックス線が電磁波であることについては、（1）の解説で記したとおりである。

（3）×　紫外線の波長は $10 \sim 400$ nm 程度であるのに対し、エックス線の波長は 1pm $\sim$ 10nm 程度であるため、エックス線の波長は紫外線の波長より**短い**。

（4）○　電離放射線の被ばくによる身体的影響のうち、**白内障やがん、白血病は晩発障害**に分類される。また、白内障は、被ばく後、10年以上経過してから発症することもある。

（5）○　陽子の数は同じで、中性子の数が異なっている元素のことを**同位元素（アイソトープ）**という。また、同位元素の中で、陽子の数と中性子の数の兼ね合いから原子核が不安定になるものは、外にエネルギーを放出して安定になろうとする。この時、外に出てくるものが放射線であり、同位元素のなかで放射線を出すものを特に**放射性同位元素（ラジオアイソトープ）**という。

問18　作業環境測定の結果の評価
正解　（1）

（1）○　管理濃度とは、有害物質に関する作業環境の状態を評価するために、作業環境測定基準に従って実施した作業環境測定の結果から作業環境管理の良否を判断する際の**管理区分**を決定するための指標である。

（2）×　有害物質の発散を伴うような原材料の投入、点検作業が間欠的に行われる作業や発生源に**近接**した作業位置の**最高濃度**の測定は**B測定**の結果により評価される。**A測定**は単位作業場所における有害物質の気中濃度の**平均的**な分布測定のことである。

（3）×　解説（2）参照。なお、B測定はA測定を補完する意味合いを持つ。

（4）×　A測定の第二評価値とB測定値がいずれも管理濃度に満たない単位作業場所は**第二管理区分**である。

（5）×　B測定の測定値が管理濃度の「1.5倍」を超えている単位作業場所は、A測定の結果に関係なく**第三管理区分**に区分される。単に、「超えている」ではない。

問19 特殊健康診断
正解 （1）

特殊健康診断において、有害物の体内摂取量を把握する検査として生物学的モニタリングがあり、トルエンについては尿中の A 馬尿酸 を測定し、B 鉛 については C 尿 中のデルタアミノレブリン酸を測定する。

したがって、正しい組合せは（1）である。

問20 呼吸用保護具
正解 （2）

（1）× 吸収缶は対象のガスによって色が定められており、一酸化炭素用は「赤」、有機ガス用は「黒」となっている。

（2）○ 防じんマスクや防毒マスクなどの、ろ過式の呼吸用保護具は、ガスの種類、濃度及び酸素濃度によって使用限度がある。そのため、高濃度の有害ガスに対しては、送気マスクや自給式呼吸器など給気式のものを用いる。

（3）× 防じんマスクは、ばく露時間は短いが、命・健康に害がないときはヒュームに対して有効である。

（4）× ろ過材に付着した粉じんが飛散するのでやってはならない。

（5）× 防じんマスクは、使い捨て式と取替え式に分類され、粉じん、ミストに対する性能試験によりグレードが明確に区分されている。作業に適したものを選択し、顔面とマスクの面体の高い密着性が要

求される有害性の高い物質を取り扱う作業では、取替え式のものを選ぶ。

——— 関係法令 ———
（有害業務に係るもの以外のもの）

問21 総括安全衛生管理者の選任
正解 （5）

本問に挙げられている業種のうち、通信業、各種商品小売業、旅館業、ゴルフ場業は、常時使用する労働者数が300人以上の事業場において、総括安全衛生管理者の選任が義務付けられている（安衛令2条2号）。（5）の医療業は、常時使用する労働者数が1,000人以上の事業場において、総括安全衛生管理者の選任が義務付けられている（安衛令2条3号）。

問22 産業医
正解 （4）

（1）○ 産業医を選任した事業者は、産業医に対し、労働者の業務に関する情報であって産業医が労働者の健康管理等を適切に行うために必要と認めるものを提供しなければならない（安衛法13条4項、安衛則14条の2第1項3号）。

（2）○ 産業医を選任した事業者は、その事業場における産業医の業務の具体的な内容、産業医に対する健康相談の申出の方法、産業医による労働者の心身の状態に関する情報の取扱いの方法を、常時各作業場の見やすい場所に掲示し、又

は備え付ける等の方法により、労働者に周知させなければならない（安衛法101条2項、安衛則98条の2）。

（3）○ 産業医は、衛生委員会又は安全衛生委員会に対して労働者の健康を確保する観点から必要な**調査審議**を求めることができる（安衛則23条5項）。

（4）× 産業医は、少なくとも毎月1回（産業医が、事業者から毎月1回以上、①衛生管理者が行う**巡視の結果**又は②労働者の健康障害を防止し、又は労働者の健康を保持するために必要な情報であって、衛生委員会又は安全衛生委員会における**調査審議**を経て事業者が産業医に提供することとしたものを受けている場合であって、事業者の同意を得ているときは、少なくとも**2か月に1回**）作業場等を巡視しなければならない（安衛則15条）。衛生委員会を開催した都度作成する議事概要を提供されているだけでは、巡視の頻度を2か月に1回以上にすることはできないので誤り。

（5）○ 事業者は、産業医から労働者の健康管理等について勧告を受けたときは、当該勧告の内容及び当該勧告を踏まえて講じた措置の内容（措置を講じない場合にあっては、その旨及びその理由）を記録し、これを**3年間保存しなければ**ならない（安衛則14条の3第2項）。

問23　一般健康診断
正解　（2）

（1）○ 医師による健康診断を受けた後、**3か月**を経過しない者を雇い入れる場合において、その者が当該健康診断の結果を証明する書面を提出したときは、当該健康診断の項目に相当する雇入時の健康診断の項目については、省略することができる（安衛則43条1項）。

（2）× 定期健康診断においては、45歳未満の者（35歳及び40歳の者を除く。）については、医師が適当と認める聴力（1,000ヘルツ又は4,000ヘルツの音に係る聴力を除く。）の検査をもって代えることができる（安衛則44条4項）が、**雇入時**の健康診断においては、このような規定が置かれていない。

（3）○ 深夜業を含む業務に常時従事する労働者に対しては、**6か月以内ごとに1回**、定期に、健康診断を行わなければならないが、**胸部エックス線検査**については、**1年以内ごとに1回**でよい（安衛則45条1項）。

（4）○ 事業場において実施された健康診断の項目に異常の所見があると診断された労働者については、その結果に基づき、健康を保持するために必要な措置について、健康診断日から**3か月以内**に、**医師の意見を聴かなければならない**（安衛法66条の4、安衛則51条の2第1項1号）。

（5）○ 雇入時の健康診断において

は、定期健康診断のような所轄労働基準監督署長への健康診断結果についての**報告**（安衛則52条）は**必要ない**。

問24　ストレスチェックと面接指導
正解　（3）

(1) ×　常時50人以上の労働者を使用する事業場においては、1年以内ごとに1回、定期に、ストレスチェックを行わなければならない（安衛法66条の10第1項、安衛則52条の9、労働安全衛生法に基づくストレスチェック制度実施マニュアル）。

(2) ×　検査を受けた**労働者**に対し、当該検査を行った医師等から、**遅滞なく**、当該検査の結果が通知されるようにしなければならない（安衛則52条の12）。衛生管理者に通知する必要はない。

(3) ○　労働者に対するストレスチェックの項目は、「職場における当該労働者の**心理的な負担の原因**に関する項目」「当該労働者の心理的な負担による**心身の自覚症状**に関する項目」「職場における**他の労働者**による当該労働者への**支援**に関する項目」である（安衛則52条の9第1号〜3号）。

(4) ×　検査の結果、心理的な負担の程度が高く面接指導を受ける**必要**があると当該検査を行った医師等が認めたものが面接指導を**希望**する旨を申し出たときは、医師による面接指導を行わなければならない（安衛法66条の10第3項、安衛

則52条の15）。心理的な負担の程度が高い労働者全員に対し、医師による面接指導を行う必要はない。

(5) ×　事業者は、面接指導の結果に基づき、当該面接指導の結果の記録を作成して、これを5年間保存しなければならない（安衛則52条の18第1項）。

問25　衛生基準
正解　（5）

(1) ×　事業者は、日常行う清掃のほか、**大掃除**を、6か月以内ごとに1回、定期に、統一的に行わなければならないので、衛生基準に違反している（安衛則619条1号）。

(2) ×　事業者は、常時50人以上又は常時女性30人以上の労働者を使用するときは、労働者が臥床することのできる**休養室**又は**休養所**を、男性用と女性用に区別して設けなければならないので、衛生基準に違反している（安衛則618条）。

(3) ×　事業者は、坑内等特殊な作業場以外の作業場において、男性用小便所の箇所数を同時に就業する男性労働者30人以内ごとに1個以上としなければならないので、衛生基準に違反している（安衛則628条1項3号）。

　なお、この規定は令和3年12月1日施行の改正点に該当するが、実質的な内容は変わらない。

(4) ×　事業者は、事業場に附属する**食堂**の床面積は、食事の際の1人について、$1m^2$以上としなければ

ならないので、衛生基準に違反している（安衛則630条2号）。

（5）〇　直接外気に向かって開放することのできる**窓の面積**が、常時、床面積の1/20以上であれば、換気設備を設けなくてもよい（安衛則601条1項）。本問の場合、窓の面積が床面積の1/15なので、衛生基準に違反していない。

問26　労働時間
正解　（4）

（1）×　本選択肢は労基法36条に規定されているものであるが、本選択肢以外にも、例えば同法32条の2第1項において、**労使協定又は就業規則**その他これに準ずるものにより、1か月以内の一定の期間を平均し1週間当たりの労働時間が同法32条1項の労働時間を超えない定めをしたときは、1日8時間を超えて労働させることができる(変形労働時間制)。よって、本選択肢は誤りである。

（2）×　労働時間は、事業場を異にする場合においても、労働時間に関する規定の適用については**通算する**（労基法38条1項）。

（3）×　使用者は、労働時間が6時間を超える場合においては少なくとも**45分**、8時間を超える場合においては少なくとも**1時間**の休憩時間を労働時間の途中に与えなければならない（労基法34条1項）。

（4）〇　**機密**の事務を取り扱う労働者については、所轄労働基準監督署長の許可を受けなくても**労働時間、休憩及び休日に関する規定は適用されない**（労基法41条2号）。

（5）×　監視又は断続的労働に従事する労働者であって、所轄労働基準監督署長の許可を受けたものについては、労働時間、**休憩及び休日に関する規定は適用されない**（労基法41条3号、労基則34条）。**年次有給休暇に関する規定は適用される**ので誤り。

問27　年次有給休暇
正解　（3）

本問のように、いわゆるフルタイム勤務ではない労働者の場合、与えなけ

問27の表

週所定労働日数	1年間の所定労働日数	雇入れの日から起算した継続勤務期間						
		6か月	1年6か月	2年6か月	3年6か月	4年6か月	5年6か月	6年6か月以上
4日	169日〜216日	7日	8日	9日	10日	12日	13日	15日
3日	121日〜168日	5日	6日	6日	8日	9日	10日	11日
2日	73日〜120日	3日	4日	4日	5日	6日	6日	7日
1日	48日〜72日	1日	2日	2日	2日	3日	3日	3日

ればならない有給休暇の日数は、下の表に掲げるものとなる。

　本問における労働者は、週所定労働日数が4日で、雇入れの日から起算して3年6か月継続勤務しているので、（3）の10日が正解となる（労基則24条の3第3項）。

────── 労働衛生 ──────
（有害業務に係るもの以外のもの）

問28 労働衛生管理統計
正解 （1）

（1）× 生体から得られたある指標が正規分布である場合、そのバラツキの程度は、**分散及び標準偏差**によって表される。

（2）○ **分散**とは「データがどの程度平均値の周りにばらついているか」を表す指標である。平均値が同じであっても分散が異なっていれば、異なった特徴をもつ集団であると評価される。

（3）○ 健康管理統計において、ある時点での検査につき異常がみられた者を有所見者という。また、有所見者の割合を**有所見率**といい、このように、ある特定時点における特定集団のデータを**静態データ**という。

（4）○ 値を正確に数えることができるものを**計数データ**といい、値を正確に数えることができず連続的なもの（測定器に表示の限界がなければ、小数点以下に無数の数字が表示されうるもの）を、**計量デ**ータという。健康診断においては、対象人数、受診者数などのデータは**計数データ**に当たり、身長、体重などのデータは計量データに当たる。

（5）○ **相関関係**とは、「片方の値が変化すれば、もう片方も同じように変化する関係」のことであり、**因果関係**とは、「片方の変化が、もう片方に変化を与える関係」のことである。これらを踏まえると、ある事象と健康事象との間に、統計上、相関関係が認められても、それらの変化が偶然の一致である可能性を排除できないため、因果関係がないこともある。

問29 腰痛予防対策
正解 （5）

（1）× 腰部保護ベルトは、個人により効果が異なるため、一律に使用するのではなく、**個人毎に効果を確認してから使用の適否を判断すること**とされている。

（2）× 満18歳以上の**男子**労働者が人力のみにより取り扱う物の重量は、体重のおおむね**40**％以下となるように努めることとされている。

（3）× 重量物取扱い作業、介護・看護作業等腰部に著しい負担のかかる作業に常時従事する労働者に対しては、当該作業に配置する際及びその後6か月以内ごとに1回、定期に、医師による腰痛の健康診断を実施することとされている。

（4）× 立ち作業を行う場合、床面が硬い場合は、立っているだけでも腰部への衝撃が大きいので、**クッション性**のある**作業靴やマット**を利用して、衝撃を緩和することとされている。

（5）○ 腰掛け作業の場合の作業姿勢は、椅子に深く腰を掛けて、背もたれで体幹を支え、履物の**足裏全体**が床に**接する**姿勢を基本とすることとされている。

問30　出血・止血法
正解　（4）

（1）○ 体内の血液の約20％が急速に失われると「**出血性ショック**」という重度な状態になり、約30％（約3分の1）を失えば、**生命に危険が及ぶ**。

（2）○ 傷口が泥で汚れているときは、化膿を防ぐため、**水道水**でよく洗い流すべきである。

（3）○ 静脈からの出血又は動脈からの出血でも、一般市民が行う応急手当としては出血部位を直接圧迫する**直接圧迫法**が**基本**である。この方法で止血できない場合には、手足に限って止血帯法を行う。

（4）× **静脈性出血**は、赤黒い血が持続的に湧き出るような出血である。擦り傷のときにみられ、傷口から少しずつにじみ出るような出血は、**毛細血管性出血**である。

（5）○ 止血帯は、他の止血方法では止血が困難で、出血により生命の危機が切迫している場合に使用する。

なお現在消防庁は、医療管理下で止血帯を緩めるよう推奨している。

問31　虚血性心疾患
正解　（1）

（1）× 心臓の筋肉に血液を送る**冠動脈**が狭くなったり、塞がったりして心筋が酸素不足に陥る状態を**虚血性心疾患**と呼ぶ。門脈ではなく冠動脈である。

（2）○ 虚血性心疾患は、心臓の筋肉に血液を送る**冠動脈**が**狭く**なったり、**塞が**ったりして心筋が酸素不足に陥る状態で、高血圧症や、喫煙、脂質異常症が発症の危険因子となる。

（3）○ 虚血性心疾患は、心筋の一部分に可逆的虚血が起こる**狭心症**と、不可逆的な心筋壊死が起こる**心筋梗塞**とに大別される。

（4）○ **心筋梗塞**は前胸部の**激しい**痛みが**長時間**持続し顔面は蒼白になり、冷汗が出る。不可逆的な心筋壊死が起こるので安静によって改善することはない。

（5）○ 狭心症は、心筋の虚血（酸素が十分供給されない）異常で血流が一時的に悪くなるもので、前胸部の痛みや胸がつまる感じが**数分〜十数分**持続するが、**安静**により症状は**改善**することが多い。

問32　食中毒
正解　（4）

（1）○ 黄色ブドウ球菌がつくる毒素（エンテロトキシン）は熱に強い。

（2）〇　ボツリヌス菌の毒素はボツリヌストキシンという。缶詰、真空包装食品等で増殖する毒素型の細菌で、**神経毒**を産生し、主に神経症状を呈し致死率が**高い**。

（3）〇　腸炎ビブリオ菌は、**病原性好塩菌**ともいわれる。海産の魚介類に発生し、塩分2〜5％でよく発育する。

（4）×　サルモネラ菌による食中毒は、食物に付着している細菌そのものの感染によって起こる**感染型食中毒**である。食物に付着した細菌により産生された毒素によって発症するのは**毒素型食中毒**であり、代表的なものとして**ボツリヌス菌**、**黄色ブドウ球菌**によるものがある。

（5）〇　ウェルシュ菌、セレウス菌及びカンピロバクターは、**細菌性食中毒**の原因菌である。

問33 ★情報機器作業のガイドライン
正解　（3）

（1）〇　ディスプレイを用いる場合のディスプレイ画面上における照度は**500ルクス以下**を目安とする。（注）令和3年12月1日に施行されたガイドラインの改正により、ディスプレイ画面上における照度の基準に関する記述が削除された。そのため、現在では本選択肢も×となる。

（2）〇　ディスプレイを置く位置を工夫して、**グレア**が生じないようにする必要があるとされている。

（3）×　ディスプレイは、おおむね**40cm以上**の視距離を確保し、画面の上端が、眼と**同じ高さ**か、やや下になるようにする。

（4）〇　1日の情報機器作業の作業時間が**4時間未満**である労働者については、情報機器作業に係る定期健康診断を、**自覚症状を訴える者**を対象に実施することとされている。なお、1日の情報機器作業の作業時間が**4時間以上**である労働者については、情報機器作業に係る定期健康診断を、全ての者を対象に実施することとされている。

（5）〇　情報機器作業を行う作業者の配置後の健康状態を定期的に把握し、継続的な健康管理を適正に進めるため、情報機器作業の作業区分に応じて、作業者に対し、**1年以内ごとに1回**、定期健康診断を実施することとされている。

問34　労働安全衛生マネジメントシステム
正解　（5）

（1）〇　「労働安全衛生マネジメントシステムに関する指針」2条によると、この指針は、労働安全衛生法の規定に基づき機械、設備、化学物質等による危険又は健康障害を防止するため事業者が講ずべき**具体的**な措置を定めるものではないとされている。

（2）〇　同指針3条1号によると、労働安全衛生マネジメントシステムとは、事業場において、所定の事

項を体系的かつ継続的に実施する安全衛生管理に係る一連の自主的活動に関する仕組みであって、生産管理等事業実施に係る管理と一体となって運用されるものをいうとされている。

(3) ○　同指針5条によると、事業者は、事業場における安全衛生水準の向上を図るための安全衛生に関する基本的考え方を示すものとして、**安全衛生方針**を**表明**し、労働者及び関係請負人その他の関係者に**周知**させるものとするとされている。

(4) ○　同指針11条及び12条によると、事業者は、安全衛生方針に基づき設定した安全衛生目標を達成するため、事業場における危険性又は有害性等の調査の結果等に基づき、一定の期間を限り、**安全衛生計画を作成**するものとする。

(5) ×　同指針においては、外部機関の**監査**を受ける義務は規定されていない。

労働生理

問35　神経系
正解　（5）

(1) ○　神経細胞は、1個の細胞体、1本の軸索、複数の樹状突起から成り、**ニューロン**ともいわれる。軸索は神経細胞本体からの信号を他のニューロンに伝える出力用の線維、樹状突起は他のニューロンからの信号を受け取る部分である。

(2) ○　神経は「中枢神経」（脳・脊髄）と「末梢神経」に分けられる。また、末梢神経は、**意志**によって身体の各部を動かす「**体性神経**」と意志に**関係なく**刺激に反応して身体の機能を調整する「**自律神経**」に分けられる。具体的には、運動及び感覚に関与するのが体性神経、呼吸、循環などに関与するのが自律神経である。

(3) ○　大脳の**外側**の皮質は、神経細胞が集まっている**灰白質**で、感覚、運動、思考等の作用を支配する。

(4) ○　同一器官に分布していても、**交感神経系**と**副交感神経系**の作用はほぼ**正反対**で、バランスをとって細胞の働きを調節している。日中は**交感神経系**が**優位**になり、心拍数や血圧を上げ、消化管の働きを抑えて身体を**活動モード**にする。睡眠中は**副交感神経系**が優位になり、血圧**低下**、心拍数減少、消化管の働きを**活発**にし、身体を**休息モード**に切り替える。

（5）× 解説（4）参照。

問 36 心臓の働きと血液循環
正解 （1）

　血液循環には、肺を通る**肺循環**と、肺以外の体中をめぐる**体循環**とがある。**大動脈・肺静脈には酸素に富む動脈血**が、**大静脈・肺動脈には二酸化炭素を多く含んだ静脈血**が流れている。

> **体循環**：左心室→大動脈→全身の器官・組織の毛細血管→大静脈→右心房

> **肺循環**：右心室→肺動脈→肺の毛細血管→肺静脈→左心房

（1）× 　自律神経のうち、交感神経は心筋に作用して心拍数と心拍出量を増大させ、副交感神経は心拍数を下げる。しかし、心臓が規則正しく収縮・拡張を繰り返すための電気刺激の発生と伝導を行っているのは**特殊心筋**（洞房結節、房室結節、房室束、右脚・左脚、プルキンエ線維）であり、刺激伝導系といわれる。自律神経中枢で発生した刺激によるものではない。

（2）○ 　本問冒頭の解説を参照。体内では**肺循環**と**体循環**が交互に繰り返されている。

（3）○ 　本問冒頭の解説を参照。なお、**動脈血**は明るい赤色、**静脈血**は暗い赤色をしている。

（4）○ 　**脈拍**とは、心臓の筋肉が一定のリズムで収縮すること（心臓の拍動）により、動脈に伝わる周期的な運動のことをいう。脈拍は、皮膚に近い部分にある**橈骨動脈**で測定することが多い。

（5）○ 　**動脈硬化**とは、血中の LDL コレステロールが**過剰**になることなどにより、血管が硬くなって柔軟性が失われている状態のことである。進行すると、血管の破裂、狭窄や血栓による閉塞などを招き、脳出血、脳梗塞、心筋梗塞などを発症することにもつながる。

問 37 消化器系
正解 （3）

（1）○ 　糖質はブドウ糖や果糖などの単糖に、蛋白質はアミノ酸に、脂肪は脂肪酸とグリセリンに、それぞれ酵素により分解されて吸収される。

（2）○ 　無機塩やビタミン類は、酵素による分解を**受けないで**そのまま腸壁から吸収される。

（3）× 　膵臓は、消化酵素を含む膵液を十二指腸に分泌するとともに、血糖値を調節するホルモンを血液中に分泌する。

（4）○ 　ペプシノーゲンは胃の中の酸性環境により、分解されてペプシンとなる。ペプシンは蛋白質分解酵素であり、蛋白質をアミノ酸に分解する。

（5）○ 　小腸の粘膜には絨毛というビロード状の突起があり、小腸の表面積を大きくしている。

問38 呼吸
正解 （1）
（1）× 肺自体には運動能力がないので、呼吸運動は**横隔膜**や**肋間筋**などの**呼吸筋の協調運動**によって胸郭内容積を周期的に増減し、肺を伸縮させることにより行われる。

（2）○ 外肋間筋と横隔膜が同時に収縮し、胸郭内容積を広げて、その内圧を低くすることで肺へ流れ込む空気を**吸気**という。

（3）○ 呼吸は酸素と二酸化炭素のガス交換である。肺では、肺胞へ空気を出し入れし血液中の二酸化炭素と空気中の酸素を交換している。これを**肺呼吸又は外呼吸**と呼ぶ。

（4）○ 肺呼吸又は外呼吸によって血液中に取り入れられた酸素は、血管から組織液中に移り、細胞内に達する。細胞から組織液中に出た二酸化炭素は、血管内の血液に溶け込み、肺に送られる。このように組織内部で行われるガス交換の過程を**組織呼吸又は内呼吸**と呼ぶ。

（5）○ 呼吸中枢は主として動脈血の**二酸化炭素分圧**によって調節されている。血液中に二酸化炭素が増加してくると、呼吸中枢は刺激されて、肺でのガス交換の量が**多く**なる。

問39 腎臓・泌尿器系
正解 （5）
（1）○ 腎動脈から腎臓に流れ込む動脈血は、**腎小体**において、**糸球体**から**ボウマン囊**へと濾し出される。血液中の蛋白質や血球は大きいため、糸球体からボウマン囊へは通れず、血液から蛋白質と血球を除いた血漿成分が濾し出されることで**原尿**ができる。

（2）○ 原尿中の水分、電解質、糖などの成分は**尿細管**において血液中に**再吸収**された後、生成された尿は、腎盂を経て膀胱にたまり体外に排泄される。

（3）○ 尿は通常、**淡黄色から淡黄褐色**の液体で、固有の臭気を有し、**弱酸性**（pH6.0～6.5前後）である。

（4）○ 尿の生成・排出は、体内の水分量やナトリウムなどの電解質濃度を調節するとともに生命活動に不要な物質を**排泄**する。水に溶ける水溶性物質は腎臓によって尿中に排泄され、水に溶けにくい脂溶性物質は、肝臓で分解、抱合など化学変化を受け、水溶性の代謝物となって尿や胆汁中に排泄される。

（5）× 尿の約95％は**水分**、残りの約5％は**固形物**で、その成分から健康状態を判断できるため、健康診断では尿検査が広く行われるが、**尿素窒素は尿検査ではなく血液検査**で測定される。

問40 代謝
正解 （5）
（1）× 代謝において、細胞に取り入

れられた体脂肪やグリコーゲンなどが分解されてエネルギーを発生し、ATPが合成されることを**異化**という。

（2）✕ 代謝において、体内に摂取された栄養素が、種々の化学反応によって、ATPに蓄えられたエネルギーを用いて、細胞を構成する蛋白質などの生体に必要な物質に合成されることを**同化**という。

（3）✕ **基礎代謝**は、心臓の拍動、呼吸運動、体温保持などに必要な代謝で、基礎代謝量は、**覚醒**した状態で絶対**安静**を保っているときの測定値で表される。

（4）✕ エネルギー代謝率は、（**活動時の代謝量**）÷（**基礎代謝量**）で表される。

（5）○ エネルギー代謝率の値は、体格、性別などの個人差による影響は少なく、同じ作業であれば、ほぼ同じ値となるので、作業の強度をよく表すことができる。しかし、**精神的作業**や**静的筋作業**のように、エネルギーを消費しない作業の強度を表す指標としては用いることが**できない**。

問41 聴覚器官
正解 （4）
（1）○ 耳は、聴覚と平衡感覚をつかさどる器官で、**外耳、中耳、内耳**の3つの部位からできている。
（2）○ 耳介で集められた音は、外耳道を通って**鼓膜**に伝わる。鼓膜に音が当たって振動すると、その振

動が耳小骨で増幅されて**内耳**へと伝えられる。

（3）○ 内耳は聴覚をつかさどる蝸牛と、平衡感覚をつかさどる前庭・半規管で形成されている。蝸牛にはリンパ液が入っていて、耳小骨の振動でリンパ液が揺れ、その揺れを感覚細胞（有毛細胞）が捉えて電気信号に変え、蝸牛神経に伝えている。前庭と半規管の役割については、（4）の解説を参照。

（4）✕ 半規管は体の**回転**の方向や**速度**を感じ、前庭は体の傾きの方向や**大きさ**を感じる。本選択肢は、これらの説明が逆になっている。

（5）○ 中耳の鼓膜の奥には**鼓室**があり、鼓室は耳管で咽頭とつながっている。鼓膜の内外が同じ圧でないと、鼓膜がうまく振動しないため、鼓室の内圧は外気圧と**等しく**保たれている。

問42 抗体
正解 （4）
抗体とは、体内に入ってきた **A 抗原** に対して **B 体液性** 免疫において作られる **C 免疫グロブリン** と呼ばれる蛋白質のことで、**A 抗原** に特異的に結合し、**A 抗原** の働きを抑える働きがある。
したがって、正しい組合せは（4）である。

問43 体温調節
正解 （2）
（1）○ 寒冷にさらされ、体温が正常

以下になると、皮膚の血管が**収縮**して血流量を**減らし**放熱量を**減ら**すので、皮膚温は下がる。また体内の代謝活動を高めて、熱の産生量を増やす。

(2) ×　高温にさらされ、体温が正常以上に上昇すると、皮膚の血管が**拡張**し血流量を増やし発汗を促して、放熱量を**増や**す。また体内の代謝活動を**抑制**し、熱の産生量を**減ら**す。「内臓の血流量」ではなく「皮膚の血流量」、「代謝活動が亢進」ではなく「代謝活動が抑制」である。

(3) ○　外部環境が変化しても生命を維持するために、体温調節をはじめ身体内部の状態を一定に保つ仕組みを**恒常性**（ホメオスタシス）という。自律神経による**神経性調節**とホルモンなどによる**体液性調節**により維持されている。

(4) ○　発汗では、汗が蒸発する時の気化熱で体温を下げている。水の気化熱は1ml（1g）につき約**0.58kcal**、人体の比熱（体重1kgを1℃高めるのに要する熱量）は約**0.83kcal**とされる。

体温調節で体温を下げる時は、体重70kgの人は $70 \times 0.83 = 58.1$ kcal となり、これは水が100ml（100g）蒸発するのにほぼ等しい熱量となり、汗100gをかくと体温が1℃上昇するのを防ぐ（下げる）ことになる。

(5) ○　放熱は物理的な過程で行われ、蒸発には**発汗**と、皮膚や呼気から水分が失われる**不感蒸泄**がある。

問44　睡眠
正解　（4）

(1) ○　**サーカディアンリズム**が乱れると、疲労や時差ボケ、不眠症などの睡眠障害の原因となる。

(2) ○　睡眠には、浅い眠りの**レム睡眠**と、深い眠りの**ノンレム睡眠**がある。

(3) ○　**コルチゾール**は、副腎皮質から分泌されるステロイドホルモンである。主な働きは、血糖値の調整、肝臓での糖の新生、抗炎症および免疫抑制などで、生体にとって必須のホルモンといえる。また、通常、その分泌量は明け方から増加し始め、**起床前後で最大**となる。

(4) ×　解説（2）参照。

(5) ○　**メラトニン**は脳の松果体から分泌されるホルモンで、夜間に分泌が上昇する。睡眠と覚醒のリズムの調節に関与し、睡眠促進作用、外界の24時間周期に体内時計を同調させる作用があると考えられている。

令和2年
7月〜12月実施分
解答・解説
問題は p.163〜p.192

関係法令
（有害業務に係るもの）

問1 衛生管理体制
正解 （4）

(1) ○ 運送業においては、総括安全衛生管理者は常時 100 人以上の労働者を使用する事業場で選任義務がある（安衛令2条1項号）。

(2) ○ 常時 250 人の労働者を使用する運送業の事業場における衛生管理者の法定選任数は2人である（安衛則7条1項4号）。

(3) ○ 運送業においては、第一種衛生管理者免許若しくは衛生工学衛生管理者免許を有する者又は安衛則 10 条各号に掲げる者のうちから衛生管理者を選任する必要がある（安衛則7条1項3号イ）。

(4) × ①常時 1,000 人を超える労働者を使用する事業場又は②常時 500 人を超える労働者を使用する事業場で、坑内労働若しくは労基則 18 条各号に掲げる業務に常時 30 人以上の労働者を従事させるものにあっては、衛生管理者のうち少なくとも1人を専任の衛生管理者としなければならない（安衛則7条1項5号）。本問の事業場は、

①②のいずれにも該当しないので、誤り。

(5) ○ 衛生管理者のうち1人については、専属でない労働衛生コンサルタントのうちから選任してもよい（安衛則7条1項2号）。

問2 譲渡の制限
正解 （4）

譲渡の制限等の対象となる機械等については、安衛法別表第二及び安衛令 13 条に定められている（安衛法 42 条、安衛令 13 条）。

(1) ○ 潜水器は該当する（安衛令 13 条3項 21 号）。

(2) ○ 防毒マスクは該当する（安衛法別表第二9号）。

(3) ○ 防じんマスクは該当する（安衛法別表第二8号）。

(4) × 放射性物質による汚染を防止するための防護服は、安衛法別表第二及び安衛令 13 条のいずれにも該当しない。

(5) ○ 特定エックス線装置は該当する（安衛令 13 条3項 22 号）。

問3 作業環境測定
正解 （5）

(1) ○ 事業者は、非密封の放射性物質を取り扱う作業室において、その空気中の放射性物質の濃度を1か月以内ごとに1回、定期に、放射線測定器を用いて測定しなければならない（安衛法 65 条1項、安衛令 21 条6号、電離則 53 条2号、55 条）。

(2) ○　事業者は、チッパーによりチップする業務を行い著しい騒音を発する屋内作業場について、6か月以内ごとに1回、定期に、等価騒音レベルを測定しなければならない（安衛法65条1項、安衛令21条3号、安衛則588条7号、590条1項）。

(3) ○　事業者は、通気設備が設けられている坑内の作業場について、半月以内ごとに1回、定期に、当該作業場における通気量を測定しなければならない（安衛法65条1項、安衛令21条4号、安衛則589条3号、603条1項）。

(4) ○　事業者は、鉛ライニングの業務を行う屋内作業場において、1年以内ごとに1回、定期に、空気中の鉛の濃度を測定しなければならない（安衛法65条1項、安衛令21条8号、別表第四7号、鉛則52条）。

(5) ×　事業者は、多量のドライアイス等を取り扱う業務を行う寒冷の屋内作業場については、半月以内ごとに1回、定期に、当該屋内作業場における気温、湿度を測定しなければならない（安衛法65条1項、安衛令21条2号、安衛則587条11号、607条1項）。

問4　作業主任者
正解　（1）
(1) ○　製造工程において硝酸を用いて行う洗浄の作業は、法令上、作業主任者を選任しなければならな

い作業である（安衛法14条、安衛令6条18号、別表第三3号4）。

(2) ×　強烈な騒音を発する場所における作業は、法令上、作業主任者を選任しなければならない作業に該当しない。

(3) ×　レーザー光線による金属加工の作業は、法令上、作業主任者を選任しなければならない作業に該当しない。

(4) ×　セメント製造工程においてセメントを袋詰めする作業は、法令上、作業主任者を選任しなければならない作業に該当しない。

(5) ×　潜水器からの給気を受けて行う潜水の作業は、法令上、作業主任者を選任しなければならない作業に該当しない。

問5　特別の安全衛生教育
正解　（1）
(1) ○　チェーンソーを用いて行う造材の業務は、当該業務に関する安全又は衛生のための特別の教育を行わなければならない業務である（安衛則36条8号）。

(2) ×　エックス線回折装置を用いて行う分析の業務は、当該業務に関する安全又は衛生のための特別の教育を行わなければならない業務には該当しない。

(3) ×　特定化学物質を用いて行う分析の業務は、当該業務に関する安全又は衛生のための特別の教育を行わなければならない業務には該当しない。

(4)×　有機溶剤等を入れたことがあるタンクの内部における業務は、当該業務に関する安全又は衛生のための特別の教育を行わなければならない業務には該当し**ない**。

(5)×　削岩機、チッピングハンマー等チェーンソー以外の**振動工具**を取り扱う業務は、当該業務に関する安全又は衛生のための特別の教育を行わなければならない業務には該当し**ない**。

問6　事業者の報告義務
正解　（3）

選択肢の中で、事業者がその結果を所轄労働基準監督署長に報告することが義務付けられているものは、（3）の**定期の有機溶剤等健康診断を行った場合**である（有機則30条の3、29条2項）。それ以外のものについては、所轄労働基準監督署長に報告する必要はない。

問7　有機溶剤中毒予防規則
正解　（1）

(1)×　事業者は、屋内作業場等において、第二種有機溶剤等に係る有機溶剤業務に労働者を従事させるときは、当該有機溶剤業務を行う作業場所に局所排気装置等を設けなければならない（有機則5条）。**局所排気装置が外付け式フード**の場合には、当該フードにより有機溶剤の蒸気を吸引しようとする範囲内における当該フードの開口面から最も離れた作業位置の風速が、**側方吸引型及び下方吸引型**の

ものにあっては「0.5m/s」、上方吸引型のものにあっては「1.0m/s」の制御風速を出し得る能力を有するものでなければならない（有機則16条1項）ので誤り。なお、**局所排気装置が囲い式フード**の場合には、フードの開口面における最小風速が「0.4m/s」の制御風速を出し得る能力を有するものでなければならない（有機則16条1項）。

(2)○　第二種有機溶剤等の区分については、**黄色**で色分けしなければならない（有機則25条2項）。

(3)○　事業者は、第二種有機溶剤等を取り扱う業務を行う屋内作業場（有機則28条1項）について、**6か月以内ごとに1回、定期に、当該有機溶剤の濃度を測定**し、測定結果等の特定の事項を記録し、**3年間保存**しなければならない（有機則28条2項・3項、安衛令21条10号）。

(4)○　事業者は、屋内作業場において第二種有機溶剤等を取り扱う業務に常時従事する労働者に対し、雇入れの際、当該業務への配置替えの際及びその後6か月以内ごとに1回、定期に、特定の項目について医師による健康診断を行わなければならない（有機則29条2項、安衛令22条1項6号）。また、事業者は、その結果に基づき、有機溶剤等健康診断個人票を作成し、これを5年間保存しなければならない（有機則30条）。

(5)○　事業者は、屋内作業場等において、第二種有機溶剤等に係る有機溶剤業務に労働者を従事させるときは、作業場所に設けたプッシュプル型換気装置について、1年以内ごとに1回、定期に、特定の事項について自主検査を行わなければならない（有機則20条、20条の2）。また、事業者は、自主検査を行ったときは、所定の事項を記録して、これを3年間保存しなければならない（有機則21条）。

問8　第二種酸素欠乏危険作業
正解　（5）

第二種酸素欠乏危険作業とは、酸素欠乏危険場所のうち、安衛令別表第六3号の3、9号又は12号に掲げる酸素欠乏危険場所における作業（酸欠則2条8号）であり、（5）の汚水その他腐敗しやすい物質を入れたことのある暗きょの内部における作業は第二種酸素欠乏危険作業に該当する（安衛令別表第六9号）。

（1）は安衛令別表第六3号の2、（2）は同11号、（3）は同7号、（4）は同8号に規定された作業であるため、第二種酸素欠乏危険作業には該当しない。

問9　特定粉じん発生源
正解　（4）

本問に挙げられている箇所のうち、法令上、特定粉じん発生源に該当するものは、（4）の「屋内の、粉状のアルミニウムを袋詰めする箇所」である（粉じん則2条1項2号、別表第二9号）。

問10　時間外労働1日2時間の制限
正解　（5）

労働時間の延長が、1日2時間を超えてはならない業務については、労基則18条に計10業務が定められている。選択肢のうち、Cの「多量の低温物体を取り扱う業務」が労基則18条2号に、Dの「鉛の粉じんを発散する場所における業務」が労基則18条9号にそれぞれ規定されているため、（5）が正解となる。

────── 労働衛生 ──────
（有害業務に係るもの）

問11　リスクアセスメント
正解　（4）

(1)○　リスクアセスメントは、化学物質等（リスクアセスメント対象物）を原材料等として新規に採用し、又は変更するときのほか、化学物質等（リスクアセスメント対象物）を製造し、又は取り扱う業務に係る作業の方法又は手順を新規に採用し、又は変更するときなどに実施する。

(2)○　化学物質等による危険性又は有害性の特定は、化学物質等（リスクアセスメント対象物)について、リスクアセスメント等の対象となる業務を洗い出した上で、国連勧告の「化学品の分類及び表示に関する世界調和システム（GHS）」などに示されている危険性又は有害性

の分類等に則して行う。

(3) ◯　健康障害に係るリスクの見積りは、「化学物質等（リスクアセスメント対象物）により当該労働者の健康障害を生ずるおそれの程度（**発生可能性**）」及び「当該健康障害の程度（**重篤度**）」を考慮して行う必要がある。

(4) ×　化学物質等による疾病に係るリスクを見積もる方法については、化学物質等（リスクアセスメント対象物）への労働者の**ばく露濃度**を測定し、その測定結果を当該化学物質等（リスクアセスメント対象物）の**ばく露限界**と比較する方法が挙げられている。

(5) ◯　リスクアセスメントの実施に当たっては、化学物質等（リスクアセスメント対象物）に係る**安全データシート**、**作業標準**、**作業手順書**、作業環境測定結果等の資料を入手し、その情報を活用する。

なお、令和6年4月1日に改正指針が施行され、政令で定める通知対象物を「リスクアセスメント対象物」とする等の変更があるが、問題で問われている内容に影響は無い。

問12　化学物質の一般的性質
正解　（3）

(1) ×　塩化ビニル…ガス：プラスチック材料の一種で、原油の精製によって作り出される。熱を加えると形を自由に加工することができる。

(2) ×　ジクロロベンジジン…粉じん：純粋なものは常温で白色の固体なので、空気中では粉じんとして存在する（注：法令名称はジクロルベンジジン）。

(3) ◯　トリクロロエチレン…蒸気：不燃性で揮発性があり、甘い香りがする。発がん性があり、土壌汚染や地下水汚染を引き起こす原因となる。

(4) ×　二酸化硫黄…ガス：別名亜硫酸ガスともいい、火山や温泉地帯で発生するガス状物質。無色で刺激臭の強い気体。

(5) ×　ホルムアルデヒド…ガス：刺激臭のある無色の気体で水溶性がある。目や鼻を刺激し毒性が強い。

問13　有機溶剤の人体への影響
正解　（2）

(1) ◯　有機溶剤の共通毒性は、①揮発性が高く、呼吸器から吸入されやすい、②脂溶性が高く、脂質が多い神経、脳に結合蓄積されやすい、③**粘膜**や**皮膚**からも吸収され、刺激作用がある、などである。

(2) ×　メタノールを飲んだり、高濃度の蒸気を吸い込むと、頭痛、めまい、悪心・嘔吐や、視神経の障害による視力低下・失明が起こる。網膜細動脈瘤を伴う脳血管障害は**二硫化炭素**である。

(3) ◯　メチル馬尿酸は、キシレンの尿中代謝物の一つで、**キシレン**を使用する作業者のばく露指標である。ちなみに、キシレンは、塗装用塗料などを希釈するシンナーの

成分として用いられるほか、染料、顔料、医薬品、農薬などにも用いられている。

(4) ○　有機溶剤による皮膚又は粘膜への主な症状としては、皮膚の炎症・**角化**、**結膜炎**、咽頭痛などがある。

(5) ○　低濃度の慢性ばく露では、頭痛やめまい、物忘れ、不眠などの**不定愁訴**の他、末梢神経炎、肝機能障害などがみられる。

問14　局所排気装置
正解　（1）
　局所排気装置のフードにおいて、囲い式と外付け式では、**囲い式の方が排気効果が大きい**。また、**囲い式カバー型**（又は囲い式グローブボックス型）は囲い式ドラフトチェンバ型（又は囲い式建築ブース型）よりも排気効果が**大きい**。よって、選択肢の中では（1）が正しい。

問15　有害要因による健康障害
正解　（1）
(1) ×　窒素ガスで置換したタンク内の空気など、ほとんど無酸素状態の空気を吸入すると、意識は**数秒以内**に消失し、この状態が3〜5分以上継続すると、仮に自己心拍が再開しても脳障害を生じることとなる。

(2) ○　減圧症は、圧力が急速に減少することにより、血液または組織に溶解していた窒素が血管内で気泡を形成することで生じる。典型

的な症状としては、関節痛や神経麻痺などが挙げられる。

(3) ○　金属熱は、金属中毒の一種で、口の渇きや金属味といった初期症状がみられ、その後、**発熱・悪寒**が起こり、異常な発汗や吐き気・筋肉痛・脱力感などの症状が現れるのが一般的である。

(4) ○　**低体温症**とは、深部体温が35度を下回る状態を指す。体は体温を常に上げるように代謝反応が生じているが、それを上回る速度で体温が低下することにより低体温症が引き起こされる。低体温症を発症すると、意識の消失や筋の硬直、筋肉の震えといった症状がみられる。

(5) ○　振動障害とは、局所振動（工具・機械・装置などの振動）が主として手・腕を通して身体に伝達されることにより生じる障害のことであり、**末梢神経障害**（手のしびれなど）、**末梢循環障害**（レイノー現象など）、運動器障害の3つの障害から構成される。

問16　じん肺
正解　（2）
(1) ×　じん肺は、粉じんを吸入することによって肺に生じた**線維増殖性変化**を主体とする疾病である。進行すると呼吸困難などの症状がでる。

(2) ○　じん肺は肺結核や気管支炎などの合併症を引き起こしやすい。

(3) ×　遊離けい酸は、じん肺の一種

である珪肺を引き起こす物質である。胸膜肥厚や胸膜中皮腫を引き起こすのは**アスベスト**である。

(4)× じん肺は、一度発症すると根本的な治療ができないものとされている。

(5)× じん肺がある程度進行すると、粉じんへのばく露を中止しても肺に生じた病変は**治らず**、更に進行することがある。

問17 化学物質による健康障害
正解 （4）

(1)○ ノルマルヘキサンは、急性中毒として頭痛、めまいを起こす。慢性中毒としては**多発性神経炎**などを起こす。

(2)○ シアン化水素による中毒症状としては、**頭痛、めまい、過呼吸、頻脈、けいれん、意識障害**などが挙げられる。

(3)○ 硫化水素中毒は脳神経細胞障害を起こし、意識消失や呼吸麻痺がみられる。

(4)× 塩化ビニルによる慢性中毒では、**肝血管肉腫、指端骨溶解**などがみられる。ちなみに、慢性気管支炎や歯牙酸蝕症などを引き起こすのは、**二酸化硫黄**である。

(5)○ 弗化水素による急性中毒では呼吸困難、気管支肺炎、肺水腫などがみられ、慢性中毒では骨硬化症や斑状歯などがみられる。

問18 呼吸用保護具
正解 （3）

(1)○ 吸収缶は対象のガスによって色が定められており、有機ガス用は「黒」、一酸化炭素用は「赤」となっている。

(2)○ ガス又は蒸気状の有害物質が粉じん等と混在している作業環境中では、粉じん等を捕集する**防じん機能を有する防毒マスク**を選択することとされている。

(3)× 電動ファン付き呼吸用保護具は、酸素濃度が**18％以上**の場所でないと使用できない。

(4)○ 防じんマスクの選択に当たっては、防じんマスクが、機械等検定規則14条の規定に基づき面体、ろ過材及び吸気補助具が分離できる吸気補助具付き防じんマスクの吸気補助具ごと（使い捨て式防じんマスクにあっては**面体ごと**）に付されている**型式検定合格標章**により型式検定合格品であることを確認する。

(5)○ タオル等を当てた上から防じんマスクを使用することは、粉じん等が面体の接顔部から面体内へ漏れ込むおそれがあるため、**行わない**。

問19 作業環境測定の結果の評価
正解 （1）

(1)○ 管理濃度とは、有害物質に関する作業環境の状態を評価するために、作業環境測定基準に従って実施した作業環境測定の結果から

作業環境管理の良否を判断する際の**管理区分**を決定するための指標である。

（2）×　有害物質の発散を伴うような原材料の投入、点検作業が間欠的に行われる作業や発生源に**近接**した作業位置の**最高濃度**の測定は**B測定**の結果により評価される。**A測定**は単位作業場所における有害物質の気中濃度の**平均的**な分布測定のことである。

（3）×　解説（2）参照。

（4）×　A測定の第二評価値とB測定値がいずれも管理濃度に満たない単位作業場所は**第二管理区分**である。

（5）×　B測定の測定値が管理濃度の「**1.5倍**」を超えている単位作業場所は、A測定の結果に関係なく**第三管理区分**に区分される。単に、「超えている」ではない。

問20　生物学的モニタリング指標
正解　（2）

（1）○　鉛の生物学的モニタリング指標として用いられる尿中の代謝物は、**デルタ-アミノレブリン酸**である。

（2）×　スチレンの生物学的モニタリング指標として用いられる尿中の代謝物は、**マンデル酸及びフェニルグリオキシル酸の総量**である。

（3）○　トルエンの生物学的モニタリング指標として用いられる尿中の代謝物は、**馬尿酸**である。

（4）○　ノルマルヘキサンの生物学的

モニタリング指標として用いられる尿中の代謝物は、**2,5-ヘキサンジオン**である。

（5）○　トリクロロエチレンの生物学的モニタリング指標として用いられる尿中の代謝物は、**トリクロロ酢酸**である。

───── 関係法令 ─────
（有害業務に係るもの以外のもの）

問21　衛生管理者
正解　（5）

（1）○　健康診断の実施その他健康の保持増進のための措置に関する業務のうち、衛生に係る技術的事項を管理することは衛生管理者の業務である（安衛法10条1項3号、12条1項）。

（2）○　労働災害の原因の**調査**及び**再発防止対策**に関する業務のうち、衛生に係る技術的事項を管理することは衛生管理者の業務である（安衛法10条1項4号、12条1項）。

（3）○　安全衛生に関する**方針の表明**に関する業務は、総括安全衛生管理者の統括する業務であり（安衛法10条1項5号、安衛則3条の2第1号）、そのうち衛生に係る技術的事項を管理することは衛生管理者の業務である（安衛法12条1項）。

（4）○　衛生管理者は、少なくとも**毎週1回**作業場等を巡視し、設備、作業方法又は衛生状態に有害のおそれがあるときは、直ちに、労働

者の健康障害を防止するため必要な措置を講じなければならない（安衛則11条1項）。

(5) × 労働者の健康を確保するため必要があると認めるとき、事業者に対し、労働者の健康管理等について必要な勧告をすることは、**産業医の職務**である（安衛法13条5項）。

問22 産業医
正解（4）

(1) ○ 常時50人以上の労働者を使用する事業場においては、厚生労働大臣の指定する者（法人に限る。）が行う産業医研修の修了者等、所定の要件を備えた医師を産業医として選任しなければならない（安衛法13条1項・2項、安衛令5条、安衛則14条2項）。しかし、事業場においてその事業の実施を**統括管理**する者は、産業医として選任することができない（安衛則13条1項2号ハ）。

(2) ○ 産業医は、少なくとも毎月1回（産業医が、事業者から、**毎月1回以上、所定の情報の提供**を受けている場合であって、事業者の同意を得ているときは、少なくとも2か月に1回）作業場等を巡視し、作業方法又は衛生状態に有害のおそれがあるときは、直ちに、労働者の健康障害を防止するため必要な措置を講じなければならない（安衛則15条）。

(3) ○ 事業者は、産業医が辞任したとき又は産業医を解任したとき

は、**遅滞なく**、その旨及びその理由を衛生委員会又は安全衛生委員会に**報告**しなければならない（安衛則13条4項）。

(4) × このような規定は置かれていない。なお、事業者は、総括安全衛生管理者が旅行、疾病、事故その他やむを得ない事由によって職務を行うことができないときは、**代理者**を選任しなければならない（安衛則3条）ことに注意。

(5) ○ 事業者が産業医に付与すべき権限には、安衛則14条1項各号に掲げる事項（労働者の健康管理等）を実施するために必要な情報を労働者から**収集**することが含まれている（安衛則14条の4第2項2号）。

問23 健康診断
正解（2）

(1) ○ 医師による健康診断を受けた後、3か月を経過しない者を雇い入れる場合において、その者が当該健康診断の結果を証明する書面を提出したときは、当該健康診断の項目に相当する雇入時の健康診断の項目については、**省略する**ことができる（安衛則43条1項）。

(2) × **定期健康診断**においては、45歳未満の者（35歳及び40歳の者を除く。）については、医師が適当と認める聴力（1,000ヘルツ又は4,000ヘルツの音に係る聴力を除く。）の検査をもって代えることが**できる**（安衛則44条4項）が、

雇入時の健康診断においては、このような規定が置かれていない。

（3）○　海外に6か月以上派遣して、帰国した労働者について、国内の業務に就かせるときは、**一時的な就業の場合を除いて**、海外派遣労働者健康診断を行わなければならない（安衛則45条の2第2項）。

（4）○　**雇入時の健康診断においては、定期健康診断のような所轄労働基準監督署長への健康診断結果についての報告**（安衛則52条）は必要**ない**。

（5）○　定期健康診断の結果報告は、常時50人以上の労働者を使用する事業場に**報告義務**があり、常時40人の労働者を使用する事業場においては、報告をしなくてもよい（安衛則52条1項）。

問24　ストレスチェックと面接指導
正解　（3）

（1）×　法令上、面接指導を行う医師として、当該事業場の産業医を指名しなければならない旨は規定されていない（安衛法66条の10第3項等参照）。

（2）×　事業者は、面接指導の結果に基づき、当該面接指導の結果の記録を作成して、これを**5年間保存**しなければならない（安衛則52条の18第1項）。しかし、面接指導の結果を健康診断個人票に記載する必要はない。

（3）○　ストレスチェックの結果が通知された労働者であって、労働者

の健康の保持を考慮して厚生労働省令で定める要件に該当する心理的な負担の程度が高いものが医師による面接指導を受けることを希望する旨を申し出たときは、厚生労働省令で定めるところにより、**医師**による**面接指導**を行わなければならない（安衛法66条の10第3項）。

（4）×　事業者は、面接指導の対象となる要件に該当する労働者から申出があったときは、**遅滞なく**、面接指導を行わなければならない（安衛則52条の16第2項、52条の15）。

（5）×　事業者は、面接指導の結果に基づき、当該労働者の健康を保持するために必要な措置について、面接指導が行われた後、**遅滞なく**医師の意見を聴かなければならない（安衛法66条の10第5項、安衛則52条の19）。

問25　衛生基準
正解　（2）

　事業者は、労働者を常時就業させる屋内作業場の**気積**を、設備の占める容積及び床面から4mを超える高さにある空間を除き、労働者1人について、10m³以上としなければならない（安衛則600条）。本問の場合、屋内作業場の床面から4mを超えない部分の容積が150m³であり、かつ、このうちの設備の占める分の容積が55m³なので、常時就業させる労働者は、（150 − 55）÷ 10 ＝ 9.5人以下である必要があ

る。したがって、法令上、常時就業させることのできる最大の労働者数は **9** 人であり、（**2**）が正解となる。

問26 労働時間
正解 （**4**）

（1）×　本選択肢は労基法36条に規定されているものであるが、本選択肢以外にも、例えば同法32条の2第1項において、**労使協定又は就業規則**その他これに準ずるものにより、1か月以内の一定の期間を平均し1週間当たりの労働時間が同法32条1項の労働時間を超えない定めをしたときは、1日8時間を超えて労働させることが**できる**（変形労働時間制）。よって、本選択肢は誤っている。

（2）×　労働時間は、事業場を異にする場合においても、労働時間に関する規定の適用については**通算する**（労基法38条1項）。

（3）×　使用者は、労働時間が6時間を超える場合においては少なくとも45分、8時間を超える場合においては少なくとも1時間の休憩時間を労働時間の途中に与えなければならない（労基法34条1項）。本選択肢の場合、所定労働時間が7時間30分であり、延長する労働時間が1時間なので、労働時間は8時間30分となる。よって、少なくとも1時間の休憩時間を労働時間の途中に与えなければならない。

（4）○　監視又は断続的労働に従事す

る労働者であって、所轄労働基準監督署長の許可を受けたものについては、労働時間、休憩及び休日に関する規定は適用**されない**（労基法41条3号、労基則34条）。

（5）×　フレックスタイム制の清算期間は、**3か月以内**の期間に限られる（労基法32条の3第1項2号）。

問27 育児時間
正解 （**1**）

（1）×　生後満1年に達しない生児を育てる女性は、その生児を育てるため育児時間を請求することができる（労基法67条1項）。

（2）○　労基法には、育児時間を有給としなければならないという定めは**ない**。よって、育児時間を**無給**とすることもできる。

（3）○　育児時間は、1日2回各々少なくとも30分の時間を請求することができる（労基法67条1項）。

（4）○　育児時間は、生後満1年に達しない生児を育てる女性からの請求に基づいて与えられる（労基法67条1項）。

（5）○　育児時間が与えられる時間を制約する規定は存しないので、育児時間は、女性労働者が請求した時間に与えなければならない。

労働衛生
（有害業務に係るもの以外のもの）

問28　メンタルヘルスケア
正解　（2）

（1）○　「労働者の心の健康の保持増進のための指針」2-①によると、心の健康については、客観的な測定方法が十分確立しておらず、その評価には労働者**本人**から心身の状況に関する情報を取得する必要があり、さらに、心の健康問題の発生過程には個人差が大きく、そのプロセスの把握が難しいとされている。

（2）×　同指針2柱書によると、心の健康づくり計画の実施に当たっては、ストレスチェック制度の活用や職場環境等の改善を通じて、メンタルヘルス不調を未然に防止する「**一次予防**」、メンタルヘルス不調を早期に発見し、適切な措置を行う「**二次予防**」及びメンタルヘルス不調となった労働者の職場復帰の支援等を行う「**三次予防**」が円滑に行われるようにする必要があるとされている。

（3）○　同指針2-③によると、労働者の心の健康は、職場配置、人事異動、職場の組織等の人事労務管理と密接に関係する要因によって大きな影響を受けるため、メンタルヘルスケアは、人事労務管理と**連携**しなければ、適切に進まない場合が多いとされている。

（4）○　同指針2-④によると、心の健康問題は、職場のストレス要因のみならず家庭・個人生活等の職場**外**のストレス要因の影響を受けている場合も多いとされている。

（5）○　同指針7（1）によると、メンタルヘルスケアを推進するに当たって、労働者の個人情報を主治医等の医療職や家族から取得する際には、事業者はあらかじめこれらの情報を取得する目的を労働者に明らかにして**承諾**を得るとともに、これらの情報は労働者**本人**から提出を受けることが望ましいとされている。

問29　健康測定（運動機能検査）
正解　（2）

（1）○　筋力の測定には、**握力検査**が用いられる。

（2）×　柔軟性の測定には、**長座位体前屈**が用いられる。上体起こしは**筋持久力**の測定に用いられる。

（3）○　平衡性の測定には、**閉眼（又は開眼）片足立ち**が用いられる。

（4）○　敏しょう性の測定には、**全身反応時間**が用いられる。

（5）○　全身持久性の測定には、**最大酸素摂取量**が用いられる。

問30　★情報機器作業のガイドライン
正解　（4）

（1）○　ディスプレイを用いる場合のディスプレイ画面上における照度は500ルクス以下を目安とする。
（注）令和3年12月1日に施行されたガイドラインの改正によ

り、ディスプレイ画面上における照度の基準に関する記述が削除された。そのため、現在では本選択肢も×となる。

(2) ○　書類上及びキーボード上における照度は **300ルクス以上**を目安とする。

(3) ○　ディスプレイを置く位置を工夫して、**グレア**が生じないようにする必要があるとされている。

(4) ×　ディスプレイは、おおむね**40cm以上**の視距離を確保し、画面の上端が、眼と**同じ高さ**か、やや下になるようにする。

(5) ○　1日の情報機器作業の作業時間が**4時間未満**である労働者については、情報機器作業に係る定期健康診断を、**自覚症状を訴える者**を対象に実施することとされている。なお、1日の情報機器作業の作業時間が**4時間以上**である労働者については、情報機器作業に係る定期健康診断を、**全て**の者を対象に実施することとされている。

問31　出血・止血法
正解　（4）

(1) ○　体内の血液の約**20%**が急速に失われると「**出血性ショック**」という重度な状態になり、約**30%**（約3分の1）を失えば、生命に危険が及ぶ。

(2) ○　傷口が泥で汚れているときは、化膿を防ぐため、**水道水**でよく洗い流すべきである。

(3) ○　静脈からの出血又は動脈から

の出血でも、一般市民が行う応急手当としては出血部位を直接圧迫する**直接圧迫法**が基本である。この方法で止血できない場合には、手足に限って止血帯法を行う。

(4) ×　**毛細血管性出血**は、転んですりむいたときや、指の先や腕を少し切ったときにみられ、血がにじみ出るような出血である。傷口からゆっくり持続的に湧き出るような出血は、**静脈性出血**である。

(5) ○　**止血帯**は、他の止血方法では止血が困難で、出血により生命の危機が切迫している場合に使用する。なお現在消防庁は、医療管理下で止血帯を緩めるよう推奨している。

問32　一次救命処置
正解　（3）

(注) 新型コロナウイルス感染症流行下においては、全ての心停止傷病者に感染の疑いがあるものとして対応する。以下は平時の解説である。

(1) ○　傷病者に反応がある場合は、具合を尋ね、**回復体位**をとらせて安静にして、経過を観察する。

(2) ○　一次救命処置を行う場合には、周囲の者に**119番通報**と**AED**の手配を依頼する等して、できる限り単独で行うことは**避ける**こととされている。

(3) ×　人工呼吸の1回換気量の目安は、傷病者の胸の上がりを確認できる程度で、過大な換気量は避け、呼気吹き込みは約**1秒**かけて行う。

（4）○ 胸骨圧迫の部位は胸骨の下半分で、深さは胸が約 **5cm** 沈む（6cmを超えない）ように圧迫する。このとき、1 分間当たり **100 〜 120回**のテンポで圧迫する。

（5）○ AED を用いた場合、電気ショックを行った後や電気ショックは不要と判断されたときは、**音声メッセージ**に従い、胸骨圧迫を再開する。

問33　細菌性食中毒
正解　（1）

（1）× サルモネラ菌による食中毒は、食物に付着している細菌そのものの感染によって起こる**感染型食中毒**である。食物に付着した細菌により産生された毒素によって発症するのは**毒素型食中毒**であり、代表的なものとして**ボツリヌス菌、黄色ブドウ球菌**によるものがある。

（2）○ ボツリヌス菌は缶詰、真空包装食品等で増殖する毒素型の細菌で、**ボツリヌストキシン**という**神経毒**を産生し、主に神経症状を呈し致死率が高い。

（3）○ 黄色ブドウ球菌がつくる毒素（エンテロトキシン）は熱に**強い**。

（4）○ 腸炎ビブリオ菌は、**病原性好塩菌**ともいわれる。海産の**魚介類**に発生し、塩分 2 〜 5％でよく発育する。

（5）○ セレウス菌は毒素型の、カンピロバクターは**感染型**の、いずれも細菌性食中毒の原因菌である。

問34　腰痛予防対策
正解　（1）

（1）× 腰部保護ベルトは、個人により効果が異なるため、一律に使用するのではなく、**個人毎**に効果を確認してから使用の適否を判断することとされている。

（2）○ 取り扱う物の重量は、できるだけ**明示**し、著しく重心の偏っている荷物は、その旨を**明示**することとされている。

（3）○ 重量物を取り扱うときは、急激な身体の移動をなくし、前屈やひねり等の不自然な姿勢はとらず、かつ、身体の重心の移動を少なくする等できるだけ腰部に負担をかけない姿勢で行うこととされている。

（4）○ 重量物を持ち上げたり、押したりする動作をするときは、できるだけ身体を対象物に**近づけ**、重心を**低く**するような姿勢をとることとされている。

（5）○ 重量物取扱い作業、介護・看護作業などの腰部に著しい負担のかかる作業に常時従事する労働者に対しては、当該作業に配置する際及びその後 **6 か月以内ごとに 1回**、定期に、医師による腰痛の健康診断を実施することとされている。

労働生理

問35　神経系
正解　（5）

（1）○　神経細胞は、1個の細胞体、1本の軸索、複数の樹状突起から成り、**ニューロン**ともいわれる。軸索は神経細胞本体からの信号を他のニューロンに伝える出力用の線維、樹状突起は他のニューロンからの信号を受け取る部分である。

（2）○　神経は「中枢神経」（脳・脊髄）と「末梢神経」に分けられる。また、末梢神経は、**意志**によって身体の各部を動かす「**体性神経**」と意志に**関係なく**刺激に反応して身体の機能を調整する「**自律神経**」に分けられる。具体的には、運動及び感覚に関与するのが体性神経、呼吸、循環などに関与するのが自律神経である。

（3）○　大脳の**外側の皮質**は、神経細胞が集まっている**灰白質**で、感覚、運動、思考等の作用を支配する。

（4）○　同一器官に分布していても、**交感神経系**と**副交感神経系**の作用はほぼ**正反対**で、バランスをとって働き、身体を構成する全ての細胞の働きを調節している。日中は**交感神経系**が優位になり、心拍数や血圧を上げ、消化管の働きを抑えて身体を**活動**モードにする。睡眠中は**副交感神経系**が優位になり、血圧**低下**、心拍数減少、消化管の働きを活発にし、身体を休息

モードに切り替える。

（5）×　解説（4）参照。

問36　肝臓
正解　（3）

　肝臓は、**コレステロール**の合成、**尿素**の合成、**胆汁**の生成、**グリコーゲン**の合成及び分解等様々な機能を有する臓器である。なお、肝臓には、上記以外にも、ビリルビンをグルクロン酸と**結合**させる働きがあるが、ビリルビンを分解する働きはない。したがって、（3）が誤り。

問37　睡眠
正解　（2）

（1）○　睡眠には、浅い眠りの**レム睡眠**と、深い眠りの**ノンレム睡眠**がある。

（2）×　夜間に分泌が上昇するホルモンで、睡眠と覚醒のリズムの調節に関与しているのは、**メラトニン**である。ちなみに、甲状腺ホルモンには、新陳代謝を促進する作用がある。

（3）○　就寝前の**過食**は肥満、不眠等の原因となるため、夕食は就寝の2〜3時間前に済ませておくとよいとされている。

（4）○　光を浴びるとメラトニンの分泌が抑制され、快眠が難しくなりがちである。やむを得ず昼間に睡眠をとる際は、音や光の遮断、温度の調整等を行うのがよいとされている。

（5）○　睡眠中は、体温や血圧が**低下**

し、心拍数や呼吸数が減少する。

問38　消化器系
正解　（1）
（1）×　栄養素は酵素によって、**糖質**はブドウ糖などに、**蛋白質はアミノ酸**に、**脂肪は脂肪酸とグリセリン**に、分解されて吸収される。

（2）○　無機塩やビタミン類は、酵素による分解を**受けない**でそのまま腸壁から吸収される。

（3）○　栄養分は体内に吸収されると血液中の**血漿**やリンパによって全身の組織に運ばれ、エネルギー源や組織成分の形成として利用される。

（4）○　胃で分泌される胃液には**塩酸**やペプシノーゲンが含まれており、これらの成分が**消化を助ける**働きを担っている。ちなみに、水分は主に腸で吸収される。

（5）○　小腸は、栄養分の吸収と輸送を行う長さ**6～7m**の管状の器官で、消化管の約**80%**を占めている。上から順に**十二指腸、空腸、回腸**の3つに区分される。

問39　腎臓・尿
正解　（5）
A　○　ネフロン（腎単位）とは、腎臓の基本的な機能単位であり、腎小体とそれに続く1本の尿細管のことである。左右の各腎臓にそれぞれ100万個ほど存在しており、各ネフロンでは、ろ過、再吸収、分泌、濃縮が行われ、尿が作られ

る。

B　○　尿の約95%は**水分**、残りの約5%は固形物で、その成分から**健康状態**を判断できるため、健康診断では尿検査が広く行われる。検査において、尿中に蛋白質や糖が含まれていることが判明すると、病気が疑われる。

C　×　糖は、糸球体から**ボウマン囊**に濾し出されるが、**尿細管で再吸収**されるため、尿中には**排出されない**。

D　×　一般に血中の**蛋白質**と**血球**はボウマン囊に濾し出されない。

したがって、誤りの組合せはC、Dの（5）である。

問40　血液
正解　（1）
（1）○　血漿中の蛋白質の約60%が**アルブミン**である。アルブミンは血液を正常に循環させる浸透圧の維持と、体内のいろいろな物質と結合して血液による運搬に関わる。

（2）×　血液の**凝集反応**とは、赤血球にある凝集原と他人の血清中の凝集素が抗原抗体反応を起こし赤血球が寄り集まることである。

（3）×　血液が損傷部位から血管外に出ると止血作用が働き、これに関与しているのが血小板と有形成分の赤血球を除く血漿中のフィブリノーゲンをはじめとする凝固因子である。凝固はフィブリノーゲン（線維素原）が蛋白質分解酵素ト

という。

（2）×　代謝において、体内に摂取された栄養素が、種々の化学反応によって、**ATP** に蓄えられたエネルギーを用いて、細胞を構成する蛋白質などの生体に必要な物質に合成されることを**同化**という。

（3）○　**基礎代謝**は、心臓の拍動、呼吸運動、体温保持などに必要な代謝で、基礎代謝量は、**覚醒**した状態で横になって絶対**安静**を保っているときの測定値で表される。

（4）×　エネルギー代謝率は、（**活動時の代謝量**）÷（**基礎代謝量**）で表される。

（5）×　エネルギー代謝率の値は、体格、性別などの個人差による影響は少なく、同じ作業であれば、ほぼ同じ値となるので、作業の強度をよく表すことができる。しかし、**精神的作業**や**感覚的作業**のように、エネルギーを消費しない作業の強度を表す指標としては用いることができない。

問44　筋肉
正解　（5）

（1）×　筋肉は、**横紋筋**と**平滑筋**の2つに大別される。大部分の横紋筋は意志によって動かすことができる筋肉（随意筋）であり、平滑筋は意志によって動かすことができない筋肉（不随意筋）である。しかし、横紋筋の一種である**心筋**は、例外的に、意志によって動かすことができない。よって、誤り。

（2）×　筋肉も神経も酸素不足で疲労するが、筋肉の方が疲労**しやすい**。

（3）×　荷物を持ち上げたり、屈伸運動を行うときは、筋肉の張力と負荷が釣り合いながら短縮したり伸張したりする状態である。これを**等張性収縮**という。**等尺性収縮**は筋肉がその長さを変えずに筋力を発生させている状態をいう。手で荷物を同じ位置で持ち続けたり、鉄棒にぶら下がった状態で生じる。

（4）×　負荷のかかる運動を行うと、筋線維に微細な損傷が発生するが適度な休息及び栄養補給で筋線維が修復される。このとき筋線維が肥大し、運動前より大きな力を発揮できるようになる。これを筋肉の**活動性肥大**という。筋線維の**数**が増えるのではなく、筋線維の**太**さが変わる。

（5）○　筋肉自体が収縮して出す**最大筋力**は、筋肉の単位断面積当たりの平均値でみると、性差又は年齢差がほとんど**ない**。なお、最大筋力は、1回で持ち上げることのできる最大重量によって測定する。

※矢印の方向に引くと解答・解説編が取り外せます。